The Acquisition of Legitimacy on Strategic Alliance of Industrial Technology Innovation and Its Impact on Enterprise Innovation

吴绍棠 著

国家自然科学基金青年项目（71402125）成果

产业技术创新战略联盟合法性的获得及对企业创新的影响研究

WUHAN UNIVERSITY PRESS
武汉大学出版社

图书在版编目(CIP)数据

产业技术创新战略联盟合法性的获得及对企业创新的影响研究/吴绍棠著.—武汉:武汉大学出版社,2019.10

ISBN 978-7-307-21140-7

Ⅰ.产…　Ⅱ.吴…　Ⅲ.产业经济—技术革新—企业联盟—研究—中国　Ⅳ.F279.244

中国版本图书馆 CIP 数据核字(2019)第 201394 号

责任编辑:胡　艳　　责任校对:汪欣怡　　整体设计:马　佳

出版发行:**武汉大学出版社**　(430072　武昌　珞珈山)

(电子邮箱:cbs22@ whu.edu.cn 网址:www.wdp.com.cn)

印刷:北京虎彩文化传播有限公司

开本:720×1000　1/16　印张:16.5　字数:227 千字　插页:1

版次:2019 年 10 月第 1 版　　2019 年 10 月第 1 次印刷

ISBN 978-7-307-21140-7　　定价:46.00 元

前　言

自20世纪80年代以来，联盟这一合作形式有了巨大的增长，其中一个重要原因是企业能通过联盟合作网络获得成功的收益。但许多研究发现，联盟有着频繁的低成功率，且许多成员组织不能从联盟活动中获得潜在的收益。21世纪以来，我国产业技术创新战略联盟迅速兴起并取得了较大进展，是实现产学研合作创新的重要途径，也是我国技术创新体系建设的重要抓手，但部分联盟发展举步维艰、成员企业收益存在明显差异是不争的事实。为何联盟难以成功？为何不同组织在联盟活动中存在巨大的绩效差异，尤其是创新收益？这是摆在实务界与理论界的重大挑战。为此，深入探讨产学研联盟的一种新兴且重要形式——产业技术创新战略联盟的发展及对联盟成员的影响，不仅具有重要的实践价值，而且具有重要的理论贡献。

面对产业技术创新战略联盟实体化的强烈动机与丰富实践，本研究借鉴“组织合法性”概念，关注产业技术创新战略联盟合法性的获得。基于利益关系者理论与组织合法性理论，通过访谈、直接观察、参与性观察、文件整理、档案记录、实物证据等方式收集数据，采用访谈记录、文本编码、主题分析、时间维度构建、网络分析等案例分析方法，对国家半导体照明工程研发及产业联盟进行了纵向案例研究，探讨了联盟合法性获得的一般过程与内在机制。研究结果发现，联盟发展需要联盟服务回应不同类型利益关系者诉求，其服务逻辑将从决定性利益关系者为主体导向向多元利益关系者导向转变，从而获得多元利益关系者的承认与支持，进而联盟凭借间接联系与结构洞优势实现多元网络互动，促使联盟生态系统呈现出生成、扩展与共生的演化过程；联盟合法性的获得正是联盟服务逐步确立多元利益关系者导向，以及在此基础上联盟生态系统实现集体规则构建与共生，以顺应社会系统规范的共同作用结果。同时，研究发现，联盟合法性可操作化为代表性、组织认同与资源动员能力三个维度，并据此可分为初步合法性、有限合法性与充分合法性三种类型。此外，本研究还发展了三个命题：在中国文化背景下，在新兴产业的发展过程中，民族使命感所代表的爱国精神有助于不同动机与不同目的的各种组织联合起来，使联盟组织更具有合法性；联盟领导者的积极作为与超凡魅力有助于联盟合法性的获得，个人力量型样式与联盟合法性样式间可相互转换与交互强化；专职化的联盟秘书处有助于联盟服务的供给与创新，进而有利于联盟合法性的获得。

关切与响应联盟成员的核心诉求是产业技术创新战略联盟的核心使命，本研究探讨了产业技术创新战略联盟合法性对成员企业创新的影响。从企业视角切入，引入联盟合法性认知概念（企业层次），基于13家产业技术创新战略联盟145份成员企业问卷，采用层次回归分析方法，揭示了企业的联盟合法性认知对其创新的影响机制。研究结果发现：（1）直接影响：企业的联盟合法性认知对创新绩效与合作创新均存在正向影响作用，外部知识获取在联盟合法性认知与创新绩效、合作创新间起着部分中介作用。（2）间接影响：①联盟管理能力对创新绩效、合作创新均有显著的正向影响；联盟管理能力对外部知识获取有显著正向影响；外部知识获取在联盟管理能力对合作创新的影响中不具有中介作用，但在联盟管理能力对创新绩效的影响中具有部分中介作用；联盟合法性认知在联盟管理能力对外部知识获取的影响中具有正向调节作用，这在一定程度上意味着，当联盟合法性认知较高时，其与联盟管理能力的交互效应对外部知识获取更有利；相反，联盟合法性认知较低时，联盟管理能力对外部知识获取的影响关系较弱。②联盟网络多元性对创新绩效的影响仍然不明确，但联盟网络多元性对合作创新有显著的负向影响作用；联盟网络多元性对联盟信任有显著的负向影响，在小而精的联盟网络当中，联盟伙伴间更容易发展联盟信任关系；联盟信任在联盟网络多元性对合作创新的影响中具有部分中介的效果；联盟合法性认知在联盟信任对合作创新的影响中有显著的调节作用，即具有高联盟合法性认知时合作创新受联盟信任的影响非常小，在低联盟合法性认知情境中合作创新受联盟信任的影响非常大，联盟合法性认知对合作创新起到了一种保护机制的作用；然而，联盟合法性认知在联盟信任对创新绩效的影响中没有调节作用。

本研究的理论贡献在于：（1）基于利益关系者理论与组织合法性理论，将联盟合法性发展为代表性、组织认同与资源动员能力三个维度，在一定程度上解决了组织合法性缺乏操作化的问题；将联盟合法性区分为初步合法性、有限合法性与充分合法性三种类型，丰富了对组织合法性类型的研究；构建了联盟合法性获得的演化模型，深化了组织合法性获得过程与获得机制的理论研究。（2）基于动态能力理论，揭示了联盟管理能力对企业创新绩效、合作创新的影响机理与过程，并发现外部知识获取在其中的中介作用，在一定程度上丰富与深化了联盟管理能力影响创新的理论研究。（3）揭示了联盟网络多元性通过联盟信任的中介影响合作创新的作用路径，在一定程度上突破了过去社会网络理论在解释联盟创新上的限制、深化了创新理论中组织间创新合作观点的完整性。（4）厘清了企业的联盟合法性认知对其创新的影响机制，一种为直接影响路径，即对合作创新与创新绩效有直接作用，且将通过外部知识获取对合作创新与创新绩效产生部分中介作用；另一种为间接影响路径，即将显著调节联盟管理能力对外部知识获取、联盟信任对合作创新的影响，这在一定程度上繁衍了现有关组织合法性的理论研究。

基于研究发现与研究结论，本研究从政府、联盟、成员企业三个层面提出若干管理建议，为政府推进产业技术创新战略联盟的建设、产业技术创新战略联盟自身的发展和企业参与联盟活动、获取联盟创新收益提供了一定的参考。

作　者
2019 年 7 月

目　　录

第一章 绪　论

第一节 研究背景与问题提出

一、研究背景

（一）产学研联盟已成为发达国家实现联合创新的重要组织形式

科学技术的发展日新月异，产业技术创新活动已呈现出规模大、范围广、超复杂及社会化协作等巨系统特征，单一组织的有限资源已经难以满足产业重大技术创新的要求（Ruckman，2009），技术创新普遍出现跨国界、跨领域、跨行业、跨组织的合作特征。Rowlands 等（2006）认为，由于成本的不断上涨及对生产力与创新的持续需求，在有限的组织资源与能力基础下，跨组织间的协同合作是非常正确的企业经营模式。产学研联盟是在全球范围内被公认的一种重要的合作组织形式（Butler，2008），国外发达国家越来越注重采用产学研联盟以应对技术创新的变化，实现联合创新。

自 20 世纪 80 年代以来，美国、欧洲、日本等国家或地区组建的产学研联盟数以平均每年超过 30% 的速度增长（Collins & Doorley，1991），全球 500 强企业平均每家拥有 60 个主要的联盟关系（Drucker，1995），美国企业仅在 2002 年和 2003 年新组建的联盟数就分别达到

5048 和 5789 个，而超过 50%的是技术研发型联盟（Dyer 等，2004）。这期间先后成立了许多著名的产学研联盟，如美国的半导体制造技术战略联盟，日本超大规模集成电路（VLSI）技术研究组合，美国 IBM、德国西门子和日本东芝三家企业合作共同研究新一代存储芯片，美国杜邦和日本索尼联合研制光学存储产品，美国 IBM、英特尔和芬兰诺基亚合作成立的蓝牙产业技术联盟等。显然，产学研联盟，尤其是技术研发型产学研联盟业已成为发达国家实现联合创新的重要组织形式。

（二）产学研联盟是我国促进产学研合作创新的重要载体

一直以来，我国大多数行业和企业缺少核心与高精尖技术，关键技术上自给率低。这使得我国在技术尤其是高技术方面对外依存度非常高，然而一些发达国家，如美国，仍未放宽对华高技术出口限制，并经常有打压之势。随着我国科技水平的不断提升，这种趋势愈演愈烈。在这种背景下，我国建设创新型国家就更需要实施自主创新战略，在高新技术领域谋求技术突破与重大创新。为此，一方面，需要国家完善促进创新的宏观政策和营造良好的创新环境；另一方面，更需要微观企业创新能力的发展与提升（路风，慕玲，2003）。因为企业才是国家创新体系的核心，企业自主创新能力的提高，才能真正提升国家层面的综合创新能力与竞争力（韵江，刘立，2006）。

现代组织正处于知识基础经济（knowledge based economy）的环境，Hamel 等（1999）更指出组织面对现今剧烈变迁的竞争环境时，创新将直接影响到组织的存续。如今，任何组织都难以具备实现重大技术创新的全部资源，获取外部创新资源成为组织实现重大技术创新的关键（Cohen & Levinthal，1990）。而战略联盟是组织获取外部创新资源的重要途径（Inkpen，2000），特别是产学研联盟是由企业、高校、科研机构等组织所构成，联盟成员不仅能够获取联盟伙伴外显的创新资源，而且能够获得重要的内隐性知识（Mowery 等，1996），不仅能够获得同质的创新资源，而且能够获得异质的互补知识。Astra Zeneca 公司首席执行官 Tom McKillop 甚至认为“99%令人兴奋的想法都出现在研究室之外”（Escribano 等，2009）。可以说，着眼于技术创新的产学研联盟将为联盟成员创造出一个良好的创新资源整合与互动平台，给予联盟成员撷取联盟伙伴创新资源与知识的最佳机会，进而有助于联盟成员的技术创新与知识创造（Hardy 等，2003）。因此，作为一种产学研合作创新的组织形式，产学研联盟较容易集聚各种创新资源，最终形成政府、企业、高校、科研机构优势互补，这将为推进自主创新能力的持续提升奠定坚实的基础（陈继勇，雷欣，黄开琢，2010）。

（三）产业技术创新战略联盟是产学研联盟的一种新兴重要形式

早在 21 世纪初，我国在国家重大科技计划的资助和支持下，先后成立的 TD 产业联盟（2002 年）、龙芯产业联盟（2002 年）、闪联产业联盟（2003 年）、国家半导体照明工程研发及产业联盟（2004 年）、长风开放标准平台软件联盟（2005 年）、AVS 产业联盟（2005 年，又名音视频产业联盟）等都在各自产业领域发挥联合技术创新的优势，极大地提升了行业产业技术创新能力。这是我国产学研联盟在新世纪的早期表现形式。

2008 年，国家科技部发起并联合六部委发布了《关于推动产业技术创新战略联盟构建的指导意见》，以加快建立以企业为主体、市场为导向、产学研相结合的技术创新体系，加快提升产业技术创新能力。该文件明确了产业技术创新战略联盟的概念，并就产业技术创新战略联盟试点工作提出了明确的意见和要求。随后，2009 年科技部出台《关于推动产业技术创新战略联盟构建与发展的实施办法（试行）》，进一步指导了产业技术创新战略联盟的构建与发展，明确了相关的政策支持。自此，产业技术创新战略联盟试点建设工作迅速开展，2010 年 2 月科技部公布了 36 家开展试点工作的产业技术创新战略联盟，同年 6 月科技部又认定了 20 家产业技术创新战略联盟为试点联盟。在这种政府强势引导下，我国各行各业各地都纷纷投入到构建产业技术创新战略联盟建设的浪潮当中。据不完全统计，2010 年年初成立的中关村产业技术联盟联合会到 2016 年年底就已拥有联盟会员 172 家①。

（四）产业技术创新战略联盟面临快速发展中的重大挑战

尽管增长数量惊人，但作为一种新兴的组织形态，我国产业技术创新战略联盟仍处于初级发展阶段，不可避免地在其发展与运行中存在一些问题。如北京地区的产业技术创新战略联盟存在以下一些突出问题②：（1）联盟面临成员服务瓶颈，难以满足联盟成员成长的服务诉求，一些联盟对联盟的着力点到底在哪里、到底能发挥什么作用以及能够提供什么样的服务感到困惑；（2）成员合作不够紧密，联盟成员间合作互动较少，这是影响联盟关系风险（relational risks）与绩效风险（performance risks）（Das & Teng，1996）的重要因素；（3）虽然在联盟组建的时候都签订了相应的联盟组建协议，但联盟各成员单位之间权、责、利仍然不够明确，很难在联盟的实际运行过程中协调好成员单位的权、责、利，机会主义和“搭便车”行为突出；（4）由于联盟成员间的差异性与异质性，联盟在组织成员承担科技计划项目时，无论是在发起合作申请、还是到具体执行及内部运行，都会产生大量的组织协调成本；（5）联盟成员选择缺乏规划，无论联盟的战略目标是产品或技术市场的拓展、技术标准的制定和推广，还是产业链的打造和延伸、关键共性技术研发，无一例外地都在扩张，但在扩张过程中却缺乏严格的成员选择标准与方法，部分联盟有盲目扩张的倾向。

---

① 作者整理得到，数据来源于中关村产业技术联盟联席会官方网站，详见：https：//www. zgclmlhh. org. cn/aboutIndex. html？ nid=66&num=0&id=92.

② 此部分观点是作者于 2010 年 11—12 月在北京对国家半导体照明工程研发及产业联盟、TD 产业联盟、长风开放标准平台软件联盟、闪联信息产业创新联盟、中国生物技术创新服务联盟（ABO 联盟）、中关村下一代互联网产业技术创新联盟、首都新能源产业创新联盟、北京新能源汽车产业联盟的调查总结。

20世纪80年代以来，联盟这一合作形式有了巨大的增长（Gulati, 2007），其中一个重要原因是企业可从合作网络中获得成功的收益（Calabrese & Silverman, 2000；Koka & Prescott, 2002；王永贵等，2003）。但许多研究发现，联盟有着频繁的低成功率，许多组织不能从联盟活动中获得潜在的收益（Gulati等，2009；Gulati等，2008；Kale等，2002；Kalmbach & Roussel, 1999；Kogut, 1989）。为何战略联盟难以成功？Niederkofler（1991）认为，合作失败的主要原因是缺乏有效的管理，事实上合作失败是可控制的、可避免的；Child和Faulkner（1998）指出，联盟失败的可能原因之一是高层管理者花费许多时间发展或形成联盟，却花太少时间去管理联盟。总体上说，以往的研究大多探讨如何形成联盟，但对于联盟形成后的管理却关注不足（Mayer & Argyres, 2004；Hoang & Rothaermel, 2005；Argyres & Mayer, 2007；Reuer & Arino, 2007；Schreiner等，2009）；并且，前文所指出的问题既牵涉联盟整体层面的管理（如联盟服务的问题、联盟扩张的问题），又涉及联盟成员层面的管理（如成员合作不够紧密的问题），因而不同于以往从企业视角探讨联盟管理的研究。当前我国产业技术创新战略联盟所遇到的问题，其实质就是联盟整体层面管理不足、联盟成员缺乏管理。反观理论界，尚缺乏对此类联盟的研究，更缺乏对此类联盟管理的系统研究。因此，破解当前产业技术创新战略联盟所出现的问题，是实践界与理论界的重要挑战。

二、问题提出

（一）联盟合法性如何获得

1. 产业技术创新战略联盟具有实体化的特征与发展趋向

以往学术界对企业间的虚拟战略联盟进行了较多研究与探讨，产生了大量的文献，但对由企业、高校、科研院所、中介机构等异质主体所组成的、稳定的、长期存在的产业技术创新战略联盟却鲜有研究，这是中国特色的一种新兴产学研联盟组织形式①。如今，这种产学研联盟在实践中如雨后春笋般涌现，其发展的一个新动向就是实体化的倾向，许多产业技术创新战略联盟秘书处开始专职化建设，并开始由联盟组建产业共性技术的联合创新实验室、应用研发中心、产业技术研究院等②。此时，产业技术创新战略联盟既是联盟成员的共同代表，又具有整体上的意义，具有独立行动的能力与动机。因此，产业技术创新战略联盟的实体化发展必然面临一个重要的问题就是合法性问题，一方面，需要各方积极承认、支持这种组织模式；另一方面，需要切实的地位，以解决“有位才能有为”的问题。为了正常地且更具效率地运行（如秘书处专职工作人员的管理③），取得合法地位、进行实体运作是摆在产业技术创新战略联盟发展中最为紧迫的现实问题。

2. 产业技术创新战略联盟具有强烈的合法性要求

在我国目前的法律法规体系框架下，产业技术创新战略联盟尚难取得（或尚没有）有利于其发展的法律实体地位。为了正常地开展相关活动，我国产业技术创新战略联盟通过其他方式取得法律实体地位，但在这些法律框架下却违背或改变了联盟应有的精神与价值。总体上看，主要有两种模式：(1) 公司模式，即将联盟注册成立为一个公司法人。我国许多社会组织，包括联盟组织一个普遍且流行的做法就是在香港完

① 尽管美国的半导体制造技术战略联盟（Sematech）、日本的 VLSI 技术研究组合等均是由企业、高校、科研院所等组成，但这些联盟只有暂时的现在性，即联盟在完成目标后就解散。后文将对产业技术创新战略联盟的概念进行界定，对其主要特征进行描述。

② 据作者访谈了解，科技部政策法规司已明确表态，由半导体照明产业技术创新战略联盟筹建“半导体照明联合创新国家重点实验室”；湖北省科技厅也强调将由产业技术创新战略联盟主导组建产业技术研究院。

③ 一些联盟正因为没有很好地解决这一问题，导致了专职人员的流失，人才队伍建设面临困境。

成注册登记，演变为香港内地型社团在内地开展活动①，如 TD 产业联盟、国际固态照明联盟②就是在香港地区完成公司法人注册的联盟组织。但这是一种新兴的模式，尚不具备成熟的条件与政策空间。（2）协会模式，将联盟注册为一个地区性或二级行业协会，如闪联产业联盟、长风开放标准平台软件联盟等都是采取了这种模式，这是众多产业技术创新战略联盟在中国内地取得实体地位的现实路径。然而，协会模式面临较大问题：首先，地区性行业协会只能吸纳地区性成员，制约产业技术创新战略联盟的空间发展；其次，原则上一个行业只能设立一家行业协会，制约了竞争性产业技术创新战略联盟的发展；最后，有些联盟作为二级分会必须向上级协会交纳管理费并接受上级协会的管理，这加大了运行成本，也束缚了联盟的发展。所以，目前我国绝大部分产业技术创新战略联盟都没有取得法律地位，联盟只能依托一些中介机构、行业协会实现运转，如国家半导体照明工程研发及产业联盟、ABO 联盟、首都新能源产业技术创新战略联盟、北京新能源汽车产业联盟等。如今，几乎每个产业技术创新战略联盟都有成立法律意义上的实体的想

① 香港内地型社团是近年来在我国所出现的一种新现象，即在内地活动的社会组织在香港完成社团（法团）注册，取得其合法的实体地位，其实际主导者和控制者为内地居民。这主要是由于在中国内地，注册登记社会组织，特别是涉及范围广，影响力强的全国性社会团体以及公募基金会所需要的条件较多，程序较为复杂。而香港一方面注册登记社团以及公司较为容易，另一方面香港使用的官方文字为中文，符合内地的习惯，并且所登记的社团及公司名称通常仅从字面意义上能够表现出具有很广的代表性，更为重要的在香港注册的社会组织可以获得其在内地活动所需求的名称以及证书。因此，香港成为注册登记社会组织的“天堂”。在香港，可以依据《社团条例》与《公司条例》登记非营利性组织。详细的讨论与介绍参见：黄禹桦．香港非营利性组织的特殊体：香港内地型社团［EB/OL］. http：//www.chinanpo.gov.cn/web/showBulltetin.do? id = 35791& dictionid = 5301.［2010-10-12］.

② 国际固态照明联盟（ISA）是由国家半导体照明工程研发及产业联盟（CSA）发起，联合全球半导体照明协会、联盟等行业组织（第一批成员仅限于行业组织）于 2010 年 10 月成立的国际性联盟。在国外，半导体照明也被称之为固态照明。

法和愿望，但却不愿以行业协会为依归①。

3. 追求组织合法性是产业技术创新战略联盟的关注重点

本研究认为，在不具备法律实体地位的情况下，组织合法性（以下或称“联盟合法性”）是产业技术创新战略联盟应关注的重点。组织合法性是各种涉及授权或限制组织行为的管制性、正规性和认知性理论的中心概念（Suchman，1995）。组织合法性问题的存在表明了组织的存在、结构和行为受到由其他组织及组织中行动者的观念、规范、价值等构成的制度环境的影响和制约，需要得到各相关利益者的认可和承认（李国武，2007；Dimaggio & Powell，1988；Meyer & Rowan，1977）。换句话说，组织行为必须在一个更大的社会制度环境中发生，规范、准则、期望决定了组织的行为能否被接受（Zukin & DiMaggio，1990），所有的组织都会面对来自组织内外利益相关者的合法性要求。正因为如此，组织合法性不仅有助于理解组织与内外部环境的关系，而且对于社会变动中的新兴事物与规范、秩序的关系具有强大的解释力（高丙中，2000）。再者，如何吸引产业内各组织参与联盟并积极投入创新资源，不仅是一个法律意义的合法性问题，而更多的是组织合法性的问题。

4. 联盟合法性的获得与联盟服务、多元网络互动密切相关

非营利组织是否具有代表性，关键取决于其对成员服务的水平和业内组织以及人士的认同感，而非通过强制性手段实行“一业一会”模式而获得唯一的合法性地位（江平，陈晓军，2006）。在追求联盟合法性的过程中，产业技术创新战略联盟立足行业，其聚集资源、整合资源、服务行业的能力是取得联盟合法性的必要条件之一，具有这样能力的产业技术创新战略联盟才能表现出自身的有效性。产业技术创新战略联盟在期待并获得各方面承认的过程中，必须有助于满足承认主体的某种诉求，也必须提供某些服务与产品。再者，探讨产业技术创新战略联

① 据作者在国家半导体照明工程研发及产业联盟的观察与访谈，联盟领导者一致不同意将联盟注册为行业协会，个中原因之一是要保护联盟品牌。

盟的合法性问题，还应该注意到产业技术创新战略联盟作为一种行业组织的特殊性，即主要是通过整合各种创新资源服务于产业发展，而联盟与联盟成员之间、联盟成员之间、联盟与政府之间的互动是创新资源整合与利用的纽带。为此，本书将联盟服务、多元网络互动与联盟合法性获得联系起来，以解释在不具备实体地位的情境中产业技术创新战略联盟的存在与发展。

（二）联盟合法性如何影响企业创新

1. 联盟合法性对成员企业的影响

组织合法性对帮助组织获取资源（Parsons，1960）、控制反对力量（Mueller，1973）、减少问责制的要求（Simon，1965）以及保持组织成员的承诺（Kanter，1972）等都有着积极的作用。一方面，组织合法性是一种“能够帮助组织获得其他资源的重要资源”，在允许组织获取关键资源，如技术、经济、社会资本、市场、合作伙伴和顾客等方面发挥了关键作用（Aldrich & Fiol，1994；Zucker，1987；Zimmerman & Zeitz，2002），其作用不亚于资本、人力资源、顾客意愿、工艺技术以及网络等，缺乏合法性行为的组织很难吸引到员工、供应商、分销商或投资者。另一方面，组织合法性有助于组织行为的制度化进程、便于获取资源以及规避组织运营风险，是获得竞争优势的重要来源（Oliver，1997），进一步地将有利于提高组织的绩效。Dewaelheyns 等（2010）以 96 家看护中心为样本，实证了对合法性的追求，影响了看护中心的运营效率，表明了合法性有助于改善非营利组织的绩效。

以上的研究均是讨论组织合法性对组织自身的影响，产业技术创新战略联盟整体意义上的组织合法性对其成员行为是否具有影响？特别是对成员企业创新的影响又是如何体现与产生的？理论界尚缺乏对此类问题的回应。基于此，本研究从企业视角出发，引入企业的联盟合法性认知构念，探索企业对某一特定产业技术创新战略联盟的合法性认知是否会影响其创新，以及这种影响是直接的还是间接的，又或是双重的？

2. 联盟管理能力与外部知识获取对企业创新的影响

联盟管理能力是成员企业内部的素质能力，这种能力有助于成员企业从联盟网络中获取各种利益。现有关联盟管理能力的研究主要呈现两个特点：一是学术界对联盟管理能力的研究主要集中在两个方面，即探讨联盟管理能力的组成（Anand & Khanna，2000；Kale 等，2002；Kale & Singh，2007）与研究联盟管理能力的发展及所带来的影响（Ring & Van de Ven，1994；Doz，1996；Arino & De la Torre，1998；Dyer & Singh，1998；Gulati，1998；Schreiner 等，2009）；二是现有关于联盟管理能力的研究，主要是以企业参与的同质性战略联盟为研究情境，而产业技术创新战略联盟中的成员企业将同时面临同质与非同质的联盟伙伴。在此种情境下，联盟管理能力将如何影响企业创新？这是非常有价值的研究议题。

在对技术创新的影响方面，若企业自联盟网络获得有效的知识，则可以让企业较不会错过重要的产品与技术的信息，并以较佳的方法来进行知识的结合，进而增进新产品与服务项目的推出以及新技术的采用（Bell，2005）。Yli-Renko 等（2001）指出，外部知识的获取可以通过三个途径来增加新产品的发展：（1）增强企业内部知识的深度与广度；（2）增强产品发展的速度；（3）增强新产品发展的意愿。至于在管理创新方面，Almeida 和 Phene（2004）指出，多元异质性的知识会提升组织各种专业人员知识合并的机会与能力，而外部知识获取为组织内部所产生的多元异质性知识，将有助于专业管理者激发管理上的创意；Rodan 和 Charles（2004）则以欧洲通信公司管理者为研究对象，发现知识获取有助于管理者创意潜能的激发以及提升管理上的创新性。因此，外部知识获取在联盟管理能力影响企业创新的过程中扮演何种角色？

3. 联盟网络多元性与联盟信任对企业创新的影响

基于社会网络理论，Gulati（1998）将组织间联盟关系视为一种“联盟网络”（alliance network）。随后，众多学者从联盟网络视角出发，探讨联盟成员绩效的影响因素（Dyer & Singh，1998；Goerzen & Beamish，2005；Lavie，2007；Reuer & Ragozzino，2006；Stuart，2000；Jiang 等，2010）。过去以社会网络理论为基础的联盟研究，大多探讨网络特质给联盟成员带来的影响。总体上看，这种影响有助于联盟成员获取资源，进而对联盟成员的行为与绩效产生深刻影响（Uzzi & Gillespie，2002）。近年来越来越多的研究指出，联盟网络多元性是影响联盟成员绩效与行为表现的重要网络特质（Beckmann & Haunschild，2002），尤其是对联盟成员创新的表现（Rodan & Charles，2004）。就产业技术创新战略联盟中的成员而言，其联盟网络多元性更是一种重要特质，因为在由异质性组织（如企业、高校、科研院所、中介机构）所共同组成的联盟网络中具有更为广泛的异质资源与多元知识。另外，过去的组织创新研究多探讨组织内部因素与组织创新之间的关系（Damanpour，1991），较少有学者从组织外部关系或利用社会网络观点研究企业创新（Gemunden 等，1996）。

在比较市场、科层与网络三种交易形式之后，学者认为网络是以“信任”（Ahuja，2000；Hite，2005）为基础的第三种治理结构（Bradach & Eccles，1989），可以有效降低组织间的交易成本（Hoang & Antoncic，2003），特别是在制度环境相对不健全的亚洲（Khanna & Palepu，1997）具有重要的借鉴意义。除了降低交易成本外，信任更被视为一种社会资本（Nahapiet & Ghoshal，1998），被信任的组织，在取得信息、资源与商机等各方面都更为有利。总结起来，信任之所以在联盟关系中具有显著而重要的影响，主要有三个方面的原因：一是信任可以降低交易关系中的不完全与不确定（Cullen 等，2000）；二是信任可以增进伙伴间在“关系专属资产”（relation-specific assets）上的投资意愿（Dyer & Chu，2000；Zaheer 等，1998），进而降低双方在交换或互动活动中的交易成本（transaction cost）；三是信任可以强化组织间的学习绩效，进而有利于组织竞争力的提升与战略目标的达成（Cullen 等，2000）。现有研究文献关注了联盟信任对联盟绩效、技术转移的影响，却没有探讨联盟信任对成员企业创新的影响。因此，联盟信任在联盟网络多元性影响企业创新的过程中将发挥何种作用？

综上，本研究一方面将关注企业的联盟合法性认知对其创新的直接影响，另一方面将探讨企业的联盟合法性认知对其创新的间接影响，主要包括联盟合法性认知在联盟管理能力、联盟网络多元性影响企业创新过程中的角色，同时揭示外部知识获取、联盟信任的作用。值得注意的是，现有关组织创新的研究，往往将结果变量聚焦于创新绩效。然而，相对于创新绩效这一结果，创新行为同样非常重要，特别是产业技术创新战略联盟是组织间的一种合作关系，合作创新行为则是题中应有之义。

第二节 基本概念界定

一、产业技术创新战略联盟

（一）关于联盟的一般定义

"联盟"是一个非常成熟的概念，但由于研究视角不一，目前学术界存在着多种多样的联盟概念，如战略联盟（Spekman，1999；Das，2006；Wilson & Hynes，2009）、企业联盟（冯进路，2007）、企业技术联盟（张坚，2007）、技术联盟（钟书华，1998；Hagedoorn 等，2000；王飞绒，陈劲，2010）、技术转移联盟（张晓凌等，2009）、战略技术联盟（叶昕，丁烈云，2004）、产业技术联盟（伍建民等，2011）、产业技术创新联盟（李新男，2009；蒋樟生，2011）、知识联盟（Inkpen，1998；李建明，2008）、跨部门联盟（Gray，1989；葛笑春，2010），等等。

学术界有关战略联盟的定义非常多。Spekman（1999）指出，战略联盟是由两个或两个以上共同战略利益的企业，为实现共同开发或拥有市场、共同使用资源等加强竞争优势的战略目标，通过各种协议、契约而结成的优势互补、风险共担、生产要素水平双向或多向流动的一种合作模式。而 Das（2006）、Wilson 和 Hynes（2009）则把战略联盟视为一种合作活动，这种活动由两个或两个以上的伙伴企业，目的是实现资源共享、优势互补，并以承诺和信任为特征。合作活动的观点得到越来越多的学者们的认同，如 Stuart 和 Toby（1998）、Hen 等（2006）提出战略联盟是参与企业根据各自已有资源的异质性，本着互惠互利的原则，利用资源互补来追求共同利益的合作活动。

就技术联盟而言，早在 20 世纪末，钟书华就提出了比较公认的定义。他认为，“技术联盟是指两个或者两个以上的企业为实现技术资源共享、R&D 风险或成本共担、技术优势互补等制定战略目标，在保持自身独立性的同时通过股权参与或契约连接的方式建立较为稳固的合作伙伴关系，并在某些领域采取协作行动，从而取得双赢效果”（钟书华，1998）。后来的 Hagedoorn 等（2000）将技术联盟定义为，“在从事重要的研究与开发中所建立的一种创新关系”。

Inkpen（1998）提出了“知识联盟”的概念，他主要从知识角度来分析联盟的动机与内容，认为知识联盟是企业与企业或与其他机构以学习和创造知识为中心目标、共同创建新的知识和进行知识转移的战略联盟。

葛笑春（2010）则深入研究了企业与非营利组织构成的跨部门联盟（Cross-Sector Alliances），所谓跨部门联盟，是指来自营利部门、非营利部门和政府部门的两个或多个组织之间达成的一种合作安排，这些组织由于部门属性的差异，会从不同角度审视同一问题，从而产生建设性的解决方案，使所有参与者获益（Gray，1989）。

此外，有学者认为，战略技术联盟是战略联盟的一种主要形式，联盟成员彼此之间相互关联，它们之间的各种关系构成了战略技术联盟网络（叶昕，丁烈云，2004）。

不难看出，这些不同叫法的联盟概念都没有脱离战略联盟的理念与核心思想，都是介于企业和市场之间的中间组织形式，只是学者们从不同角度出发，提出各种类型的联盟，不同类型的联盟所关注的动机与目标也有所差异与有所侧重，由此成为战略联盟的不同具体形式。

（二）产业技术创新战略联盟的一般定义

《关于推动产业技术创新战略联盟构建的指导意见》明确了产业技术创新战略联盟的内涵："产业技术创新战略联盟是指由企业、大学、科研机构或其他组织机构，以企业的发展需求和各方的共同利益为基础，以提升产业技术创新能力为目标，以具有法律约束力的契约为保障，形成的联合开发、优势互补、利益共享、风险共担的技术创新合作组织。"在此基础上，一些学者进一步提出了自己对此类联盟的认识与理解，如蒋樟生（2011）把产业技术创新联盟定义为，"基于某一产业的技术研发、技术产业化、市场拓展等成员组织的共同目标，通过适当的组织形式和运作制度，由两家或两家以上具有相同或类似产业背景的企业联合起来致力于技术创新活动的一种具有战略意义的产业组织形式"。

本书比较认同蒋樟生（2011）对产业技术创新联盟的定义，但蒋樟生把参与产业技术创新联盟的构成组织简单地局限于企业部门，忽视了产业内其他部门，如高校部门、研究机构部门、中介组织部门在产业技术创新活动当中的重要作用，特别是在中国背景下这些部门是产业共性技术创新过程中不可或缺的主体，因此需要将产业技术创新联盟的组织构成加以拓展，类似于跨部门联盟的组织构成，并可称之为"产业技术创新战略联盟"。

本书认为，产业技术创新战略联盟是战略联盟的一种特殊形式，既有战略联盟的一般特征，但又不同于一般的战略联盟，有其新的发展动向（见表1-1）。

表 1-1　　　　　产业技术创新战略联盟的主要特征

	战略联盟	产业技术创新战略联盟
组织构成	同质组织，主要是企业	异质组织，包括组织、高校、科研机构、中介组织等
联盟目标	目标比较单一	目标多元，既有合作研发、技术创新，又有市场开拓、标准制定等
合作模式	单一合作为主，单一目标实现后往往会解散	多次重复为主，一般情况下不解散，比较稳定
联盟性质	组织间的虚拟组织	组织间的虚拟组织与联盟整体的实体化

第一，从联盟成员组织构成来看，产业技术创新战略联盟是由异质组织所组成的。联盟成员不仅限于产业内企业组织，还包括非企业组织，如高校、科研机构与中介服务组织等，这些组织是产业技术创新战略联盟不可或缺的参加者。联盟参加主体的广泛性意味着，并不似以往战略联盟局限于产业链上少数企业之间有强强联合或者是优势互补，产业中的组织都可以广泛参与，如国家半导体照明工程研发及产业联盟就吸引了全产业链中的成员单位。这与一般战略联盟只局限于企业的组织构成存在显著差异。

第二，从联盟目标来看，产业技术创新战略联盟的目标是多元的。战略联盟往往会因为某一共同目标而走到一起，如日本超大规模集成电路研究组合（VLSI 组合）就是为了突破超大规模集成电路而成立的。而产业技术创新战略联盟的目标则不局限于产业技术创新，同时还可包括标准制定、市场开拓、信息服务与人才培养等，如 TD 联盟不仅做通信标准，而且还联合研发创新。

第三，从成员合作模式来看，产业技术创新战略联盟具有稳定性。正是因为战略联盟为了一个共同目标而走到一起，目标实现后联盟契约就失效，联盟自然而然就解体，不复存在了。而产业技术创新战略联盟因为联盟目标多元化，成员组织在实现一个目标后会不断追求其他目标，并且目标也是动态变化的，所以成员间的合作往往是多次、不断重复的，因而产业技术创新战略联盟具有稳定性与独立性，具有存在的长期性与发展性。

第四，从联盟性质来看，产业技术创新战略联盟既有虚拟的元素又有实体的特征。战略联盟是组织间的虚拟联合，是介于市场与组织间的第三种治理机制，具有明显的虚拟性。由于产业技术创新战略联盟是战略联盟的一种特殊形式，所以产业技术创新战略联盟的成员仍然是独立的，这些组织也并不是将所有资源都投入到联盟当中，而是通过有限的、有安排地向联盟投入资源。产业技术创新战略联盟通过整合产业内外资源，实现产业共性技术的联合创新或是标准制定等，而这些合作成果明显具有公共属性。正因为如此，现在的产业技术创新战略联盟，如TD联盟、国家半导体照明工程研发及产业联盟已开始主导成立产业内的联合实验室、产业技术研发中心等以解决非竞争共性技术的研发，再加之联盟常设机构的专职化，产业技术创新战略联盟已明显具有实体化的发展倾向。这较之战略联盟，是最大的特殊性与差异性。

二、联盟合法性

“合法性”(legitimacy)是一个内涵非常复杂的概念，它不限于“与法律的一致性”（legality）的含义。《布莱克维尔政治学百科全书》这样定义：合法性是一种某个政权、政权的代表及其“命令”在某个或某些方面是合法的特性，这种特性不是来自正式的法律和法令，而是来自由有关规范所判定的、“下属”据以（或多或少）给予积极支持的社会认可（或认可的可能性）和“适当性”或“正当性”。虽然合法性一直没有权威的定义（Kaina，2002），但许多研究将合法性定义为接受、认可（Brown，1997；Knoke，1985）、被认为是理所当然（Carroll & Hannan，1989；Meyer & Rowan，1977）、合理的、适宜的和一致的（Brown，1998；Dowling & Pfeffer，1975），而Suchman（1995）对合法性的定义广为学者所引用，他认为合法性是主体的行动或行为在社会系统所规定的规范、价值和信仰范围内是可信的、适当的或与之相符合，即是说主体的行为或行动是可取的、正确的、普遍被接受的。这些都揭示了合法性的一个很重要的中心，就是要满足和顺应社会系统的规范、价值观、期望和意义（Hirsch & Andrews，1984）。

综合以上讨论，本书采用Suchman（1995）对合法性的定义，即联盟合法性是联盟的行动或行为在社会系统所规定的规范、价值和信仰范围内是可信的、适当的、可取的、正确的、普遍被接受的，而社会系统主要是指与联盟有着各种利益相关方的主体组合。

三、联盟管理能力

现有研究中与联盟管理能力相近的术语有许多，如“合作诀窍（collaborative know-how）”（Simonin，1997），“关系能力（relational capability）”（Dyer & Singh，1998），“联盟竞争力（alliance competence）”（Spekman等，2000），“联盟能力（alliance capability）”（Draulans等，2003），“联盟管理能力（alliance management capability）”（Rothaermel & Deeds，2006；Schreiner等，2009），等等。其中，Kale和Dyer（2002）提出，联盟管理能力是一个自动收集、处理和内化联盟伙伴知识、技术、信息及经验的专门机制，能够帮助组织获取、整合和传播联盟管理诀窍或惯例；Duysters和Heimeriks（2002）则认为联盟管理能力是企业的一套用来使联盟中的资源利用和资产承诺最优化的微观机制，是能够促进成员企业甄选伙伴、建立关系和重构联盟及联盟网络的能力，并且使成员企业能够有效利用自身所拥有的其他资源以形成只能内部开发不能够市场化交易的资源；Draulans等（2003）所定义的联盟能力则是企业将内部学习过程用于联盟的管理，将联盟中的知识、技术引入企业内部，从而建立一个成功联盟的能力；Schreiner等（2009）提出联盟管理能力是企业在联盟运行过程中（形成联盟或参与联盟后）对单一联盟进行管理的能力。

尽管存在不同的定义与争议，本书将采用 Schreiner 等（2009）对联盟管理能力的定义。

四、联盟网络多元性

网络多元性作为网络的一种重要特质，是新近兴起的一个重要概念，学术界尚缺乏联盟网络多元性的统一理解。而就产业技术创新战略联盟而言，企业、大学、科研机构或其他组织机构是联盟成员，这些异质性组织将提供多渠道的信息、多元化的知识、多类型的资源、多样化的人才。Goerzen 和 Beamish（2005）、Owen-Smith 和 Powell（2004）从信息与知识的角度定义了联盟网络多元性，认为如果焦点行动者的联盟网络能提供较多的异质性信息或知识，则该联盟网络的多元性越高。

结合产业技术创新战略联盟的特点，本书认为，联盟网络多元性是指联盟中异质资源的多元性、多样性，这些异质资源产生于联盟成员的规模与结构（成员性质结构、产业布局结构、地理分布结构等）。

五、合作创新

目前，一些学者对合作创新提出了不同理解。如有学者指出合作创新是一种“合作契约安排”的创新活动组织形式，指两个以上的企业共同投入创新资源以实现共同的创新目标（Fusfeld & Haklisch，1985）。Fritsch 等（2001）提出，合作创新是在创新过程中任一阶段存在着其他创新主体的参与，这与 Mattesich 和 Monsey（2001）的观点一致，他们同样将合作创新认定为一个过程，即与其他组织在机会识别、创意产生、问题解决、技术应用和技术扩散等过程中的合作完成新技术的开发和应用。后来，许多学者都将合作创新视为一个过程，这一过程是组织间“交织”学习的过程，是惯例化和制度化的过程（Jones & Macpherson，2006）。国内学者傅家骥（1998）曾提出一个较为公认的定义，即合作创新是企业间或企业、高等院校、研究机构之间的联合创新行为，这种行为以共同利益为基础、以优势互补或资源共享为前提，并有明确的合作目标、合作规则和合作期限。

从以上学者对合作创新的定义来看，均包含三个要素：一是合作创新的主体有两个或两个以上，主体可以是企业，也可以是企业与高校、科研机构；二是合作创新是一个过程，也是一种行为；三是合作创新以创新为目标。因此，本书的合作创新采用傅家骥（1998）的观点。

六、创新绩效

Wolfe（1994）将企业创新内涵的探讨分成产品观点、过程观点、产品与过程观点与多元观点（multiple view）四种，不同观点下的创新内涵各有不同。在产品观点下，企业创新被视为是企业产生或设计新产品，其衡量主要是以具体的产品或产品专利为依据（Smith 等，2005；Stuart，2000）；在过程观点下，创新被视为在企业内部将创意加以实践（如新产品、新服务、新工作方式或新解决问题的方法）的过程（Johannessen & Dolva，1994；Scott & Burce，1994）；在产品与过程观点下，企业创新除了指革新产品的开发外，还有程序的创造（Dougherty & Bowman，1995）；Damanpour（1991）从多元的观点出发，将企业创新视为组织采用内部自行产生或向外部购买的设备、产品、过程、系统、政策、方案、服务，而该些项目对于采用的企业而言是新的，并提出企业创新的双核心模式（dual-core），将企业创新分为管理创新与技术创新两种类型。

由于产业技术创新战略联盟一个非常重要的目的就是实现产业中共性关键技术的创新以及成员企业自主创新能力的提升。因此，本书将采用产品观点的创新内涵，即将创新绩效定位于企业的技术创新绩效。

第三节 研究目的与意义

一、研究目的

（1）建构联盟网络、多元网络互动与联盟合法性获得的整合模式。

基于多重参与导向理论与网络理论，引入联盟服务与多元网络互动，厘清产业技术创新战略联盟合法性的基础，深入挖掘产业技术创新战略联盟合法性获得的过程，构建联盟服务、多元网络互动对联盟合法性获得的影响模式。

（2）厘清联盟网络多元性、联盟管理能力对企业创新的影响路径。基于动态能力理论，从成员企业自身的能力要素出发，探讨联盟管理能力对成员企业创新的作用模型，包括外部知识获取的中介作用。基于网络理论，从成员企业所处的联盟网络出发，构建联盟网络多元性影响成员企业创新的作用模型，实证研究联盟信任在其中的中介作用，揭示联盟网络多元性影响联盟创新的中间作用过程。

（3）明确联盟合法性认知对企业创新的直接与间接影响。检验联盟合法性认知对企业创新的直接影响，包括外部知识获取的中介作用；揭示联盟合法性认知对企业创新的间接影响，即联盟合法性认知在联盟管理能力通过外部知识获取对企业创新的影响中所到的调节作用，联盟合法性认知在联盟网络多元性通过联盟信任影响企业创新中所起到的调节作用。

二、研究意义

（一）现实意义

1. 有助于加强产学研合作

建立以企业为主体、产学研结合的技术创新体系，加速提升我国企业的自主创新能力，是加强自主创新、建设创新型国家的突破口。但科技与经济“两张皮”的现象长期得不到解决，究其原因就是还没有找到一种有效的产学研合作创新组织形式。从2008年起，以科技部为首的国家部委就把产业技术创新战略联盟作为产学研合作创新的一种新发展、一种重要的合作创新组织模式作为重点建设内容。然而，产业技术创新战略联盟一方面要应对一般联盟共性的管理问题；另一方面，由于其组成成员之间有着截然不同的组织属性、不同的文化和价值观念、不同的目标追求与不同的管理理念，要成为一个紧密的合作创新共同体，必然会遇到更加复杂的管理问题。因此，深入研究产业技术创新战略联盟运行管理中的若干问题，将有助于推进产学研合作，特别是为我国产学研合作创新提供有益借鉴与参考。

2. 有助于诠释中国特色的产学研合作体系

中国的产学研合作是一种有中国特色的政产学研用结合体系（李健，2009）。组建产业技术创新战略联盟涉及产学研用结合机制、合作创新模式、科技体制等多方面的改革和创新，需要积极探索并在实践中不断总结完善。事实上，产业技术创新战略联盟的产生和发展不仅对于行业关键共性技术创新以及成员单位自主创新能力的提升具有重要意义，而且在行业自律、拓展市场、维护权益、协调关系和自我服务等方面也具有重要贡献。产业技术创新战略联盟并不仅仅是一种组织间的再组织，而是改变了企业、高等院校、科研机构、政府、社会之间的关系，加强了这些主体之间的互动与合作。此外，本书将定位于战略性新兴产业中的联盟及联盟成员，如TD产业联盟处于移动信息通信领域、国家半导体照明工程研发及产业联盟处于节能环保和新材料领域、闪联产业联盟是新一代信息领域。以这些为研究情境，深入探讨战略性新兴产业中的合作技术创新及其组织模式问题，这将有助于理解中国特色的产学研合作体系。

3. 有助于产业技术创新战略联盟的健康发展

在产业技术创新战略联盟不具备法律合法性这一情况下，联盟合法性显得尤其重要。因为合法性代表了被承认、被认可、被接受的基础，是一种影响力的体现，无论是联盟中的成员还是行业中的成员，都将受联盟合法性的引导下扩展联盟网络、增进成员间的信任、提升成员的联盟管理能力、加强成员间的合作创新、提升创新绩效，最终有利于联盟的稳定与健康发展。因此，研究产业技术创新战略联盟合法性的基础、获得的过程及对成员企业创新的影响，无疑具有重要的现实意义，并将为政府的立法决策提供理论依据。另外，联盟网络多元性是联盟网络的重要特质，已有研究既提出了联盟网络多元性的“有利”观点，又出现了联盟网络多元性的“有害”观点，但这些研究是以战略联盟为对象，而产业技术创新战略联盟是由异质主体组成的网络，两者既有相似之处也有差异性。明确联盟网络多元性对成员企业创新的影响，有助于产业技术创新战略联盟的健康发展。

4. 有助于提升成员企业参与联盟的创新品质

成员企业参与产业技术创新战略联盟不仅能够提高自身的联盟管理能力，而且最直接的利益有合作创新、创新绩效、技术转移，等等。本书从内部与外部两个层面，探讨联盟管理能力与联盟网络多元性对成员企业创新的影响，并找出其中的作用机制，从而有助于增进产业技术创新战略联盟中成员企业合作创新与创新绩效的认识与理解。

（二）理论意义

1. 有助于丰富与完善战略联盟理论

产业技术创新战略联盟是一种新型的战略联盟形式，尽管与以往战略联盟的各种形式存在较大差别，但仍可以统一到战略联盟的理论框架中。也正因为如此，本书对产业技术创新战略联盟各种问题的研究，尤其是联盟合法性问题、联盟管理能力问题、联盟服务问题、联盟信任问题、联盟网络多元性问题等，都有助于丰富与完善战略联盟理论。

2. 有助于扩展组织合法性研究的领域

由于当前的产业技术创新战略联盟不具备法律地位，对组织合法性的研究非常重要且紧迫。组织合法性在组织行为领域是新兴的概念，本书引入联盟合法性探讨产业技术创新战略联盟生存与发展，试图打开联盟合法性获得的“黑箱”，将联盟服务与多元网络互动的过程及演变诠释为联盟合法性基础→联盟合法性获得的中间机制。本书利用联盟合法性这一重要概念解释产业技术创新战略联盟的发展问题，这不仅有助于繁衍组织合法性的相关研究，拓展组织合法性理论的应用范围，而且有利于弥补产业技术创新战略联盟合法性的理论研究。

3. 有助于丰富与完善网络理论

网络理论学者认为，联盟网络的特性会影响联盟成员的行为与绩效。本书将实证联盟网络多元性对联盟成员合作创新的影响，以揭示联盟网络多元性是联盟网络理论中重要的特质。此外，过去社会网络理论学者在探讨战略联盟时，大多仅论及联盟网络结构特性所带来的影响，但这种影响对于联盟成员合作创新的影响路径则尚未明确，本书利用联盟信任构念，厘清联盟网络多元性对联盟成员合作创新的影响路径，可丰富社会网络理论在解释战略联盟中成员合作创新的研究。

4. 有助于丰富合作创新理论的研究

产业技术创新战略联盟是一种新兴的合作创新组织形式，这种合作创新组织形式是否具有有效性需要实践的检验，本书正是对产业技术创新战略联盟中成员企业创新的一个验证。通过基于前期所研究的联盟合法性，再引入联盟管理能力、联盟网络多元性与联盟信任等核心构念建立整合模型，有助于发展中国情境下产学研联盟中影响成员企业创新的作用路径模型，强化组织创新理论中组织间合作观点的完整性。

第四节 研究思路、内容与方法

一、研究思路

根据前述的分析与讨论，本书将关注产业技术创新战略联盟两个方面的问题：一是产业技术创新战略联盟合法性获得的问题，即是联盟如何才能获得广泛的行业代表性、公信力、影响力与号召力，以提升其在创新资源整合与实现联合创新的能力，最终突破产业共性关键技术、达到提高我国自主创新能力的目的；二是联盟合法性对企业创新的影响问题，即揭示联盟合法性认知的直接影响机制与间接作用路径，一方面引入联盟合法性认知构念，探索其对企业创新的直接影响，包括外部知识获取的中介作用；另一方面探讨企业的联盟合法性认知在联盟管理能力、联盟网络多元性对企业创新影响过程中的角色，并将外部知识获取、联盟信任分别作为一个重要的中介变量给予考察。

本书试图将以上两个主要研究问题联系起来，建立整体研究框架，如图 1-1 所示。其中，联盟合法性问题是本研究的起点，联盟合法性的基础仅是产业技术创新战略联盟能够获得联盟合法性的必要条件而非充要条件，有了联盟合法性的基础并不当然地具备联盟合法性。如有些产业技术创新战略联盟效仿成功的联盟提供同类的联盟服务，但其结果却大不相同。因此，联盟合法性的获得是一个更为复杂的过程。本研究认为，一方面，联盟服务不仅是联盟合法性的基础，而且将为成员组织提供互动的平台与载体；另一方面，成员组织的互动将反作用于联盟服务的供给，多元网络互动成为联盟服务影响联盟合法性获得的重要中间过程。与此同时，联盟合法性的获得将反作用于多元网络互动与联盟服务的供给。

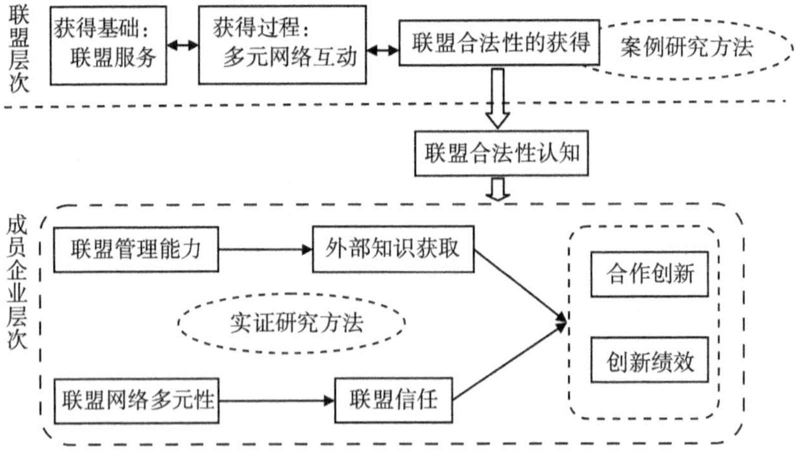

图 1-1　研究思路

当然，联盟合法性获得的影响或结果应该是多元的，这包括联盟合法性将促使联盟发展更多的成员组织，从而不断扩大联盟网络，增加成员组织的联盟网络多元性，并且应注意到某一产业技术创新战略联盟的网络多元性与成员参与该联盟所具备的联盟网络多元性在一定意义上等价的。同时，在产业技术创新战略联盟追求联盟合法性的过程中，成员组织将逐步提高对联盟合法性的认知，将相互磨合并加强相互间的学习与合作，不仅能从联盟网络中获得更多创新性知识，而且将形成并发展更多的联盟信任。此外，作为成员企业参与联盟所形成的一种重要能力，联盟管理能力也将影响企业创新。在这两种过程中，联盟合法性认知将保护企业通过联盟活动的创新，调节联盟管理能力、联盟网络多元性对企业创新的影响。

二、研究内容

（一）联盟服务、多元网络互动与联盟合法性

在不具备法律合法性的情况下，如何获得联盟合法性，是产业技术创新战略联盟生存与发展的关键。由于合法性是社会学、政治学的范畴，本书将其应用于产业技术创新战略联盟的管理属于新议题，是一项探索性的研究。本书采取单案例嵌入式的案例研究设计，对国家半导体照明工程研发及产业联盟（CSA）进行纵向案例研究，主要回答以下两个问题：联盟合法性的基础是什么？产业技术创新战略联盟又如何获得联盟合法性？本书的分析层次既包括联盟整体，也包括联盟成员层次。为此，本书将引入“联盟服务”与“多元网络互动”两个重要概念，探讨产业技术创新战略联盟的合法性获得问题。

本书第三章基于 CSA 八年发展历程的纵向案例研究，探讨联盟服务、多元网络互动与联盟合法性获得之间的内在联系，试图解释在不具备实体地位的情境中我国产业技术创新战略联盟存在与发展的问题。具体而言，首先介绍案例研究的理论框架，其次从案例选择、数据来源、数据分析、效度与信度检验四个方面进行案例研究设计，再次对 CSA

联盟服务驱动力、三个阶段的联盟服务内容、多元网络互动与联盟合法性的获得进行案例分析，最后对案例结果进行讨论，进而发展为命题。

（二）联盟合法性对成员企业创新的影响

在案例研究基础上，引入企业层次的“联盟合法性认知”概念，实证探讨联盟合法性对企业创新的影响，包括三个子研究：（1）探讨联盟合法性认知对企业创新的直接影响，包括外部知识获取的中介作用；（2）分析联盟合法性认知对企业创新的间接影响，即联盟合法性认知在联盟管理能力通过外部知识获取对企业创新的影响中所具有的调节作用；（3）研究联盟合法性认知在联盟网络多元性通过联盟信任影响企业创新中所起到的调节作用，是联盟合法性认知对企业创新的第二个间接影响。

本书第四章、第五章与第六章都将围绕此主题开展研究。具体而言，第四章为实证研究设计内容，主要从研究模型的构建、研究假设的提出、变量测量、数据收集与分析方法四个方面展开；第五章报告样本数据质量，描述调查样本基本特征；第六章分析研究假设的检验结果，并对研究发现进行讨论形成研究结论。

此外，本书第一章为绪论，是核心研究内容的引领部分，主要包括研究背景、问题的提出、基本概念界定、研究目的与研究意义、研究思路、研究内容、研究方法等。第二章为本研究的理论基础与相关研究回顾，是核心研究内容的出发点与平台，主要围绕基本概念界定、理论基础、相关研究及评述等方面进行总结、归纳与评价。第七章为结束语，对核心研究内容进行总结与展望，依据主要结论从政府层面、联盟层面、成员企业层面提出管理建议，最后指出本研究局限并对未来研究进行展望。

三、研究方法

根据研究问题与研究内容，本研究遵循“理论探讨—案例研究—

实证检验”的研究思路，首先将采用案例研究方法探讨联盟合法性获得的基础与过程，然后采用实证研究方法厘清联盟合法性对企业创新的影响。具体而言，本研究将用到的方法主要有两种：案例研究方法与实证研究方法。

（一）案例研究方法

案例研究方法被应用于许多领域，如社会科学类学科——心理学（Campbell，1975；Hersen & Barlow，1976）、社会学（Hamel，1992；Platt，1992；Ragin & Becker，1992）、政治科学（George & Bennett，2004；Gerring，2004）、商业与市场营销（Ghauri & Gronhaug，2002；Gibbert & Ruigrok，2007；Graebner & Eisenhartdt，2004）、教育（Yin，2006；Yin & Davis，2006）、战略管理（谭劲松，林润辉，2006）等。

Eisenhardt（1989）提倡运用案例分析方法来研究和发现新的理论，因为案例研究适合回答“怎么样”和“为什么”以及“结果如何”（Yin，2004，2010；Schramm，1971；郑伯埙，黄敏萍，2008）的问题。案例研究能够掌握现象的丰富性（Weick，2007），能对现象进行厚实的描述（Tsui，2007；Tsui 等，2007）。案例研究方法可以用来完成多种目标，包括进行描述（Kidder，1982）、检验理论（Pinfield，1986；Anderson，1983）和提出理论（Gersick，1988）。相比于大规模统计抽样调查方法，案例研究方法尤其适合用于观察和研究组织发生的纵向性（longitudinal）变革（Pettigrew，1990），不仅能研究各种事件出现的频率和范围，而且能按时间顺序追溯相互关联的各种事件之间的联系（Yin，2004）。更为重要的是，许多研究者指出，针对凸显本土文化特色的管理学知识，必须采用案例研究方法进行厚实的研究，以提出更具有内部效度与外部效度的本土理论（Eisenhart，1999；Whetton，2002）。于是，能够掌握本土特有现象的案例研究更为流行（郑伯埙，黄敏萍，2008）。近年来，我国学术界非常注重案例研究方法探索中国特色的管理模式与管理机制，力求建立本土化理论，一些学术期刊也甚为推崇案例研究方法。

本书按照 Eisenhardt（1989）与郑伯埙和黄敏萍（2008）的建议，分准备阶段、执行阶段、对话阶段与结束阶段开展案例研究。在准备阶段，一是要界定研究问题，找出可能的前导观念；二是进行案例研究设计，不受限于理论与假说，聚焦于特定族群，进行理论抽样而非随机抽样；三是采用多元资料搜集方式，同时掌握质化与量化资料。执行阶段包含三个过程：第一步进行资料搜集，一方面需要反复进行资料搜集与分析，包括现场笔记，另一方面要采用弹性且随机应变式的资料搜集方法；第二步进行资料分析，采用发散方式，不仅在案例内进行分析而且需要寻找跨案例的共同模式；第三步形成假设与命题，回答“为什么”“怎么样”以及“结果为何”。在对话阶段，需要与文献进行对话，不仅与类似文献互相比较，而且与矛盾文献进行比较；最后，尽可能达到理论饱和，结束研究。

为回应对案例研究信度与效度的质疑，本书采用 Yin（2010）的建议，对四种检验——可靠性（trustworthiness）、可信度（credibility）、可确定性（confirmablility）以及资料可靠性（data dependability）（U. S. Government Accountability Office，1999）采取如表 1-2 中的策略。对于资料收集，本研究将主要采用文件、档案记录、访谈、直接观察、参与性观察、实物证据六种方法。

表 1-2 **适用于四种检验的研究策略**

检验	案例研究策略	策略所发生的阶段
建构效度 准确测量所要探讨的概念	采用多元的证据来源 形成证据链 要求证据的主要提供者对案例研究报告草案进行检查、核实	资料收集 资料收集 撰写报告

续表

检　验	案例研究策略	策略所发生的阶段
内在效度 确保观察之变量或事件来自因果关系	进行模式匹配 尝试进行某种解释 分析与之相对立的竞争性解释 使用逻辑模型	证据分析 证据分析 证据分析 证据分析
外在效度 研究结果所具有的类推范围	用理论指导单案例研究 通过重复、复制的访求进行多案例研究	研究设计 研究设计
信度 研究过程的重复与复制	采用案例研究草案 建立案例研究资料库	资料收集 资料收集

资料来源：罗伯特·K. 殷. 案例研究：设计与方法（中文第 2 版）[M]. 周海涛，李永贤和李虔译. 重庆：重庆大学出版社，2010：46.

由于产业技术创新战略联盟是新兴事物，现有的一些研究文献、研究结论、相关理论尚难以解释产业技术创新战略联盟的发展与管理问题，亟待通过探索性研究构建新的理论。本研究首先以国家半导体照明工程研发及产业联盟为研究对象，从联盟与联盟成员两个分析层次展开，探讨联盟服务、多元网络互动与联盟合法性的获得。

（二）实证研究方法

实证研究探讨联盟合法性认知、联盟管理能力、联盟网络多元性、外部知识获取与企业创新的作用路径与影响机制。由于产业技术创新战略联盟的成员包括企业、高校、研究院所、中介组织等，但本书仅关注联盟成员企业的创新问题，因此将选择若干个产业技术创新战略联盟，对成员企业进行施测，作为本研究的数据来源。

具体到数据收集与分析工具，本书将遵循以下五个步骤：第一步，在设计调查问卷中，根据 Podsakoff 和 Organ（1986）和 Podsakoff 等（2003）所建议的方法，尽量避免同源误差（common method variance）的影响。第二步，在小样本试调查中，通过访谈、信度及效度检验对问卷、模型进行修改。第三步，在大样本问卷调查中，运用了便利抽样和滚雪球抽样的方法，进行正式的问卷调查（邮寄、E-mail）。第四步，样本的描述性分析将利用基本描述统计分析、频数分布分析、相关分析等手段，对样本数据进行初步处理，描述样本分布特征。第五步，采用层次回归分析方法对假设进行检验，对作用路径模型进行评估。

按照 Armstrong 和 Overton（1997）提出的验证非回应偏差（non-respondent bias）的方法，本书将对发放两周内回收的问卷和后来收集的问卷中的几个关键变量（如企业年限、企业规模、企业性质等）进行 T 检验。另外，尽管本书对联盟网络多元性的测量是经由企业所在联盟的整体属性表现，在很大程度上是客观数据，但诸如信任、联盟管理能力、联盟合法性、创新绩效、合作创新等，则是单一被试者的自我评估与报告，这将不可避免地会出现同源误差。为此，本书根据 Podsakoff 和 Organ（1986）的建议，将尽量使用清晰明确的用语及反向提问等方式，以尽量避免数据的同源误差。

第二章　理论基础与文献综述

本章主要围绕理论基础、相关研究及评述等几个方面进行总结、归纳、整理与评价，是本研究的出发点与平台，为后续研究奠定基础。

第一节　理 论 基 础

一、利益关系者理论

许多组织的相关问题都与组织内部或外部的利益关系者及利益关系者之间的关系有关（Freeman，1984）。所谓利益关系者，按照 Freeman（1984）的定义，即是任何群体或个人能够对组织想要达成的目标发生影响，或者反过来说，任何被组织想要达成的目标所影响的群体或个人。现有研究主要从两个角度来探讨“利益关系者”概念，一是确认利益关系者的规范性理论（normative theory of stakeholder identification），即讨论谁是组织的利益关系者以及管理者必须重视这些个体或团体的原因；二是描述利益关系者重要性的叙述性理论（descriptive theory of stakeholder salience），即研究管理者应当如何管理利益关系者对组织所带来的影响（Mitchell 等，1997）。

理论界依据不同的标准对利益关系者特性进行了多种分类。如有以利益关系者与组织间关系远近为标准，将利益关系者区分为“初级与次级”（primary and secondary）（Carroll，1979）；也有从影响力这一标准出发，分为“影响者与被影响者”（actors or acted upon）（Mitchell 等，1997）；Clarkson（1995）则从利益关系者的意愿视角，分为“自愿性与非自愿性”（voluntary and involuntary）。在众多分类体系中，Mitchell 等人（1997）从权力（power）、合法性（legitimacy）及急迫性（urgency）三个维度将利益关系者区分为三个主类别、七种次类别，如图 2-1 所示。一是“潜在性利益关系者”，包括“潜伏利益关系者”“自由利益关系者”及“索求利益关系者”，这些利益关系者只具有一种属性，管理者不太需要立即回应，甚至可能不太将他们纳入决策中考量；二是“期待性利益关系者”，包括“主控利益关系者”“依赖性利益关系者”和“危险利益关系者”，这些利益关系者是管理者必须重视的，并且他们对组织也有相当程度的期待；三是“决定性利益关系者”，他们同时具有三种属性（权力、合法性与急迫性），管理者不能忽视其诉求，需要努力去满足其利益。这种分类架构细致且具实用性，可成为管理者回应利益关系者诉求的优先顺序标准。

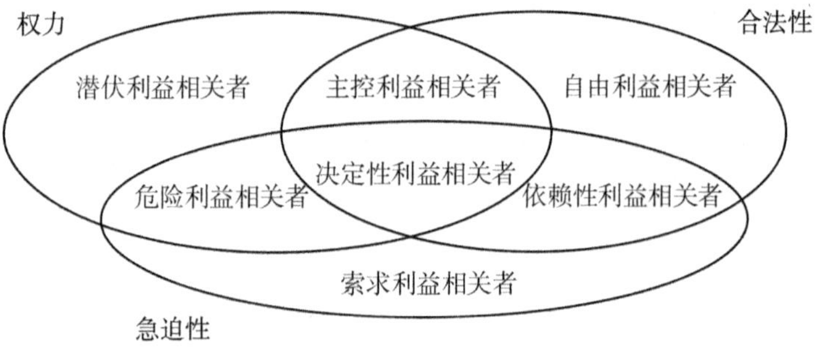

图 2-1　基于三维度的利益关系者类型（来源：Mitchell 等，1997）

在利益关系者对组织的影响上，由于组织有许多利益关系者（Donaldson & Preston，1995），组织在不同生命周期阶段会采用不一样的决策框架，而且关键的利益关系者也不同（Jawahar & Mclaughlin，2001）。Tschirhart（1996）认为，组织与利益关系者之间的立场与观点如果能够产生趋同，则不仅组织能够赢得利益关系者的支持，利益关系者也能够从组织中获取期望的资源或服务。Pestoff（1998）也采取类似的观点，他认为组织的利益关系者多种多样，从而不会有一赢一输的现象，会转变成一个整合加总性的动力局面，所有利益关系者都将会为组织的产出负起责任，他们同时分享组织所提供的产品或服务及所带来的利益与回馈。如果具备协同一致的多元利益关系者，则组织将能够提供强烈的动能与经济动机，换而言之，多元利益关系者的组织将可获得更大的信任与强化关系。因此，六角星形的组织架构较之传统三角形的组织结构更能表明组织能够整合各利益关系者的资源，如图 2-2 所示。

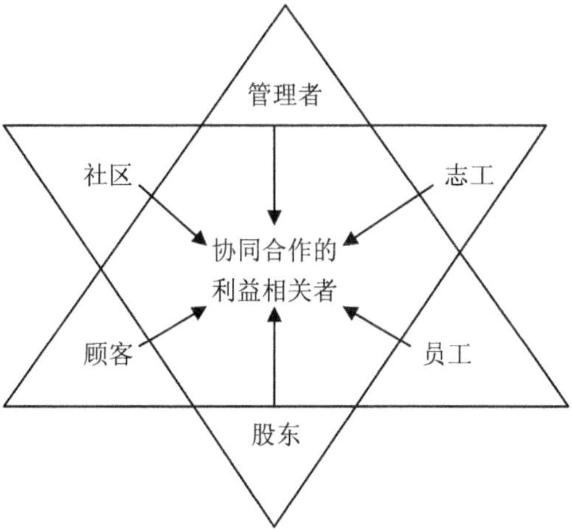

图 2-2 协同合作的多元利益关系者组织（来源：Pestoff，1998）

利益关系者理论既明确了各利益相关者类型及其对组织的不同影响，又为管理者提供了回应各利益关系者诉求的优先顺序标准。因此，可以借鉴利益相关者理论的基本原理与核心观点，解释联盟合法性的获得问题。

二、社会网络理论

20 世纪 50—60 年代，社会网络理论（network theory）还主要应用于社会学问题的研究，但从20世纪90年代开始就被广泛应用于组织研究领域。近年来，社会网络已成为战略、营销及人力资源等研究领域的主要依据，其研究层次可分为个人(individual)、组织(organizational)、组织间(inter organizational)及网络等(Moran，2005；Griffith & Harvey，2004)。个人层次的社会网络资本可让行动者更容易找到工作、有较多的升迁机会及较多的报酬(Granovetter，1973)，组织层次的社会网络能为组织带来较高的创新与经营绩效，联盟(组织间)层次的社会网络则可以促进知识的分享与移转并提升成员间的凝聚力(Inkpen & Tsang，2005；Koza & Lewin，2000)。

社会网络理论学者曾主张，组织间联盟关系可视为组织间层次的社会网络(Gulati，1998)，可让联盟中的组织获取信息、资源、市场与技术(Gu1ati等，2000)。由于社会网络中的社会资本使网络成员需要时能获得与使用资源(Inkpen & Tsang，2005；Lin，2001)，进而对提高成员在知识移转与取得(Inkpen & Tsang，2005；Rodan，2002)、创新(Tsiu，2006；Kodama，2005)、新服务开发(Syson & Perks，2004)及经营绩效(Young，2005；Rodan & Galuniu，2004)等方面都有积极的影响。这些论述使得网络分析方法成为产业创新研究一个重要的分析途径(Moulaert & Sekia，2003)。

从社会网络理论看，联盟网络由联盟成员以及正式且持续性的联盟成员间关系所组成(Dyer & Singh，1998)，所有形成战略联盟的组织皆嵌入于其所建立的联盟网络之中，进而彼此合作以创造价值，也由于组织嵌入在其所建立联盟网络中，因此组织的行为与绩效皆会受到联盟网络特质所影响(Dyer & Nobeoka，2000；Baum等，2000)。此外，产业技术创新战略联盟所形成复杂多元的网络关系提升了成员组织的社会资本，为成员组织合作创新提供了更为广阔的空间与平台。成员组织利用联盟网络这一平台与载体，具有合作创新的独特优势条件，如网络当中的知识外部性与知识交流、组织学习共享机制的形成、创新资源的快速整合、技术转移的便利性与规模性，等等。Burt（1992）强调，网络是一种有价值的社会资本，构筑良好的网络是组织获取投资高回报的平台与载体，高质量的网络伙伴、良好的网络关系和有利的网络位置有助于组织获取生存与发展的资源或资本。发展产业技术创新战略联盟正是要打造这样的网络平台与载体，组织参与联盟也就更有动力。

三、动态能力理论

以 Porter（1980）等学者为代表的产业竞争力理论与以 Wernerfelt（1984）与 Barney（1991）等学者为代表的资源基础理论无法解释为什么在动态的相同的竞争环境下有些组织较其他组织表现得更好。基于此，以 Teece 为代表的学者提出了动态能力理论，试图从自身能力因素解释竞争优势的来源。Teece 和 Pisano 于 1994 年发表了《The Dynamic Capability of Firm：An Introduction》，提出了动态能力的概念，随后 Teece 等于 1997 年在《Dynamic Capabilities and Strategic Management》一文中对动态能力理论进行了深入的研究。

动态能力理论是战略管理学派资源基础理论的进一步发展。Teece 等（1997）将“动态能力”定义为组织整合、建立和再配置内部与外部能力以适应环境快速变动的能力。其中，“动态”（dynamic）指组织伴随着外部环境变化而具有对自身能力不断更新的特质，而“能力”（capabilities）则关注组织调整、整合以及重新配置组织内外的技能、资源以适应环境变动需求的能力，这也是不断更新组织竞争力的能力。随后，大量学者对动态能力的定义进行了界定，如罗珉和刘永俊（2009）认为，动态能力是指为适应外部环境的变化，企业对资源、知识、流程、竞争地位和路径进行整合、配置、重构造、更新、学习与响应等的能力。具体而言，罗珉和刘永俊（2009）通过模糊聚类分析法对过去有关动态能力的 39 篇重要文献进行了理论维度的聚类，归纳出动态能力的四个理论维度：市场导向的感知能力（Teece，2007；Wang & Ahmed，2007）、组织学习的吸收能力（Ho & Tsai，2006；Wang & Ahmed，2007；Pettus 等，2007）、社会网络的关系能力（Ho & Tsai，

2006；Pettus 等，2007）与沟通协调的整合能力（Pavlou & Sawy，2006；Teece，2007）。动态能力不仅对企业绩效具有影响作用（Moliterno & Wiersema，2007；曹红军和赵剑波，2008），而且有助于形成竞争优势（Zahra 等，2006；董秋云，2006；张韬，2009）。

按照罗珉和刘永俊（2009）的理解，动态能力理论至少存在四种理论线索："资源"线索、"知识"和"能力"线索、"社会网络关系"线索以及"组织学习"线索。比照产业技术创新战略联盟，这四种线索都能较好地解释联盟成员的创新；反之，也能进一步丰富与完善与联盟成员相关的动态能力理论。合作创新意味着联盟中的成员需要依赖外部资源或者利用联盟网络在资源上实现相互依赖和互补，也可合作共创资源以实现创新，此为动态能力理论的"资源"线索。合作创新是一种知识的重要聚合，进而产生新的知识，因而联盟成员间的合作创新就需要从联盟网络中获得互补性的知识、信息等。联盟成员间的关系可能是竞争、合作，更多的是竞合关系，成员嵌入联盟网络、联盟信任、关系式交易等就成为联盟管理能力的重要分析因素，这是联盟成员创新的重要前置因素，也奠定了本研究"联盟管理能力影响联盟成员创新"的基础。此外，动态能力理论所涉及的合作能力、整合能力、研发联盟活动（Cohen & Levinthal，1990）、最佳实践与知识的转移（Szulanski，1996；Tsai，2001）及组织学习（Lane & Lubatkin，1998）等与联盟管理能力紧密相关，因而能够解释联盟成员的合作创新活动。

第二节 相关研究综述

回顾过去有关战略联盟的研究，自从 20 世纪 80 年代以来，已引起国内外诸多学者的兴趣与重视，进行了不同议题的探讨。很多营销方面的文献倾向于研究导致联盟成功的因素（如信任、承诺、意识到的相互依赖性、沟通程度、伙伴替代性等），管理和战略方面的文献则强调联盟的生产、测度、战略计划的观念和联盟形成的基本步骤（如战略分析、伙伴选择、关系构建和联盟管理)。具体而言，有学者探讨战略联盟的形成动机（Boyd，1990；Harrigan，1987；Shan & Visudetibhan，1990；Park & Zhou，2005)，分析战略联盟成败的关键因素（Doz，1996；Reuer，2000)，如有学者提出，虽然战略联盟愈来愈盛行，甚至以倍数成长，不过联盟成功的比率不会超过一半，甚至只有三成左右(Bleeke & Ernst，1993；Child & Faulkner，1998；Spekman 等，1998；Bamford 等，2003)；有学者着重探讨联盟管理机制对运营结果的影响(Das & Teng，2000；Leifer & Mills，1996；Jun Xia，2011)，Niederkofler（1991）认为，合作失败的主要原因是缺乏有效的管理，Child 和 Faulkner（1998）指出联盟失败的可能的原因之一是高层管理者花费许多时间发展或形成联盟，却花太少时间去管理联盟；另外一些学者则着重探讨如何创造战略联盟的价值（Alder & Known，2002；Das & Teng，2000）及联盟价值的分配（Adegbesan & Higgins，2011)，因为潜在和实际中价值创造之间的巨大差异是联盟难以成功的重要因素(Anand & Khanna，2000；Gottschlag & Zollo，2007；Agarwal 等，2010)；也有许多学者将战略联盟的研究焦点放在如何选择合适的联盟伙伴（Geringer，1991；Wilson，1995)；一些学者关注联盟的风险问题(Das & Teng，1996)，其中关系风险尤为近年来学界的关注焦点，如交易成本理论中关于投机主义的探讨（Deeds & Hill，1999；Williamson，1985）及网络理论中对于信任的强调（Mayer 等，1995；Rousseau 等，1998)，皆源自对伙伴的疑虑与对合作关系的担忧。近年来，有学者探讨联盟中的公平对联盟稳定性与长期合作倾向的影响（Arino & Ring，2010)。

以往的研究大多是在探讨如何形成联盟，但对于联盟管理的探讨却不足（Agarwal 等，2010；Jun Xia，2011)。围绕联盟管理，本研究将从组织合法性、联盟管理能力、联盟网络多元性、联盟中的信任、联盟创新开展文献回顾与评述。

一、组织合法性的相关研究

组织合法性是各种涉及授权或限制组织行为的管制性、正规性和认知性理论的中心概念（Suchman，1995）。由于政治学、社会学等较为古老的学科对合法性已进行了较多研究，因此“合法性”这一概念在这些领域已谈不上有多么新颖，但如今却成为组织行为学的新兴研究领域，已受到包括制度理论、资源依赖理论、组织生态学和组织间动力学在内的许多组织理论的关注与研究。有些学者关注合法性的必要性，理解不同类型的合法性（Ashforth & Gibbs，1990；Elsbach，1994；Suchman，1995），而其他一些学者则聚焦于与合法性管理相伴随的影响和挑战（Boyd，2000；Zimmerman & Zeitz，2002）。具体而言，现有关组织合法性的研究主要从以下四个方面展开：

（一）“组织合法性”的概念

“合法性”（legitimacy）是一个内涵非常复杂的概念，但并不限于“与法律的一致性”（legality）的含义。《布莱克维尔政治学百科全书》这样定义：合法性是某个政权、政权的代表及其“命令”在某个或某些方面的一种特性，这种特性来自有关规范所判定的、“下属”据以（或多或少）给予积极支持的社会认可或认可的可能性和“适当性”，而不是来自正式的法律和法令。虽然合法性一直没有权威的定义（Kaina，2002），但许多研究将合法性定义为接受、认可（Brown，1997；Knoke，1985）、被认为是理所当然（Carroll & Hannan，1989；Meyer & Rowan，1977）、合理的、适宜的和一致的（Brown，1998；Dowling & Pfeffer，1975），而Suchman（1995）对合法性的定义广为学者所引用，他认为合法性是主体的行动或行为在社会系统所规定的规范、价值和信仰范围内是可信的、适当的或与之相符合，即是说主体的行为或行动是可取的、正确的、普遍被接受的。这些都揭示了合法性的一个很重要的中心，就是要满足和顺应社会系统的规范、价值观、期望和意义（Hirsch & Andrews，1984）。

一方面，一个组织是否具有合法性，那取决于组织能否经受某种合法秩序所包含的有效规则的检验（高丙中，2000）。组织合法性表明组织的行动或行为具有被承认、被认可、被接受的基础（高丙中，2000；郁建兴等，2004），至于具体的基础是什么（如某种习惯、某条法律、某种主张、某一权威），则要看实际情境而定（高丙中，2000）。Ruef 和 Scott（1998）的研究表明，存在于大环境中的组织必须要与社会系统内的价值规范、规则程序和认知意义相符合，才能发展合法性。另一方面，组织合法性不仅以有效规则的检验为根本原则和基础，同样也依靠各利益相关者对合法性的信仰和认可（Weber，1921）。从这个意义上来说，社会现象或社会行为由于具有合法性而得到承认，才见证它具有合法性（高丙中，2000）。以这一指标分析组织合法性时，国家、政府部门及代表人物、各种组织、组织内外的成员或个体等都可以是表达承认的主体。国家、政府部门的承认是与同意、授权组织开展各种活动或行为联系在一起的；各种组织的承认是与合作、提供资源联系在一起的；组织成员或个体的承认则是与成员或个体的参与和支持联系在一起的。这些利益相关者赋予组织合法性是组织开展活动的基础与保障。

（二）组织合法性的类型

许多学者区分了组织合法性的不同类型（Aldrich & Fiol，1994；Suchman，1995；Ruef & Scott，1998；Human & Provan，2000；Dacin 等，2007），对其分类主要包括了二分法、三分法、四分法与五分法。

Human 和 Provan（2000）将组织合法性划分为内部合法性和外部合法性，内部合法性指的是组织被其内部成员的接纳程度，外部合法性指的是组织在社会环境中的接纳程度。Chakraverthy 和 Gargiulo（1998）区分了官僚组织中的合法性与联盟中的合法性。官僚组织中的合法性是基于讨论官僚组织体系中对于一个指定命令的服从的基础这个问题而提出的，它被视为共同的社会规范或“原则”，即纵容社会关系中的一个给定的权力分配；联盟中的合法性一个很重要的来源就是满足与利益相关者“贡献”相交换的要求，利益相关者愿意为某一联盟成员提供支持的唯一依据就是，该联盟成员能否使他们获得与其放弃对资源和行动的控制权相符的获利能力（Barnard，1938）。可见，二分法的组织合法性类型是基于组织所处内外环境为划分标准的。

在三分法上，Suchman（1995）将组织合法性分为实用性合法性、道德性合法性以及认知性合法性三种类型，实用性合法性产生于组织满足了其成员的利益，道德性合法性则与其组织行为的合适性相关，而认知性合法性则指组织一些被认为是理所当然的特性。后来，Kumar 和 Das（2007）研究了联盟发展过程中的合法性类型，佐证了 Suchman（1995）关于合法性的分类维度，即实用性合法性、道德性合法性与认知性合法性。基于制度理论，Peng 和 Beamish（2007）认为，制度的三个方面可以发展为三种类型的合法性：制度中管制性的规则、法律和契约为法律合法性，制度中正规性的社会价值观、文化和规范为道德合法性，制度中在社会中已经被广泛认可的认知结构为认知合法性。这种类型划分具有较好的代表性。

在四分法上，国内学者高丙中（2000）较早且系统地提出了社团合法性的四种类型，包括法律合法性、行政合法性、政治合法性和社会合法性。法律合法性是法律意义上的合法性，是社团满足了法律规则而获得的合法性类型；行政合法性指社团要遵守行政部门（国家机关或具有一定行政功能的单位）及其代理人确立的规章、程序，被行政部门所认可与支持；政治合法性表明了社团必须要符合国家的思想价值体系，不能与现行的政治思想体系相违背，这是不同思想意识形态下所具有的特性；社会合法性意味着社团必须符合文化传统、社会习惯、社会价值规则、民间规范等，得到社会规则的检验才能具有合法性。他认为这四种合法性可以基本回应国务院在 1998 年实施的《社会团体登记管理条例》对社团提出了综合的合法性要求：符合法律程序、行政上挂靠、政治上达标、得到社会支持，这四个方面不可或缺。很明显，高丙中的划分方法具有中国情境因素的考虑，是中国社团所面对的特有的合法性现象与要求。

基于组织所处的环境特征、组织特性及目标，Dacin 等学者（2007）从制度化角度提出并讨论了组织参与联盟后所能够获得的五种合法性类型，分别是市场合法性、投资合法性、关系合法性、社会合法性和联盟合法性。（1）市场合法性。当组织要进入一个市场或维持其在原市场的存在，它会选择加入某个战略联盟以获得来自政府、供应商和顾客的认可和赞同，同时也可以通过认可目标市场内已经合法化了的行为、价值观等来提高自身的合法性（Bianchi，2002）。（2）关系合法性。一个组织被外界所感知的其作为一个有吸引力的联盟伙伴的可信度，表现在提供技能、智力、专业资源等方面的调适性、可靠性。（3）社会合法性。缺少社会认可的组织可能会面临联合抵制、制裁、政府合同和补贴机会的减少及顾客和社区支持的降低等，一个可行的方法是与社会认可度高的组织结盟来提高社会合法性。（4）投资合法性。一项新的商业创意可能其风险系数高、组织内部支持者不多，这时如果加入一个战略联盟，其合作伙伴提供了强有力的支持，与组织共担风险的话这个创意就有可能被投资运行。（5）联盟合法性。为了在本行业中率先采用联盟形式，或者为了获得其他类型的合法性而采取联盟形式，以确保其作为进入市场或组织学习机制的有效性。他们的研究表明，组织期望获得来自利益相关者的哪种支持决定了它需要什么类型的合法性（Dacin 等，2007）。显然，这种划分方法具有在联盟环境中的局限性。

无论是二分法、三分法，还是四分法、五分法，现有研究对组织合法性类型的划分主要遵循了两条路径：战略路径和制度路径。战略路径将组织合法性视为一种战略资源，并且采取一种管理视角，强调为了获得社会支持而帮助实施组织行动和开展象征性活动的种种方法；制度路径则采取一个更为间接的手段，将组织合法性视为一种制度力量，通过优于任何单一组织的有目的性的文化传统与管控制度，产生更为广泛的社会建构，进而实现制度化进程。另外，从组织合法性发生与存在的层次上看，组织合法性的类型可以区分为组织间层次和组织个体层次，以对应组织所处的内外环境。因此，可将上述各种类型的组织合法性统一到基于制度路径/战略路径—组织间/组织个体层次的二维框架当中，如图 2-3 所示。

	制度路径	战略路径
组织间层次	道德性合法性 法律合法性 行政合法性 联盟合法性	外部合法性 联盟中的合法性 市场合法性 投资合法性
组织个体层次	内部合法性 官僚组织中的合法性 社会政治合法性 政治合法性	认知性合法性 实用性合法性 社会合法性 关系合法性

图 2-3　组织合法性的类型

（三）组织合法性获得的影响因素

Weber（1921）认为，合法性的基础由道德、宗教、习惯、惯例和法律等构成，当然还有行为规则与社会资本等因素，除了这些“软指标”构成的合法秩序以外，合法性还与共同利益相关。道德、宗教、习惯、惯例和法律因素可视为制度中的同构力量，利益相关者的参与代表了一定的行为规则，而战略联盟拥有着丰富的社会资本，这些都将影响着组织合法性的获得。

1. 共同利益

一个组织对合法性的需求是由其自身目标和所处环境共同驱动的，由来自组织内外的利益相关者目标集所构筑的共同利益影响组织合法性的获得。Suchman（1995）提出，组织合法性的获得可以采用实用主义与道德规范的手段，实用主义指的是组织通过将组织业务和决策与股东利益联系起来，在股东中取得他们的支持并确立合法性；而道德规范的遵循与彰显，如企业社会责任的履行，将有助于组织获得组织外部利益相关者的支持。此外，在一定程度上，任何组织都是各种力量共同利益和目标的集合体，组织成员对组织的承认和支持程度直接依赖于共同利益的大小和实现程度。因此，当组织的目标、活动和产出结果符合各利益相关者对恰当、适合以及可行等认知标准时，组织就获得了合法性；反之，当组织违反破坏了利益相关者的价值准则时，就失去了合法性（Pfeffer & Salancik，1978）。许多研究指出，非营利性组织为了保持合法性以及被各利益相关者和社会团体等认为是有价值的，它们需要坚持和忠于自己的目标和任务（DiMaggio & Powell，1983；Suchman，1995；Abzug & Galaskiewicz，2001；Miller-Millesen，2003）。

2. 同构

同构是制度理论的一个中心。经验研究认为，当组织顺从的程度提高时，制度的同构性就会显现（Westphal 等，1997）。制度理论的一个基础性观点就是同构将导致合法性（Dimaggio & Powell，1983；Meyer & Rowan，1977），因为社会发展和规范的背景驱动激发组织去为自身的行为追求合法性，特别是从组织所依赖的社会团体那里获得认可（Amburgey 等，1996；Oliver，1996）。当一个组织顺从于常规的战略、规范和社会系统，它通常都会被认为是可以接受的；相反，如果组织偏离正规的行为规划、破坏了关乎文化和法律的期望，就有可能面临合法性的挑战，被利益相关者视为不可以接受。制度理论还认为制度环境会对组织合法化及其行为施加较大的压力，这些压力反过来又会激发组织去提高自身合法性，顺应制度规范、准则和期望（Dacin，1997；Dacin 等，1999；Scott，1995）。基于组织不同层面的研究分析表明，组织不同性质上的同构与各种不同类型的合法性都表现出正相关关系（Deephouse，1996；Ruef & Scott，1998；Deephouse & Carter，2005）。例如，Deephouse 和 Carter（2005）以商业银行为研究对象，以当地的报纸及印刷媒体的相关文本作为研究样本，研究同构作为自变量和组织规模、年龄、资产等作为控制变量对合法性的影响，结果表明同构与合法性有着正相关关系，影响了组织合法性的获得。可以认为，同构是影响组织合法性的一个重要变量。

3. 成员参与

Chakraverthy 和 Gargiulo（1998）通过对 Latin Tel 这家企业成功的案例研究，具体阐述了在组织转型过程中应该如何保持合法性。他们提出，有一种途径可以避免组织转型过程中所面临的合法性僵局，即在转型的早期（例如在重建阶段）就引入组织成员（特别是利益相关者）参与机制，通过重新协调利益冲突以及平衡“贡献”与“所得”的协议来防止合法性系统的崩溃，这样决策的制定不再源于一个集中的权威，而是不同的利益和观点（至少在原则上）完全有权力参与的结果；在实质层面，沟通将组织和利益群体及个人联系起来，通过具有约束力的协议和对组织所面临的主要问题的妥协来发出“声音”和体现“忠诚”。因此，成员参与作为一种行为规范将有助于组织获得合法性。

（四）组织合法性对组织行为的影响

学术界在两个层次上讨论了组织合法性对组织行为的影响：一是强意义，二是弱意义。所谓强意义的合法性，是指组织行为、组织形式都是制度所塑造的，组织或个体没有自主选择性；而弱意义上的合法性，则是指制度通过影响资源分配或激励方式来影响组织或个体的行为（Dimaggio & Powell，1983；周雪光，2003）。这也可分别对应组织合法性研究中的制度观点与战略观点。具体而言，组织合法性对组织行为的影响可能包括以下三个方面：

1. 资源获取

在战略视角上，组织合法性是一种“能够帮助组织获得其他资源的重要资源”，在允许组织获取关键资源，如技术、经济、社会资本、市场、合作伙伴和顾客等方面发挥了关键作用（Aldrich & Fiol，1994；

Zucker, 1987; Zimmerman & Zeitz, 2002),其作用不亚于资本、人力资源、顾客意愿、工艺技术以及网络等,缺乏合法性行为的组织很难吸引到员工、供应商、分销商或投资者。李国武(2007)证明了行业协会的社会合法性要得到相关企业、企业家或其他社会团体的承认,并与合作、资源获取和争取会员的参与等联系在一起,因为这些利益相关者都愿意把自己拥有的资源提供给那些看起来非常符合社会规范和期望的组织。Dacin 等(2007)则指出了企业参与某一战略联盟可以获得五种类型的合法性,而这些合法性都可以帮助组织获取各种类型的资源,其中,市场合法性的提高,创造和强化了企业进入某一市场的途径,因此拥有更多资源和竞争力;成功提高了关系合法性的企业就有能力来吸引高质量的联盟伙伴,减少搜寻合作伙伴的成本,也能更有效地利用联盟伙伴的高价值资源;投资合法性可使联盟的存在时间更长,使其获得更多的投资和资助成为可能。

2. 风险规避

大多数关于组织合法性的研究集中在组织应对一次性危机时的实践或过程,这类一次性危机如核事故、石油泄漏、飞机坠毁、食品安全危机等(Elsbach & Kramer, 1996)。可见,合法性理论关注这一事实,一个组织被看作不合法的时候,可能会面临威胁生存风险,因此组织可以通过适应各相关利益者的需要或者劝说他们转变期望的方式来克服这一挑战与风险(Suchman, 1995)。Patriotta 等(2010)以欧洲一家大型能源公司的一场核事故所引发了关于核能源及其组织合法性的全国性争论为研究对象,依据 Boltanski 和 Thevenot(2006)正当性理论,说明不同利益相关者是如何维持自身的合法性价值,强调利益相关者通过调动那些使他们能解决争议的各种组织行为证明他们立场的正当性,从而避免了存在与发展的风险。已有研究发现,合法性有利于克服新进入缺陷(杜运周等,2008),帮助组织提高可信性与可靠性(Tornikoski & Newbert, 2007)。比如,通过提高合法性,新企业能够提高中顾客等利益相关者的认可与支持(Shepherd & Zacharkis, 2003)。此外,具备合法性的组织往往能够自我复制，不必在集体动员方面投入很多的精力和花费很多成本，即组织合法性有助于防范集体行动方面出现的问题。

3. 组织绩效提升

组织合法性有助于组织行为的制度化进程、便于获取资源以及规避组织运营风险，是企业获得竞争优势的重要来源（Oliver，1997），进而有利于提高组织的绩效。创业导向理论指出具有先动性的企业更可能获得先动优势与高的绩效，但先动性高的企业将可能面临合法性障碍，因此，先动性企业应当克服合法性约束以实现成长与高绩效（杜运周等，2008）。苏晓华和王平（2011）发现了新创企业追求合法性对其绩效作用的倒U形变化规律，强调了合法性的积极作用。Dewaelheyns等（2010）以96家看护中心为样本，实证了对合法性的追求影响了看护中心的运营效率，表明了合法性有助于改善非营利组织的绩效。同样，Baum和Oliver（1991）对日看护中心的调查显示，那些与受人尊敬的社区和公共组织建立了合法关系的日看护中心，生存发展状况都非常好。因此，组织合法性有助于改善组织绩效。

（五）研究述评与启示

组织合法性理论对社会转型期中组织的创新与发展、新兴组织的兴起以及组织规范与秩序的重构均具有强大的解释力与指导价值。从现有关组织合法性的研究来看，学术界已有大量的研究成果产生，也有越来越多的文献以非营利性组织为研究对象，不断拓展了组织合法性的研究范围，并且增进了对非营利性组织合法性的认识与理解。然而，总体上看，国内外对组织合法性的研究成果较少，更缺乏组织合法性的定量研究，而对联盟合法性的系统研究则更少。这导致了学术界缺乏组织合法性实证研究时可操作化的工具，也缺乏组织合法性对其自身行为与绩效的实证检验。为此，一方面，未来对组织合法性的研究应该着重解决概念的可操作性问题，创造性地设计更为有效的合法性测量方法，从而进行组织合法性的实证检验；另一方面，应采用规范的实证研究探讨中国情境下组织合法性对组织行为与组织绩效的影响。

二、联盟管理能力的相关研究

联盟管理能力是新近兴起的概念，国内外对企业联盟管理能力研究较少，但却呈现增长的趋势。大体上看，有关联盟管理能力的研究主要集中在联盟管理能力的概念及组成、联盟管理能力的培育以及对企业参与联盟的影响等方面。

（一）联盟管理能力的内涵、结构与测量研究

联盟管理能力这一构念来源于联盟能力的研究。联盟能力是一个自动收集、处理和内化联盟伙伴知识、技术、信息及经验的专门机制，能够帮助组织获取、整合和传播联盟管理诀窍或惯例（Kale 等，2002）。现有研究已从两个层面对联盟能力的内涵进行了解释与探讨（Gulati，1998；Schreiner 等，2009；Schilke & Goerzen，2010；Sluyts 等，2011）：在联盟组合层面上，考察哪些技能组成了一个企业管理联盟组合的能力（Jiang 等，2010；Sluyts 等，2011）；在单一联盟层面，理解哪些元素组成了企业管理任一联盟的能力（Schreiner 等，2009；Schilke & Goerzen，2010）。Schreiner 等（2009）将第二种能力定义为联盟管理能力，以区分之前所提到的联盟组合能力。在联盟管理能力的结构与测量方面，现有成果不多。一些学者建议，联盟管理能力的结构维度可以理解为那些在单一联盟生命周期过程中所需要的能力要素（Gulati，1998；Heimeriks & Duysters，2007）。在这些研究中，Schreiner 等（2009）的研究最具开创性与代表性，他们发展了联盟管理能力量表，并将该能力区分为协调、沟通、亲密三个维度。但这些研究所取得的研究结论是否能够在产学研联盟当中推广，则需要进一步的细化研究。为此，国内学者郑景丽和龙勇（2012）在 Schreiner 等学者研究基础上，将联盟能力划分为两个维度：企业构建合作规则的能力、发展和维护关系的能力，并进行了量表开发，但此研究重点关注联盟能力，并不是对联盟管理能

力的发展研究。

（二）联盟管理能力的形成机制研究

既然联盟能力是企业参与联盟并从中获得竞争优势的重要来源，那么企业应当如何构建这种能力呢？一些学者提出，企业能够通过更多的联盟管理实践发展其联盟能力（Anand & Khanna，2000；Hoang & Rothaermel，2005；Kale & Singh，2007；Park & Kang，2013），并且获得了经验研究的支持。例如，Kale 等（2002）发现，联盟能力可建立于企业专注的联盟关系管理实践，因为这不仅便利了与联盟活动相关的有效性合作，而且将作为一个能力库以建立企业中“知道怎样”的联盟能力。Hoang 和 Rothaermel（2005）拓展了这一研究工作，发现相比于小企业，大企业中诸如专注联盟功能的结构性机制在构建联盟能力时更具有效率。近来的研究表明，企业能够通过学习的过程积累联盟管理技能和最佳实践发展联盟能力（Kale & Singh，2007；Wassmer，2010；Vandaie & Zaheer，2013）。国内对联盟能力形成与培育的研究尚处于起步阶段。郑胜华（2005）提出，联盟能力是包括了战略、认知、关系和结构四位一体的整合构架；曹素璋（2010）指出，组织和个体两个层面的动态交互作用才能够促进创新，与此同时，企业的联盟能力也是受这些因素多层面交互作用的影响才得以形成的。从以上研究可以看出，大多数学者均是探讨联盟能力的架构或形成，但鲜有专门研究联盟管理能力的构建和演化机制。

（三）联盟管理能力对企业创新的影响研究

一些研究关注联盟能力、联盟管理能力对企业绩效的影响，如在Rocha-Goncalves 和 Gonalves（2011）的实证研究中，验证了联盟管理能力对联盟成员有形与无形利益上的贡献；Gulati 等（2008）也认为，联盟能力对于跨组织合作进行的产品绩效，占有相当重要的影响地位；Gulati 等（2009）、Wassmer（2010）等的研究亦提出相同的论点。另外，一些研究发现，联盟能力有助于维持联盟的稳定性，如郑景丽等（2011）通过大样本的调查问卷，实证了成员企业的联盟能力对契约复杂性和合作范围的大小存在显著的影响；阮平南和阮国祥（2010）的研究则发现，包括联盟能力的网络节点能力对联盟网络中的伙伴关系将产生影响，进一步影响到联盟网络的稳定性。此外，较少的研究提出了联盟能力对企业技术创新的影响，如 Sluyts 等（2011）发现，联盟能力与公司的技术能力有关，这种能力有助于公司在变动、不稳定环境中从联盟伙伴那里实现技术创新。

Wolfe(1994)将组织创新内涵的探讨分成产品观点、过程观点、产品与过程观点与多元观点(multiple view)四种，不同观点下的创新内涵各有不同。前三种观点，仅着重对技术创新(technological innovation)的探讨，忽略管理创新(administrative innovation)的内涵(Li 等，2010；Çakar & Ertürk，2010；Cantarello 等，2012)。Damanpour(1991)从多元观点出发，将组织创新视为组织采用内部自行产生或向外部购买的设备、产品、过程、系统、政策、方案、服务，而这些项目对于采用的组织而言是新的，并提出组织创新的双内核模式（dual-core），将组织创新分为管理创新与技术创新两种类型，管理创新包含组织政策、管理结构、管理系统与管理过程的创新，这些创新活动与组织生产制造是一种间接的关系（Yang & Konrad，2011）；而技术创新则包含产品、服务、设备与生产流程技术的创新，这些活动与组织生产制造是一种直接的关系（McDonald & Srinivasan，2004；Gonzalez & DeNisi，2009；Harrison & Humphrey，2010）。值得注意的是，现有关创新的研究，往往将结果变量聚焦于创新绩效，然而创新行为同样非常重要(Gonzalez & DeNisi，2009；Crossan & Apaydin，2010；Qian 等，2013)，并且产学研联盟是组织间的一种合作关系，因此关注“合作创新”也是题中之义。

较高的联盟管理能力，意味着企业在与联盟伙伴协调、沟通和结合等方面具有较好的表现（Schreiner 等，2009）。此时，联盟成员将降低对于自身知识的防御心态（Çakar & Ertürk，2010），提升联盟成员彼此间知识分享的意愿（Yang & Konrad，2011），进而提升企业自联盟网络获取知识的成效（Crossan & Apaydin，2010）。此外，组织与伙伴间的紧密互动，将能够强化组织间知识交换的密度、频率、广度与深度，有效提升组织自联盟网络获取的知识（Yli-Renko 等，2001；Gonzalez & DeNisi，2009；Yang & Konrad，2011）。

（四）研究述评与启示

可以发现，虽然联盟能力、联盟管理能力是较为新兴的概念，相关文献近年增长较快，受到了学术界高度重视（郑胜华，2007；周杰，张卫国，2012）。然而，现有文献存在以下不足：首先，有关联盟能力的研究比较多，但专门研究联盟管理能力的研究则很少，对后者的探讨仅散落在联盟能力的研究思想中，尚未开展针对性研究；其次，正是因为许多研究没有区分联盟能力与联盟管理能力，因此对联盟管理能力结构认识不多且存在分歧，也缺乏适合中国本土的严谨的测量量表；再次，尽管现有研究表明了联盟管理能力是动态形成的，但没有清晰地揭示联盟管理能力的构建与演化机制；最后，目前有关联盟管理能力影响的研究比较多，但缺乏对创新影响的研究，其中的作用机制仍然不清楚。值得注意的是，产学研联盟中成员企业同时面临同质与非同质的联盟伙伴，其联盟管理能力将如何组成？又将如何形成？对企业的影响如何？这都需要进一步的细化研究与情境探索，是非常有价值的研究议题。

三、联盟网络多元性的相关研究

（一）联盟网络多元性的提出

社会网络理论学者曾主张，组织间联盟关系可被视为一种“联盟网络”，这样的联盟网络由联盟成员，正式、非正式以及持续性的联盟成员间关系组成（Dyer & Singh，1998）。所有参与联盟的组织皆嵌入其所建立的联盟网络之中，通过彼此的合作创造价值。正是由于组织嵌入在其所建立联盟网络中，因此组织的行为与绩效均会受到联盟网络特质的影响（Dyer & Nobeoka，2000；Baum 等，2000）。如果管理者无法了解联盟网络特质以及其对组织表现的影响，将难以进行有效的联盟管理、综合开发以及实现联盟目标（Inkpen & Tsang，2005）。Gulati 和 Gargiulo（1999）指出，组织从联盟网络中是否具有取得资源的可近性，要视其所具有的网络特质及其连接的对象。因此，理解联盟网络特质以及网络资源的流动与取得，对参与联盟的组织绩效具有深刻的影响（Stuart，1998）。

以往联盟研究指出，联盟网络中的伙伴区域、所处产业、联盟形态三方面的多元性特质，对组织表现具有重要的影响（Koka & Prescott，2002；Goerzen & Beamish，2005；Owen-Smith & Powell，2004）。如 Owen-Smith 和 Powell（2004）、Saxenian（1994）认为，如果组织与联盟伙伴处于不同的地理区域，那么联盟伙伴会为组织带来多样的技术与差异性的管理方法，这将有利于组织的技术、知识、信息与之相互结合、创造，从而能够有效提升组织的创新表现（Henderson & Cockburn，1996）。在联盟网络产业方面，组织与联盟伙伴所处的产业位置如果不同，则会形成紧密的互补合作关系。正如 Owen-Smith 和 Powell（2004）认为的那样，不同的产业位置拥有不同的技术、知识与信息，这样的差异往往会为与之合作的联盟伙伴带来好处。可以说，联盟网络产业多元性会为组织带来多样的异质性知识，而知识的异质性将有助于组织创意的产生与新技术成果的形成（Rodan & Charles，2004）。事实上，以上网络特质都可归为 Goerzen 和 Beamish（2005）所提出的“联盟网络多元性”。联盟网络多元性源于行动者与其联盟伙伴间的差异性，当行动者或组织在联盟网络中具有越多的差异性连接或节点，则行动者或组织具有较高的联盟网络多元性（Goerzen & Beamish，2005）。

（二）联盟网络多元性的测量研究

目前，学术界有关联盟网络多元性的测量尚没有形成统一的方法或工具。Burt（1992）指出随着组织外部节点的增加，组织的外部网络结构将会变得越来越多元。Zaheer 和 Zaheer（1997）认为网络结构中的弱连接（weak-ties）会使焦点行动者有较多的机会接触到不同信息，此外，如果行动者能够连接存在网络中的结构洞（structural holes），则其较能获得来自原本互不连接的行动者所提供的多元信息。因此，Zaheer（1997）以多种弱连接数与结构洞的连接来测量组织所具有的银行合作网络多元性。Powell 等（1996）则以联盟伙伴所属产业类型来测量生物技术产业联盟的网络多元性。在此基础上，Koka 和 Prescott（2002）加入了联盟伙伴所属的国籍与技术类别两个指标来测量联盟网络多元性，其中技术类别指标主要指伙伴与焦点行动者处于不同的技术类别或产业，则联盟伙伴较能提供差异化的生产、营销、研发等组织创新所需的知识与信息。Goerzen 和 Beamish（2005）认为，除伙伴所属产业的类别外，也应将企业所属的联盟网络成员数纳入该构念的测量，因为网络多元性会随网络规模而增加。另外一些学者指出，在测量联盟网络多元性时，由于跨国企业的经营涵盖许多国家的市场，所以应同时考虑母国公司联盟伙伴数与各国子公司联盟网络所带来的当地多元信息与知识效果。因此，Goerzen 和 Beamish（2005）对日本跨国企业的联盟网络多元性的测量采用了伙伴公司数、子公司当地伙伴公司数以及伙伴公司所属产业类别数等三个指标。

（三）联盟网络多元性对组织创新的影响研究

联盟网络多元性对企业创新存在着显著的影响。这主要是由于联盟网络多元性是影响企业绩效与行为表现的重要网络特质（Beckmann & Haunschild，2002），尤其是有助于提升企业创新的表现（Rodan &

Charles，2004）。联盟网络多元性有助于获取外部知识与实现技术转移，而这些是企业创新的重要来源。Cohen 和 Levinthal（1990）指出，如果联盟成员具有愈多的独特知识，则其越能够通过彼此知识的交换来提高创新绩效；McEvily 和 Zaheer（1999）则指出，组织具有的网络连接越多样，代表组织有较广泛的创新资源获取机会。对此，一些学者提出了相似的看法，如 Zahra 等（2000）认为，组织接触不同或异质的组织，包括组织性质、组织区域、组织产业位置等，均会影响组织外部资源整合的广度与深度，以及影响后续其他外部知识吸引与其他创新资源整合的速度。由于组织所具有的网络结构是由不同经验的伙伴所组成，网络伙伴的异质性可提供组织多元的经验与知识来进行学习，进而获取更多的创新资源（Beckmann & Haunschild，2002）；Almeida 和 Phene（2004）也指出，多元异质性的知识会提升联盟成员实现知识合并的机会与能力，进而有助于提升联盟成员的创新绩效。另外，如果组织能拥有较多的环境知识与信息，则能帮助组织提升对外部环境的适应力（Virany 等，1992），从而增加新产品与服务项目的推出以及新技术的采用（Bell，2005），进而提升联盟成员创新绩效。

（四）联盟网络多元性研究述评与启示

联盟网络多元性作为网络的一种重要特质，是新近兴起的一个重要概念，学术界尚缺乏网络多元性的系统研究，对联盟网络多元性概念的理解也没有统一起来，对网络多元性的测量也并没有一致的标准，同时缺乏对网络多元性结果变量的考察。可以说，学术界对网络多元性的研究刚刚起步，显得十分不充分。然而，随着产业技术创新战略联盟的发展，在这种异质性联盟中存在多元信息与多元知识的特性非常明显，这不同于以往战略联盟的研究。因此，非常有必要加强产业技术创新战略联盟网络多元性的研究，理解联盟网络多元性对企业创新，包括创新绩效与合作创新的影响及作用机制。

四、联盟中的信任研究

（一）信任的内涵与维度

随着情境的不同，信任的含义可能会产生变化。目前文献中对信任存在多种的定义（Kasper Fuehrer & Ashkanasy，2001），而信任的情境也分为多种层次，包括人际间、团队间、组织间、制度间。一般而言，组织间关系的相关文献对信任的内涵定义大致包括两类（Zaheer 等，1998）：对他人行为的可预测性的信心，或对他人善意的信心。例如 Hosmer（1995）定义信任为“预期其他个人、群体或公司会采取道德上的正当行为”；Mayer 等（1995）则定义信任为“无论是否能监督或控制，一方由于预期另一方会采取特定的行为，愿意承受可能被另一方伤害的风险”；Morgan 和 Hunt（1994）认为信任可视为一种行为性的意向，反映出对交易伙伴的依赖，包括信任者的易受伤害性与不确定性；Ganesan（1994）与 Kumar 等（1995）认为信任操作性定义建立在信赖的认知与善意两个方面，信赖的认知主要含义是指交易伙伴的可信赖程度，期望交易伙伴的承诺是可依赖、值得信赖的；而善意是指交易伙伴会考虑对方的利益，并企图寻求双赢的互动方式。简言之，信任对方的行为，可能是基于本身具有监督或控制对方的能力，并不一定认为对方具有善意。因此，信任对方的“善意或动机”是一种范围较为严格的定义（Das & Teng，2000）。

学者对信任的分类也各有不同，例如 Williamson（1993）将信任分为算计的、个人的和制度的（calculative，personal & institutional）信任。Jones 和 George（1998）则将信任区分为“有条件的”与“无条件的”信任（conditional & unconditional），当合作或协助对方是为了报答以往所接受的协助，或预期未来需要被报答时，就是有条件的信任，无条件的信任则指双方具有共同的价值信念，合作者之间并不只视彼此为同事（coworkers），而是朋友或团队成员（friends or team members）。Barney 和

Hansen(1994)将信任区分为弱式(weak form)、半强式(semi-strong form)及强式(strong form)信任。Rousseau等(1998)综合了各研究领域的观点，将信任区分为“阻碍、算计、关系与制度”信任(deterrence-based, calculus-based, relational, & institutional based)。王蕾(2000)提出了三种类型的信任，包括低度信任、中度信任或治理信任、高度信任或硬核心信任。Hite(2005)则将信任分为社会信任、个人善意信任及个人经济信任。

Beccerra和Gupta(1999)认为，可将信任分为三个维度：态度(attitude-focused)、行为(behavior-focused)与能力(competence trust)。然而，Tinsley(1996)认为，能力不应该算在信任的范畴中，因为某些人明显具有很好的能力，但是却不可信赖；信任应包含正直与善意，具有道德上的意涵，但能力并无任何道德意味，应属于另外的独立维度。Nooteboom等（1997）同样认为，应对信任采取较狭义的观点，即在无任何强制或直接物质利益的诱因下，仍相信对方愿意合作，这才是信任。因此，信任应超出自利范围。

（二）联盟中信任的影响因素与形成

哪些因素会影响联盟信任的形成与发展呢？一些学者（Andrew & Steven，2004）认为，在联盟整个生命周期内，信任是一个不断演化、不断发展的过程。在联盟形成、联盟建立以及联盟运行的各个阶段，随着联盟成员之间的相互了解和认识的不断加深，联盟中信任的水平在不断发生变化，信任功能也随之在不断发生变化。进一步地，一些学者区分了联盟中信任的影响因素类型。如潘镇和李晏墅（2008）通过实证研究证实了影响联盟信任水平的两类重要因素，即伙伴结构特征和互动特征。这种影响因素分法具有概括性。

伙伴结构特征包括共同愿景（Anderson & Weitz，1990）、资源互补(Harrigan，1985；Dyer & Singh，1998)，正如Das和Teng（2000）指出，联盟内部关系紧张的重要原因之一是伙伴之间的不匹配。共同的目标可以建立关系的连续性，并且减轻投机主义（Hart & Saunders，1997）。而双方在资源能力互补且彼此不会成为竞争者时，才有可能形成双赢局面，从而在合作过程中具有较高的互信。Uzzi（1997）对纽约成衣业所进行的研究亦发现，厂商间为了长期合作与整体利益，会克制狭隘的自利追求。

在伙伴互动方面，充分的正式和非正式交流处于重要的位置，一方面可以提高信息的不对称性，防止信息被扭曲，进而增强伙伴之间对于目标、任务以及责任的理解（Mohr & Spekman，1994），从而能够提高伙伴间的善意信任水平；Deeds 和 Hill（1999）从关系契约观点出发，认为如果伙伴之间彼此经常沟通时，则双方较容易建立起稳固、长期的关系；另一方面，充分的交流有助于营造良好的合作气氛，并可以建立和发展良好的工作关系与私人友谊（Anderson & Weitz，1990），也能够提高伙伴间的信任水平。信息共享也是影响联盟信任的重要的伙伴互动因素，如刘学等（2008）对我国制药产业研究开发联盟的研究表明，持续性预期、信息共享有助于增进信任。此外，双方之间的“贡献—诱因”交换必须维持公平，当任何一方觉得条件不公平时，便很可能会中止关系，或者采取投机行为（Ring & Van de Ven，1994）。

一些学者就联盟信任的形成机制进行了研究。如王蔷（2000）提出了信任的形成机制，包括过程型机制（表示联盟信任是一个发展过程）、特征型机制（表明信任是有共同特征、相似性）、规范型机制（提高违约风险成本与收益）。Droege 等（2003）认为，合作双方如果是初始存在信任，则双方所提供的信息交换，在正确性与品质上会增加，并逐渐发展出信任。孟华兴等（2006）分析了创新联盟信任缺失的矛盾表现，并从创新联盟的主体和客体两方面探究其原因，指出了联盟信任的独特性——快速信任，并有针对性地提出了建立联盟快速信任的对策。

（三）联盟中信任的功效

现有研究除了关注联盟信任的内涵与影响因素外，联盟信任的功效更是学者们重点所考察的。总体上看，现有对联盟信任功效的研究主要形成了三种功效观：

1. 达成关系承诺的功效观

关系承诺是对维持有价值关系的长久愿望（Moorman 等，1992）。一般地，承诺会带来“锁定”效应，存在着一定的潜在风险，这种特性使人们不可能轻易地做出承诺。也正因为如此，承诺对合作具有重要的意义。Moorman 等（1992）的研究表明，信任是促成关系承诺的前因变量，信任降低了合作风险，也就降低了承诺“锁定”效应的负面影响。同样，潘镇和李晏墅（2008）的实证研究也表明，信任对于联盟的关系承诺产生积极的影响，并且信任在伙伴的结构和互动特征影响关系承诺的过程中起到了中介作用。这说明信任在关系承诺的达成方面是桥梁作用，其地位不可或缺。

2. 替代正式控制机制的功效观

一些研究提出，较之协议、规章制度等正式控制机制，联盟信任在联盟治理过程中充当了正式控制机制的替代角色，并且在某些情景下更具有优势。这主要是由于，存在于合作伙伴间的声誉制衡机制使合作双方的互信可以降低合作伙伴间对投机行为的不确定性（Gulati，1995；Zaheer 等，1998），冲突得以在制度规范下得到良好的管理。刘学等（2006）探讨了联盟信任与控制战略间的关系，发现信任中的能力信任与过程控制、自我保护控制有正向相关关系，信任中的善意信任与结果控制、自我保护控制却存在负向相关关系，这表明信任、至少是善意信任在一定程度上降低了对结果控制与自我保护控制的依赖，起到了正式控制机制的替代作用。另外，信任可以降低成员企业的保护行为。邢子政等（2008）对 213 家参与联盟合作的企业进行问卷调研，通过调节效应分析，实证研究联盟合作中，信任在知识流失风险影响知识保护过程中的外在影响，结果表明，合作伙伴间的信任尽管并不能完全消除知识保护行为，但可以在一定程度上降低企业的知识保护行为。

3. 提升联盟绩效的功效观

总结现有研究，可以发现联盟信任对联盟绩效的影响体现在联盟合作活动的整个周期内(Dore，1987；Dyer，1996；Kotabe 等，2003)。在合作活动之初，信任强化了联盟伙伴建立起长期合作的意愿，提高了对于合作成功的预期(Gulati，1995)。在合作活动进行中，一方面联盟信任减少了相互之间的沟通和协调成本，并形成了联盟合作伙伴之间的资源传递链，节约了联盟合作活动的行政和运营成本(Parkhe，1993)；另一方面联盟信任在联盟内部建立起了一种社会化保护机制，作为正式约束的补充或替代，抑制了联盟伙伴的机会主义倾向(刘学等，2006)，进而提高了联盟的治理效率。此外，联盟信任提高了联盟合作活动的灵活性和联盟合作伙伴的应变能力，特别是在外部环境发生变化的时候，联盟信任促使合作各方采取合作的态度推动突变战略决策的形成，进而降低了联盟合作创新活动的风险 (Hill，1990)。刘学等 (2008) 对我国制药产业研究开发联盟的研究表明，技术的不确定性越高，信任对联盟绩效的促进作用越显著。

事实上，以上三种功效观并不是对立的、独立的，而是存在相互关联与相互影响。

(四) 联盟信任研究述评与启示

国内外学术界围绕联盟信任展开了深入的研究，也取得了大量的研究成果，但也存在着一些不足与缺陷。首先，虽然许多研究指出，相互信任是决定联盟是否成功的关键性因素之一，但是目前关于联盟信任的研究多停留在理论层面，经验性研究并不多，而且结果也存在一些分歧(Krishnan 等，2006)。其次，目前学术界对联盟的相关研究，大多针对同性质的组织，比如对企业战略联盟、供应链联盟等展开研究，而产业技术创新战略联盟涵盖了企业、科研院所、高等院校等不同性质的组织，以往的研究结论是否有效仍然值得验证。再次，虽有许多研究证明了信任有助于提升联盟绩效，但是否有助于提升联盟创新绩效，这点仍然不明确；并且这种影响是直接的还是间接的影响？如果是间接的影响，那么中间的机制是什么？回答这些问题，依赖于进一步的实证检验。

五、联盟创新的相关研究

（一）联盟创新的提出

创新是组织结合性能力的产物，此结合性能力是指通过既有知识与其他来源知识的合并，而对现有知识产生创新利用的能力（Kogut & Zander，1992）。Leonard-Barton（1995）指出，通过组织外部知识的取得，可有效增加组织内部知识的积累并强化既有知识利用的能力，进而提升组织创新表现，而联盟就是获取组织外部知识的重要途径。而从Fauconnier 和 Turner（1998）的论点“多种概念的整合为产生新颖创意的重要认知过程”来看，外部知识获取将有助于专业管理者激发管理上的创意；而 Yli-Renko 等（2001）亦证实通过外部关系所获取的知识，能够强化组织在顾客与经营管理知识的丰富性，使得组织较得以迅速且有效地提供各种创新的产品或服务管理方式，进而降低销售成本的效果。而外部知识获取更会提升组织进行知识合并的可能性，强化新知识产生的概率（Almeida & Phene，2004）。

（二）联盟创新的动机研究

国内外许多学者从交易成本理论与资源依赖理论视角出发，对组织联盟创新的动机进行了较为深入地研究。交易成本理论认为，企业参与联盟合作创新的动机主要是由于企业可通过联盟形式降低创新的交易成本。如 Williams（2005）指出，企业开展高成本或高风险的创新活动时，往往会寻求与其他组织联盟创新；又如 Veugelers（1994）通过对生产不同产品的联盟企业的研究发现，即使不考虑外部溢出效应，在保证同样创新绩效的情况下，联盟合作研发的投入相对较低。联盟企业创新的资源依赖理论观认为，企业可通过联盟形式获取创新活动所需要的资源。Sakakibara（1997）以日本400多家参与联盟合作创新的企业为调查对象，调查表明获取互补性技术知识是企业进行联盟合作创新的最主要动机；Das和Teng（2000）提出，企业参与联盟可实现资源的有效整合，可促进资源共享与优势互补，从而使企业创新有了资源保障。

（三）联盟创新的影响因素研究

联盟活动中哪些因素会影响组织创新呢？纵观已有研究，可以发现以下因素对组织的联盟创新有重要影响：

1. 参与联盟的数量

组织参与的联盟数量越多越有利于创新表现，还是越少越有利于创新表现？对于这一问题，学术界形成了两种对立的观点。第一种观点认为，组织参与的联盟数量越多，拥有越多的联盟合作伙伴，则更有利于提升组织创新绩效。参与联盟数量越多，意味着组织将有着广泛与丰富的网络联结（包括直接与间接联结），这将带给组织掌握信息交流的优势，包括可及性、时效性与参照性（Burt，1997），因此许多重要的信息与新的技术或市场知识都会流向此组织（Powell等，1996；Ahuja，2000）。甚至是，特定的联盟网络成员间的信息交流与资源的交换，都必须通过此组织（Burt，1997；Koka & Prescott，2002）。Pennings和Harianto（1992）对银行业企业参与的战略联盟的数量与创新可能性进行了实证研究，结果表明企业参与的战略联盟的数量与创新可能性间有着正相关关系；刘元芳等（2006）对上海、浙江、江苏、福建等地联盟企业的实证研究表明，企业建立联盟数量与创新绩效间有显著的正相关关系。因此，持这种观点的学者认为，参与联盟数量越多，越有助于提升组织的创新表现。第二种观点则认为，组织参与的联盟数量越多越不利于组织创新表现。这主要是由于参与的联盟数量越多，组织需要花费更多的时间、精力去协调联盟关系，并且由于组织间的差异性会导致联盟伙伴间的冲突（Niederkofler，1991）。尽管适度的冲突对联盟绩效有利，但当组织与联盟伙伴的差异性很大时，将会提高冲突发生的频率与强度，而当联盟成员间经常发生冲突且冲突情形愈发趋于严重时，则会降低联盟成员的知识分享与技术转移意愿，阻碍联盟内技术知识的流动，进而对组织创新绩效产生负面的影响（Chen，2004）。近年来，学术界出现了第三类观点，即认为组织参与的联盟数量与创新绩效间呈现倒U形关系，即适度的联盟数量才能提升创新绩效，太少或太多的联盟参与都不利于创新绩效的最佳表现（Goerzen & Beamish，2005；翁瑞宏等，2007）。

2. 联盟合作伙伴的特征

组织参与联盟是否有助于提升创新绩效，还要受到联盟合作伙伴的特征影响。合作伙伴的特征有多种表现方式：首先，联盟合作伙伴的资源组合情况。如Stuart（2000）在分析1985—1991年期间半导体企业联盟对创新和经济增长的影响时，发现关键因素是合作伙伴资源组合的情况，而并不是每个企业参与联盟数量的多少。进一步，Stuart（2000）指出，如果与收益更丰厚、技术上更先进的企业结成联盟关系，则企业的创新率和销售额都将得到显著地增长，这种作用对年轻企业和小企业而言更具有优势，这意味着这类企业可以更好地从大型的、拥有良好资源禀赋的合作伙伴中获利。其次，联盟合作伙伴的创新性。March（1994）的研究表明，与创新型企业结成联盟的企业，一方面可以较容易地复制对方创新思想实现模仿创新，另一方面则在模仿创新过程中也可能产生富有洞察力的见解与创意，而这些见解与创意在很大程度上可用于企业新产品的开发，进而有助于提升企业创新绩效。Nahapiet和Ghoshal（1998）进一步补充了March（1994）的观点，他们提出企业参与联盟，不仅可与合作伙伴实现创新思想的交换，并且在这交换过程中也可能产生新的知识，尤其是合作伙伴的创新性越强，这种交换过程中所产生的新知识越可观，并不是单纯地交换已存在的信息，因而企业从其身上学习到和创造出的知识则更多。最后，伙伴间互补程度。Lynn等（1996）指出，如果网络成员同构型高，预期突破性的创新将不易发生，反之网络成员异质性愈高，预期将会有突破性的创新。

3. 组织所处的联盟网络位置

每个组织在网络中所处的位置是不同的，占据良好网络位置（network position）的组织在信息收集与处理方面将更具优势。因此，近年来学者们开始逐渐关注联盟合作创新网络中的网络位置对组织创新绩效的影响（Zaheer & Bell，2005；Bell，2005）。钱锡红等（2010）探讨企业在合作创新网络中的网络位置、间接联系对创新绩效的影响，结果表明，占据网络中心和富含结构洞的网络位置有利于提升企业创新绩效，位于网络中心的企业要比位于网络边缘的企业从间接联系中获得更少的创新收益，而拥有丰富结构洞的企业要比拥有较少结构洞的企业从间接联系中获得更多的创新收益。Powell 等（1996）研究发现，在各种研究联盟的网络中处于中央位置的公司更容易获得成功，这主要是如置于一个关系网络中央，则有助于提升学习绩效，进而有助于创新产出；此外，刘元芳等（2006）以上海、浙江、江苏、福建等地参与联盟的 105 家企业的问卷调查表明，企业在联盟网络中的中心位置程度与企业的创新绩效有着正相关关系，特别是当企业内部知识创新能力越高时，其在网络中心地位的作用对于企业创新绩效的提高具有更高的正相关关系。

（四）联盟创新研究述评与启示

从联盟创新研究议题来看，目前已有一些文献探讨影响组织联盟创新绩效的前因变量，但总体上看对联盟创新的研究非常少，特别是直接论述文献量还不够丰富，不够系统。虽然合作创新的研究近年来开始起步，但绝大多数还处在定性描述阶段，其量化研究仍然很少（谭劲松，何铮，2007）。具体而言，当前有关联盟创新研究有以下四个不足之处：

第一，现有联盟创新的研究以定性描述居多，定量实证研究偏少，这主要是由于联盟创新数据难以获取，也缺乏一致的统计口径，这是联盟创新研究议题的一个难点。

第二，现有对联盟创新的研究大多关注参与联盟对创新绩效的影响，而对创新绩效产生前的相关研究关注不足。诚然，创新绩效是企业创新活动的终极指标，但以结果论联盟创新活动显然不够，创新过程也同样重要，并且企业参与联盟本身就是合作创新的过程，因此关注组织的合作创新就非常具有价值意义。

第三，现有对企业参与联盟创新的研究，大多根据数据资料的可获取性选择了相应的联盟进行研究，但并没有区分不同联盟类型对组织联盟创新的影响。事实上，不同的联盟类型，如技术联盟、产业联盟、市场联盟等差异就非常明显，组织创新自然深受影响，如果不进行细化研究，则研究基础就会存在争议，所取得的研究结论也就不可靠，也不具有学术对话的价值。因此，未来的研究需要关注不同联盟类型的影响。

第四，现有联盟创新的研究都是直接寻找前因变量建立起与组织创新绩效的因果关系，忽略了中间的行为过程研究，也忽略了联盟整体层面的因素对联盟组织创新的影响。因此，探索联盟整体及影响成员组织创新的中间机制，并建立完整的分析框架就非常具有意义，也尤为必要。

第三章　产业技术创新战略联盟合法性的获得

产业技术创新战略联盟是产学研结合的一种新兴且重要的创新组织模式，其产生和发展不仅对于行业规范、市场开拓、权益维护等方面具有重要意义，而且在联合创新、提升自主创新能力、促进政府职能转变等方面也具有重要作用。然而，产业技术创新战略联盟在得到迅速发展的同时也面临着诸多挑战，总体上看仍处于初级发展阶段，大部分产业技术创新战略联盟资源获取与资源整合能力不高，发展乏力，甚至有些产业技术创新战略联盟面临成员服务瓶颈，难以满足联盟成员成长的服务诉求，他们对联盟的着力点到底在哪里、到底能发挥什么作用以及能够提供什么样的服务感到困惑。在市场经济条件下，产业技术创新战略联盟作为行业中介组织到底需要如何运作，才能有助于行业和联盟本身的健康发展？联盟应该如何处理与各利益相关者的关系，以获得它们的支持与认可呢？联盟应该如何发挥其整合行业各种资源的优势呢？等等。

以往企业间的战略联盟往往是虚拟组织，而如今许多产业技术创新战略联盟已开始实体化，但这种实体化又异于企业间的垂直整合，这种差别体现在联盟基础仍然是独立组织间的虚拟联合，但其常设机构则开始实体化运作，典型表现为其联盟秘书处工作人员已专职化、主导组织建设产业联合创新实验室等，以整合产业内的创新资源。因此，随着产业技术创新战略联盟的进一步发展，一个突出问题是对其联盟合法性的需求。

组织合法性对于一个组织的存在与发展是必需的（Human & Provan，2000），组织的生存离不开合法性（徐二明，左娟，2010）。这是因为组织合法性不仅仅是组织的一种战略资源，而且是组织行动的一种制度力量（Suchman，1995）。一方面，组织行为的有效性决定于行为者拥有的资源和对资源的使用能力等因素，而具有合法性的组织会被认为更具有价值、更可预测以及更加可信（Suchman，1995），这将有利于组织获取与整合资源。例如，高丙中（2000）等人对河北某地“龙牌会”等民间会社的研究结果表明，只有会社具备了至少一种社会合法性的基础，才可能获得与整合会员的资源，才能生存与发展下去。另一方面，新制度理论认为追求与保持组织合法性是解释组织行为的一种重要力量，因为组织合法性在组织的制度演进和应对社会环境变化中发挥着重要的功能作用，可以反映总体的制度环境（Peng & Beamish，2007）。在复杂动态的制度环境之中，组织发展依赖于适当的合法性选择，从而有效地获取合法性与资源资本（姚康等，2011）。因此，组织会一直主动或被动地处于获取与维护合法性地位的过程中，以确保其生存与发展（Oliver，1997）。总之，组织合法性对社会转型期组织的创新与发展、新兴组织的兴起，以及组织规范与秩序重构均具有强大的解释力与指导价值。

产业技术创新战略联盟聚集资源、整合资源、服务行业的能力是其合法性的体现。然而，联盟在期待并获得各利益相关者承认、接受、认可和参与的过程中，必须有助于满足各利益相关者的某些诉求，而回应这些诉求也就意味着联盟必须提供某些服务与产品。也即是说，联盟既要“有为才有位”，也要“有位才有为”，服务与联盟合法性的获得是一脉相承的。探讨产业技术创新战略联盟合法性获得的问题，还应该注意到产业技术创新战略联盟主要是通过吸纳各种资源服务于行业发展，而联盟与联盟成员之间、联盟成员之间、联盟与政府之间的互动是创新资源整合与利用的纽带。社群成长的关键因素之一是成员必须不断的、重复的造访，并与其他成员互动（高丙中，2000）。为此，本书将联盟服务、多元网络互动与联盟合法性的获得联系起来，以解释在不具备实体地位的情境中产业技术创新战略联盟的存在与发展问题。

第一节　理论框架

一、组织合法性及其获得

组织合法性是各种涉及授权或限制组织行为的管制性、正规性和认知性理论的中心概念（Suchman，1995）。Suchman（1995）认为，合法性是主体的行动或行为在社会系统所规定的规范、价值和信仰范围内是可信的、适当的或与之相符合，即是说主体的行为或行动是可取的、正确的、普遍被接受的。这些都揭示了合法性的内核，即要满足和顺应社会系统的规范、价值观、期望和意义（Hirsch & Andrews，1984）。

组织合法性不仅有助于理解组织与内外部环境的关系，而且对于社会变动中的新兴事物与规范、秩序的关系具有强大的解释力（高丙中，2000）。组织合法性问题的存在表明了组织的存在、结构和行为受到由其他组织及组织中行动者的观念、规范、价值等构成的制度环境的影响和制约（李国武，2007；Dimaggio & Powell，1988；Meyer & Rowan，1977）。一个组织是否具有合法性，取决于组织能否经受某种合法秩序所包含的有效规则的检验（高丙中，2000）。因此，组织合法性表明了组织的行动或行为具有被承认、被认可、被接受的基础，高丙中，2000；郁建兴等，2004），至于具体的基础，如某条法律条件、某种风俗习惯、某一权威或某种主张，则要视实际情况而定（高丙中，2000）。Ruef和Scott（1998）的研究表明，存在于大环境中的组织必须要与社会系统内的价值规范、规则程序和认知意义相符合，才能发展合法性。

是什么决定了一个组织能成为合法权威的承载者，进而受到普遍的尊重和服从呢？这就涉及组织合法性获得的影响因素（Grimes，2006）。制度理论认为，组织是社会体系的一个子系统，需要适应更广大的社会系统以求生存，例如对社会价值、法令或文化的顺从（DiMaggio & Powell，1983；George 等，2006）。一方面，组织行为必须在一个更大的社会制度环境中发生，规范、准则、期望决定了组织的行为能否被接受（Zukin & DiMaggio，1990），所有的组织都会面对来自组织内外利益相关者的合法性要求。当组织的目标、活动和产出结果符合各利益相关者对恰当、适合以及可行等认知标准时，组织就获得了合法性；反之，当组织违反破坏了利益相关者的价值准则就失去了合法性（Pfeffer & Salancik，1978）。许多研究亦指出，非营利性组织为了保持合法性以及被各利益相关者和社会团体等认为是有价值的，它们需要坚持和忠于自己的目标和任务（DiMaggio & Powell，1983；Suchman，1995；Abzug & Galaskiewicz，2001；Millesen，2003）。可以说，来自组织内外的利益相关者目标集所构筑的共同利益影响了组织合法性的获得。另一方面，正因为组织合法性的获得需要得到各种利益相关者的认可与接受，但国家、政府部门的承认是与同意、授权组织开展各种活动或行为联系在一起的；各种组织的承认、接受是与合作、提供资源联系在一起的；组织内外成员的承认、接受则是与成员的参与和支持联系在一起。Chakraverthy 和 Gargiulo（1998）通过对 Latin Tel 这家企业成功的案例研究证实了，利益相关者的参与和互动将有助于组织获得合法性。因此，利益相关者的参与和互动，是赋予组织合法性的基本保障。

二、联盟服务及驱动要素

联盟合法性获得的一个重要基础是联盟的目标、活动和产出需要得到各利益相关者的认可与接受。对产业技术创新战略联盟而言，这些活动和产出都可以视为是联盟对各利益相关者提供的各种服务。Doner 和 Schneider（2000）从政府失灵与市场失灵角度将非营利组织（商协会）的服务功能分为“市场支持”(market-supporting)与“市场补充”(marketcomplementing）两类活动。其中，“市场支持”活动主要通过游说政府部门提供或改善有助于行业健康发展的公共服务，如行业规划、基础设施建设、知识产权保护、支持政策等，以弥补政府部门的失灵；“市场补充”活动则主要是通过制定行业规范与行业标准，向行业提供信息、技术咨询以及人才培训等服务，以协调和改善行业内各组织间的横向与纵向关系，避免市场失范和恶性不良竞争，降低交易成本，提供行业效率。赵永亮和张捷（2009）根据以往研究，将市场支持活动发展为行业公共产品（Tiebout，1956），将市场补充活动发展为俱乐部产品（Buchanan，1965）。

服务具有无形性、不可分割性、不可储存性与异质性等特质（Oasser 等，1978）。联盟是行业内各种组织的联合体，特别是在产业技术创新战略联盟当中，既有企业组织，又有高校、科研院所、中介机构等组织，这些组织在性质上存在很大的差异性。成员间的异质性是影响联盟服务供给与有效性的重要因素（赵永亮，张婕，2009）。冯巨章（2006）曾指出，成员同质性越高，商会越容易提供更多的服务产品，会员同质性与非营利组织服务产品供给呈正相关。因为同质性越高，表明非营利组织成员共性越大、共同利益也就越多，进而成员之间在形成合作协议时不会太讨价还价，同时也不会轻易失信，此时非营利组织比较容易协调成员的集体行动，使更多的资源可用于产品提供。此外，成员规模的差异也是影响服务供给的一个重要因素。王倩倩和陈春良（2008）指出，大企业更加关注行业全局的发展，因而良好的行业规范和秩序是大企业的诉求；与之相对的是，小企业会充分利用“机会主义”和“搭便车”行为，模仿大企业的技术、服务和产品，或享受政府部门的优惠政策等。

近年来，多重参与者（multiple constituencies）导向理论在非营利组织及公共部门的研究中逐渐受到重视（Seymour 等，2006；Bennett，2005；Kara 等，2004；周延风，罗文恩，黄光，2008），许多学者试图利用此来解释非营利组织的服务或产品供给与组织绩效间的关系。

Padanyi 和 Gainer（2004）提出，多重参与者导向较之传统的市场导向，更全面地考虑了与各利益相关者的目标和需要，并认为前者更容易帮助非营利组织取得良好的绩效。一般而言，非营利组织的使命往往比经济组织“追求利润”这一目标要复杂得多，非营利组织所面临的利益相关者远远超出了内部顾客与外部顾客的界限（周延风，罗文恩，黄光，2008）。因此，多重参与者导向，对不同利益相关者给予不同回应，是提高非营利组织服务有效性的重要原则。这对联盟服务而言，具有非常重要的启示意义。联盟的多重参与者导向意味着联盟多层次价值网络的生成，其服务与活动不再局限于联盟内部，而是嵌入到由联盟内外各利益相关者所构成的多元网络当中，并且这种多元网络广泛存在着不同的价值交换关系。因此，联盟在生存与发展过程中追求组织合法性，一方面需要回应联盟网络中不同利益相关者的不同诉求，另一方面需要不断地促进联盟整体与外界利益相关者的价值交换与互动。

三、多元网络互动

社会网络理论广泛探讨了宏观现象与微观行为之间的关联，这也就决定了社会网络跨层次的研究脉络，因而对网络中互动关系的探讨具有重要的理论指导价值。在多元网络中，一方面，个体的行动不仅受到了其他行动主体的影响，而且将受到来自网络中各种社会关系的影响；另一方面，网络总体关系也将受到各行动者及其行动者之间的互动过程的影响与改变，随之对行为者间的关系结构产生各种影响。经典社会网络研究，如嵌入性理论（Granovetter，1985）强调社会关系影响个体行为，又如结构洞理论（Burt，1992）探讨了结构自主性与市场变迁率两者间的关系，再如弱连接理论（Granovetter，1973）关注了弱连接在网络间联系中的重要作用，这些经典理论其实都在不同程度上解释网络个体行为和其所在的社会结构之间的各种互动关系。因此，这种分析框架为同时分析宏观层次和微观层次问题“架起了桥梁”（Krackhardt & Brass，1994），可以有助于理解行动者构建、维持与利用所在的社会结构，同时受到来自社会结构的各种约束（奇达夫，蔡文彬，2007）。

联盟服务需要坚持多重参与者导向原则，与联盟各利益相关者实现多元网络互动，才能促使联盟生存与发展。事实上，从社会网络理论来看，产业技术创新战略联盟的本质是组织间关系（interorganizational relationships，IORs）的管理（方世杰等，2003），是一种多元的联盟网络。Waarden 指出，商协会等非营利性组织的资源获得和目标实现依赖于同其他行为主体的交换关系，商协会等非营利性组织必须使其他行为主体，如政府、企业等确信自己是不可或缺的，进而在这些行为主体中赢得某种垄断的代表性，从而促使各种资源在网络内各个部分流动（叶昕，丁烈云，2004）。作为一种特殊的社会网络，产业技术创新战略联盟中有着各种资源的流动，必然与其他行为主体发生直接或间接的互动关系。可以说，联盟网络中的互动是战略联盟能否成功运作的重要关键因素（Cullen 等，2000；陈世杰等，2006）。至于在互动模式上，现有研究主要指出了两种类型：社会性互动和经济性互动（陈世杰等，2006）。前者主要指无形的信息交换、社会支持、影响等，也可包括服务、产品、金钱等（Burt，1992；Lin，1999；Putnam，1995）；后者主要是指联盟网络当中的成员各自出于自利动机而进行的利益交换、协调、自我保护等组织间机制设计或协议，以规避资源依赖，并实现合作共赢。无论是哪种类型的互动，都可为网络及网络中的行为主体带来利益或价值。

综上，对于产业技术创新战略联盟而言，联盟合法性具有哪些类型？可表现为哪几个维度？联盟合法性又是如何获得的？中间的内在机制为何？这是本书研究的核心问题。本部分将借鉴以上理论框架，探讨联盟服务、多元网络互动与联盟合法性的获得。

第二节　研究设计

Eisenhardt（1989）提倡运用案例分析方法来研究和发现新的理论，

因为案例研究适合回答“怎么样”和“为什么”以及“结果如何”（Yin，2004，2010；Schramm，1971；郑伯埙，黄敏萍，2008）的问题，这将有助于更为清晰地发现事物发展的过程及背后所隐含的规律。Yin（2010）提出了案例研究的两种主要类型：单案例研究和多案例研究。其中，单案例研究的适用范围包括了五种情境：对一个广为接受的理论进行批驳或检验；对某一极端案例或独一无二的案例进行分析；用于研究有代表性的、典型的案例；研究启示性案例；研究纵向案例，对两个或多个不同时间点上的同一案例进行研究（Yin，2010）。另外，单一案例更适合于观察和研究组织发生的纵向性（longitudinal）变革（Pettigrew，1990），可对同一案例的多个不同时间点进行深入挖掘，不仅能研究各种事件出现的频率和范围，而且能按时间顺序追溯相互关联的各种事件之间的联系（Yin，2004），更容易把“怎么样”说清楚（李飞等，2010）。事实上，国内许多优秀的案例研究论文都是采用单一案例的研究方法，如谭劲松和林润辉（2006）选择了TD产业联盟的案例，研究了行业标准竞争的问题，韵江和刘立（2006）以中国路明集团为例探讨了中国企业自主创新战略，李飞等（2010）对中国百货商店的研究就仅选取了北京当代商城的案例，等等。因此，本部分将采取纵向单一案例的研究方法。

一、案例选择

大多数案例研究都采用理论抽样（theoretical sampling）进行案例选择。理论抽样是根据理论而非统计概念来选择案例（Glaser & Strauss，1967），其目的仅是有意地选择独特、补充或批判的案例（郑伯埙，黄敏萍，2008）。一般地，为了拓展理论可能会选择较为极端的案例（如Barker 1993年对自主管理团队控制的研究），为了验证理论可能会选择符合理论要件的案例（如郑伯埙1995年对家长式领导模式的研究）。

本书选择国家半导体照明工程研发及产业联盟（以下简称

“CSA”）作为研究对象。主要是基于以下三个方面的考虑：首先，案例研究方法的典型做法是选择典型案例，因为典型的案例更具有理论拓展的可能性。CSA 具有广泛的代表性、影响力与号召力，即联盟合法性，如联盟华南分中心（佛山）的成立、联盟成员非常认同联盟并愿被其所领导、行业中许多企业组织都努力申请成为联盟成员、组织了许多行业活动并成为品牌、是政府促进半导体照明产业发展的重要平台、各地方竞相效仿纷纷成立地方半导体照明产业联盟①，等等。其次，CSA 是成立时间较早，且具有服务领先性与创新性的少数产业技术创新战略联盟之一。CSA 成立于 2004 年 10 月，凭借领先的服务理念与敏感的服务意识，不断创新服务内容与服务品质，包括：通过联合研发、创新大赛、技术创新战略联盟等方式建设联合创新平台；通过建立知识产权共享及专利技术许可优先机制，建设知识产权平台；根据行业制标工作需求，建设标准检测平台；建立全球性的人才交流、培训渠道，建设人才服务平台等。近年，CSA 所提供的服务逐渐成为其他产业技术创新战略联盟发展的标杆，竞相效仿与学习实践。最后，从数据资料获取角度来说，CSA 与作者有着“关系亲近”（吴结兵，郭斌，2010）的优势，作者有机会现场了解、观察、访谈 CSA 发展过程中的联盟服务、网络互动与联盟合法性的获得。作者于 2010 年 4 月进驻 CSA 进行直接性观察，直到同年 8 月底完成第一阶段的一手访谈和二手资料、数据的收集；第二阶段则是在 2010 年 12 月，再次深入 CSA 获取与收集一手和二手资料，以完善与丰富第一阶段资料收集的不足。

二、数据来源

如前文所述，本研究在两个时间段进行了数据的收集。总体上，本研究的数据来源有两大部分：一是通过访谈、直接观察、参与性观察等

---

① 据不完全统计，重庆、上海、河北、江苏、广东、深圳、黑龙江、湖北、浙江、厦门、中关村等地区都已成立了地方半导体照明产业联盟，说明这种组织形式获得了广泛的行业认同。

方式获得一手资料数据；二是通过文件整理、档案记录、实物证据等方式实现二手资料的收集。

一手资料数据获得的具体途径有 3 种：（1）采取田野调查法，深入 CSA 内部进行实地直接观察与参与性观察，了解与体会 CSA 为各利益相关者（主要包括政府、联盟成员、产业内非联盟组织、社会公众）所提供的各种服务，以及在此服务过程中与各利益相关者所进行的网络互动，此外还包括来自利益相关者对联盟服务的反馈、建议、认可等；（2）与 CSA 的秘书长、副秘书长、各分管工作领导及一线专职人员进行访谈，访谈的主题为 CSA 的服务实践、与各利益相关者的互动以及所感受到的来自利益相关者的反馈，此过程主要采取了记录方式；（3）与 CSA 的利益相关者，主要是联盟成员的高管、相关政府部门的官员等进行深入访谈，了解利益相关者对 CSA 所提供服务的反应、评价与建议，同时关注他们是如何参与联盟各项服务及活动的。具体的一手资料的收集路径如表 3-1 所示。

表 3-1 **一手资料采取方式、内容与时间**

采集方式	采集内容和时间
观察学习研究	深入 CSA 内部进行实地直接观察与参与性观察，了解与体会 CSA 为政府、联盟成员、产业内非联盟组织、社会公众提供的各种服务，以及在此服务过程中与各利益相关者所进行的网络互动等；共参与观察 15 次
参与战略研讨会	连续 5 个月参与 CSA 内部战略研讨会，共参与 13 次有关联盟服务的内部会议，共 20 个小时
领导层访谈	被访谈的人员包括秘书长 1 人、副秘书长 3 人，媒体部部长、会展促进部部长、市场部部长、办公室主任、咨询部部长与副部长。访谈主要采用结构与半结构两种方式，共访谈了 18 次，平均每次访谈时间为 45 分钟

续表

采集方式	采集内容和时间
领导层演讲与报告	倾听 CSA 主要负责人吴玲秘书长、李晋闽主席（研发）、范玉钵主席（产业，厦门华联电子董事长）、阮军副秘书长、张文军副秘书长等领导层的报告与演讲，共 10 次
一线专职人员访谈	与 CSA 内部各部门一线专职人员进行了深入交流与结构、半结构的访谈，倾听他们对联盟服务的体会与实践，共访谈 14 人次，每次时间约为 30 分钟
联盟成员访谈	与联盟成员访谈，访谈对象包括 YWL 公司舒总、闫总，G 公司的唐总、H 公司的潘总、F 公司的张总，等等。访谈主要采用结构与半结构两种方式，共访谈了 12 人次，平均每次访谈时间为 30 分钟

二手资料的收集方式主要包括：（1）CSA 秘书长吴玲、常务副秘书长阮军等 CSA 主要领导人的行程日志；（2）在 CSA 发展过程中所形成的各种未公开发表的资料，包括工作简报、电子杂志、发表的演说、会议文件等；（3）从行业专业杂志或专题材料中所有发表过的有关 CSA 的主要文章及各种新闻报道；（4）中国半导体照明网、年度报告、年鉴及其他相关利益者公开的材料。

三、数据分析

为最大程度地陈述与展现 CSA 在联盟合法性获得过程中的经验事实，本书将采用访谈记录表、主题分析与时间维度的构建、内容分析与编码、网络分析等案例分析工具，试图客观全面地把握 CSA 在发展过程中的联盟服务、多元网络互动以及联盟合法性的获得，并在此基础上深入挖掘关系背后的理论意义。

（一）访谈记录表

在调研访谈过程中，作者采用访谈记录表记录每一次访谈的主要内容，并在访谈结束的24小时内对访谈内容进行整理记录。

（二）主题分析与时间维度的建构

根据访谈记录和收集的二手数据，作者与管理学方向多位副教授讨论，在此过程中形成了一些初步的研究主题，例如“联盟服务”“联盟产品”“服务创新”“网络演化”“信息网络”“组织合法性”“合法化”，在专家指导、联盟高层讨论的基础上最后将研究主题确定为“联盟服务、多元网络与联盟合法性”，从阶段性、动态性视角讨论联盟合法性的获得过程。同时，本研究根据对非营利组织发展阶段的经验性划分，结合访谈记录和二手数据中对CSA发展阶段的描述及直接参与观察，确定了CSA的三个发展阶段，即探索起步阶段（2004—2006年）、快速发展阶段（2007—2009年）和稳定成熟阶段（2010—2012年），每一阶段CSA在联盟服务、联盟网络与联盟合法性上都有显著的特征。

（三）内容分析与编码

内容分析与编码的目的在于从大量的定性资料中提炼主题，进而验证理论发展部分所提出的命题（Lee，1999；忻榕等，2004；吴晓波等，2009）。对收集的定性资料按照一定的标准进行文本编码，转化为定量的数据资料，并通过数据分解、比较、概念化和范畴化，将在直接性观察、参与性观察、访谈和二手数据中反复出现的关键词进行归类整理，形成14个关键词，在资料中共引用354次，见表3-2。

表3-2 **编码的范畴及来源**

编码范畴	相关主题词	直接参与观察中出现次数	访谈记录中出现次数	档案资料中出现次数	公开发布信息中出现次数
联盟服务	服务驱动力、服务内容、服务创新、服务功能	35	42	53	32

续表

编码范畴	相关主题词	直接参与观察中出现次数	访谈记录中出现次数	档案资料中出现次数	公开发布信息中出现次数
多元网络互动	联盟角色、参与主体、主体导向、互动模式	18	27	27	21
联盟合法性	联盟发展、主体认可、资源获取、资源整合、网络规范、行业发展	26	31	23	19

（四）网络分析

在对联盟网络中各行为主体关系数据的处理上，本书采用 Ucinet（University of California Irvine Network Programs）软件计算处理访谈和二手资料获得的联盟网络关系数据，并将网络关系结构数据进行可视化展现。

四、效度与信度检验

本书对可靠性（trustworthiness）、可信度（credibility）、可确定性（confirmablility）以及资料可靠性（data dependability）进行效度与信度检验，并按照第一章案例研究方法关于效度与信度策略表进行一一比对，具体见表 3-3。

本书首先基于文献研究，建立了案例研究的理论框架；然后，通过访谈、档案资料、二手数据、直接性与参与性观察等多种手段收集数据并建立案例研究资料库，通过对数据资料的关系分析，形成证据链，并尝试采用模型给予解释，在形成研究草案过程中发起学术对话与讨论；最后，将案例研究草案与 CSA 领导人进行讨论，核对相关细节并征求意见，在此基础上对案例研究进一步完善。总体上看，本研究较好地执行了案例研究在信度与效度方面的策略要求，因而保证了较好的信度与效度。

表 3-3 适用于四种检验的各种研究策略

检验对象	案例研究策略	策略所发生的阶段	本研究执行情况
建构效度 准确测量所要探讨的概念	采用多元的证据来源	资料收集	执行
	形成证据链	资料收集	执行
	要求证据的主要提供者对案例研究报告草案进行检查、核实	撰写报告	部分执行
内在效度 确保观察之变量或事件来自因果关系	进行模式匹配	证据分析	执行
	尝试进行某种解释	证据分析	执行
	分析与之相对立的竞争性解释	证据分析	执行
	使用逻辑模型	证据分析	执行
外在效度 结果类推范围	用理论指导单案例研究	研究设计	执行
	通过重复、复制的访求进行多案例研究	研究设计	未涉及
信度 研究过程的重复	采用案例研究草案	资料收集	执行
	建立案例研究资料库	资料收集	执行

第三节 案例分析

一、案例介绍

半导体照明亦称固态照明，是一种基于半导体发光二极管（light emitting diode，LED）新型光源的固态照明。LED 诞生于 20 世纪 60 年代初，是一种新型固态冷光源，具有结构简单、体积小、重量轻、耗能少、响应速度快、抗震性能好、使用方便等特点，在光电系统中的应用极为普遍。半导体照明是继白炽灯、荧光灯之后照明光源的又一次革命。半导体照明技术发展迅速、应用领域广泛、产业带动性强、节能潜力大，被各国公认为最有发展前景的战略性新兴产业之一。

随着2003年我国半导体照明工程启动以来，我国半导体照明产业逐渐走上快车道，但依然非常弱小。一方面，半导体照明产业发展非常迅速，面临"不进则退"的局面；另一方面，美国、欧洲与日韩等半导体照明产业强国纷纷在国际上以及在中国开始大规模"跑马圈地"，国际竞争非常激烈。作为21世纪具有重要战略意义的新兴产业，发展中国的半导体照明产业，必须要营造一个良好的生态环境，鼓励合作，形成共生共荣的产业生态环境。因此，政府、照明企业、高校、研究机构等达成了共识，形成了政产学研用目标一致且良性互动合作的局面，致力于在全球第三代照明系统发展中谋求一席之地。

在这样的背景下，2004年10月12日，国家半导体照明工程研发及产业联盟（CSA）在深圳成立。CSA受国家半导体照明工程协调领导小组办公室的支持与指导，成员单位主要是从事半导体照明相关行业的企业、研发机构、高等院校、行业组织等。CSA按照"自愿、平等、合作"的原则发起与发展会员单位，奉行"合作、共赢、创新、发展"的宗旨，通过加强产业链上各个环节的相互策动，上下游企业的联盟合作，建立各类信息、知识产权等资源共享机制，实现行业自律，促进成员组织的自身发展，并为政府出台相关产业政策提供决策参考，使半导体照明产业进入一个合力推进、规模拓展的全新阶段。这也标志着半导体照明产业在竞争合作方面迈出了非常重要的一步，这是当今中国高新技术产业发展非常重要的动向，也是借鉴国际成功的做法。

CSA的组织结构如图3-1所示。联盟大会由全体联盟成员所组成；联盟理事会由联盟大会选举产生，设33~45名理事成员组成，每届任期3年；联盟常务理事会设7~11名常务理事成员（大学及科研机构、外延芯片两个领域各设2~3名，封装、应用及检测领域3~5名）组成，每届任期3年，常务理事会设研发（由科研机构和高校常务理事单位负责人担任）和产业（由企业界的常务理事单位负责人）执行主席各 1 名；联盟秘书处是联盟大会的常设执行机构，设秘书长 1 名。此外，CSA 常设 3 个工作组，即标准化协调推进工作组、专利池工作组和港澳台工作组。

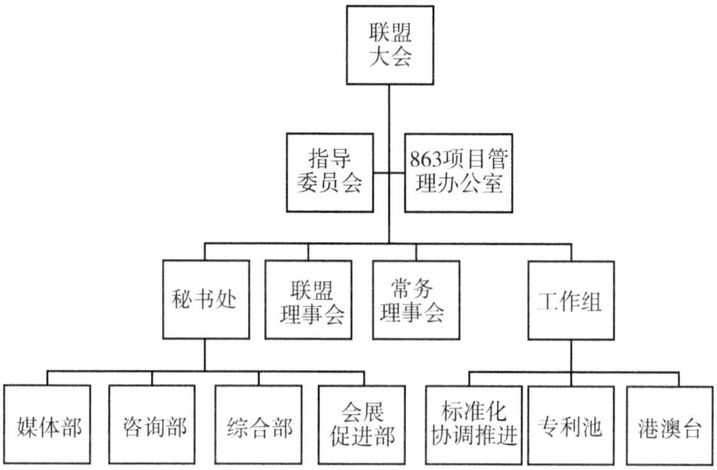

图 3-1　CSA 的组织结构

CSA 在 2004 年成立时，共有 46 家成员单位，其中企业 37 家、高校 5 家、科研机构 2 家、行业组织 2 家，基本形成了较为完整的产学研合作体系框架。经过近 8 年的发展，联盟到 2011 年年底为止，共拥有 175 家成员单位，是成员单位较多的一家全国性全产业链联盟。自成立以来，CSA 处于跨越式的发展状态（见表 3-4），已在产业内外、甚至全社会都产生了非常大的影响，已成为全国产业技术创新战略联盟中的典范与标杆。

二、联盟服务的驱动力

服务驱动力即服务实践与创新的动力与推动因素。在服务实践与创新驱动方面，Sundbo 和 Gallouj（1998）提出的"服务创新驱动力模型"广受欢迎与普遍认可，该模型是在多个欧洲国家服务企业调研基

表 3-4　　**发展联盟成员单位情况**

发展阶段	发展单位数		发展单位性质情况							
			企业		科研机构		高校		行业组织	
	新增	累计	新增	累计	新增	累计	新增	累计	新增	累计
探索起步阶段	46	46	37	37	2	2	5	5	2	2
快速发展阶段	116	162	93	130	7	9	10	15	6	8
稳定成熟阶段	13	175	11	141	0	9	0	15	2	10

注：行业组织主要包括了四类组织：一是联盟组织，如重庆 LED 研发及产业联盟；二是生产力促进中心，如厦门市 LED 促进中心；三是工程技术研究中心，上海半导体照明工程技术研究中心；四是检测机构，如国家电光源质量监督检验中心。

础上提出来的，指出驱动服务实践与创新的因素可分为内部和外部来源，其中内部来源包括了组织战略和管理、创新和 R&D 部门以及员工，外部来源包括了轨道（指在零售专业网络系统中传播的概念和逻辑）和行为者（主要包括竞争者、顾客、供应商和公共部门）。

借鉴上述模型，本研究将联盟服务实践与创新的驱动力来源分为内部与外部两大层面，其中内部来源指联盟所属的利益相关者，包括联盟成员企业、其他联盟成员（主要是科研机构与高校）与联盟秘书处；外部来源指与联盟发生关系的利益相关者，包括了政府、用户、合作方与社会公众四种类型。从表 3-5 可以看出，CSA 服务驱动力条目共有 601 条，属于内部来源层面的驱动力共有 441 条，属于外部来源层面的驱动力共有 160 条。从联盟服务驱动力条目来看，有两个显著特征：一是内部利益相关者推动大于外部利益相关者推动；二是联盟服务主要驱动来源是联盟成员企业、联盟秘书处与政府，而其他联盟成员、用户、合作方以及社会公众对联盟服务诉求比较少，说明这些利益相关者很少成为联盟服务提供的主要对象。

表 3-5 服务驱动力来源与利益相关方诉求的典型引用

联盟服务	来源层面	驱动主体或诉求来源	条目数	条目举例
信息服务	联盟内	联盟成员企业	42	半导体照明产业发展非常快，信息对我们来说非常重要，但国内尚缺乏提供产业前沿信息的平台。
		其他联盟成员	12	加入联盟，就是想获得一些产业对技术需求的信息，市场反馈来的信息对于我们的研发来说，非常具有针对性。
		联盟秘书处	29	半导体照明是一个新兴产业，行业信息明显存在不对称，他们需要一个交流的平台，彼此了解合作者、竞争者的技术水平、生产经营状况；另外，对于联盟来说，信息服务是最容易做的。
	联盟外	政府	15	需要了解、踊跃新兴产业的发展状况，为相关政策制定、出台提供依据。
		社会公众	7	现在主要是推广荧光灯的阶段，对 LED 还不了解。
标准协调	联盟内	联盟成员企业	38	以前我们企业同一种产品在不同的检测机构检测时会出现不同结果，而产品销往各地又要不同的机构进行检测，不同的结果很难使我们的产品顺利销往外地。
		联盟秘书处	16	行业对标准制定的需求非常迫切，但这本身是一项非常复杂的工程，涉及面太广，而行业内只有联盟才具备这种资源整合的优势与可行性。另外，美国、韩国等都在积极抢占国际标准话语权，特别是 2010 年国际巨头成立了扎嘎（ZHAGA）联盟，旨在统一规范各种 LED 光机接口的标准。

续表

联盟服务	来源层面	驱动主体或诉求来源	条目数	条目举例
标准协调	联盟外	政府	9	由于没有标准，节能效果无法体现，产业的贡献也难评估，更无法保障试点示范工程的顺利完成。另外，树立消费者对半导体照明产品的信心也需要完善的标准体系。
		用户	8	市场产品良莠不齐，相应的技术规范、检测手段缺乏，无法保证产品质量。
		合作方	5	台湾企业产品进入大陆，首先需要解决标准接口问题。
		社会公众	3	他们都说 LED 有巨大的社会、经济和环境效益，但没有标准怎么能衡量呢。
合作创新	联盟内	联盟成员企业	17	平台不是建不建，而是必须建的时候了，目前产业发展过程中的一些共性关键技术是企业做不了的，企业自主研发很难，身单力薄。 LED 产业链长，封装与应用领域专利发展较快，目前下游产业链的大部分公司所拥有的实用性新型专利众多，国际巨头很难在下游产品上形成专利垄断，所以产业链的集成创新所需产业链协同十分重要。
		其他联盟成员	12	与企业进行联合研发，可以为我们提供资金、试验场所、成果反馈等，而这是我们缺乏的，所以需要联合起来。
		联盟秘书处	18	产业内研发投入不足、机构分散、企业小而散、创新能力不足、缺乏产业共性技术研发平台；同时，解决产业化中的关键技术问题，参与国际竞争，需要深层次的联合，需要动员更大的资源已成为共识。

续表

联盟服务	来源层面	驱动主体或诉求来源	条目数	条目举例
合作创新	联盟外	政府	14	缺乏核心专利，半导体照明技术和市场的发展速度迅猛，加之国际间激烈的技术、市场与专利的竞争，我国半导体照明企业面对强劲的对手，处于极端困难的发展环境。
		社会公众	4	在作为世界照明器具生产大国和消费大国的中国，在承受着节能、环保的巨大压力下的中国，人们正在翘首以待中国政府、科技界、产业界在这涉及 1/6 全国能源消耗的照明领域在技术革命中的表现。
市场开拓	联盟内	联盟成员企业	34	半导体照明是新兴行业，很多消费者都还不熟悉，打开市场是我们最需要的。
		其他联盟成员	9	半导体照明前沿基础科学研究与应用技术同步发展，应用驱动特点明显，通过应用可以实现技术水平的提升。
		联盟秘书处	23	我们觉得这是联盟最需要做的一项工作之一，只有为企业开拓市场，企业才会信服，联盟才会具有号召力、影响力。
	联盟外	政府	18	响应国家培育战略性新兴产业、节能减排战略的需要。
		用户	9	LED 的景观效果确实非常壮观，并且 LED 有许多新的应用领域，比如医疗、美容等，这些应用都值得我们期待。
		社会公众	5	水立方 LED 景观照明效果以及世博会的景观照明确实非常漂亮，为奥运会与世博会增色不少，这些工程值得国人骄傲。

续表

联盟服务	来源层面	驱动主体或诉求来源	条目数	条目举例
市场开拓	联盟内	联盟成员企业	26	我们企业甚至整个行业核心知识产权匮乏，很容易受到国际巨头的制约，譬如 2008 年美国 ITC 启动的“337 调查”，确实对国内企业冲击非常大。
知识产权	联盟内	其他联盟成员	6	了解整个行业的知识产权状况及分布，以及未来我国知识产权重点突围的方向，这对我们的研发非常具有帮助。
		联盟秘书处	21	联盟是行业的代表，提升国内专利质量，应对国际知识产权纠纷是这种集体代表者的基本义务。
	联盟外	政府	14	摸清行业知识产权状况及国际竞争态势，为制定行业知识产权战略提供重要决策依据。
人才培养	联盟内	联盟成员企业	22	很多半导体大厂切入并开出高薪到处挖人才，在利益的驱动下，我们开发了多年的技术与资源随着一些核心人员的流失而付之东流。
		其他联盟成员	5	不仅要做共性关键技术的研发，还应该考虑关键装备，并把人才和培养和培训作为平台的一项重要工作。
		联盟秘书处	19	整个行业结构性人才缺乏，企业人才竞争激烈，许多企业都打电话给我，说要我帮忙为他们挖几个人过去。
	联盟外	政府	11	产业的培育与发展需要人才队伍的支撑，加快产业内人才的培养与产业外人才的转入，是行业组织一项非常重要的工作。
		社会公众	4	半导体照明产业确实是发展非常快，（从事行业相关工作）应该大有前途，但我学的却不是这一专业，所以有些遗憾。

续表

联盟服务	来源层面	驱动主体或诉求来源	条目数	条目举例
政策支撑	联盟内	联盟成员企业	19	我们企业当然非常想得到政府对我们的支持，希望政府能出台更多的优惠政策，比如将半导体照明产品列入创新产品目录、列入政府采购名单、多进行试点示范，等等。
		联盟秘书处	38	联盟作为联系产业与政府的桥梁，从来都是政府相关部门的助手与重要抓手，为行业反映情况、为政府决策提供依据及上传下达是联盟存在的重要使命之一。
	联盟外	政府	26	相关工作需要依托联盟这样的行业组织，联盟具有资源整合的优势，并且有些工作政府出面会受到相关国家的抨击，比如对国内 LED 企业在专利方面进行特殊照顾就会广受国际企业非议。
社会责任	联盟内	联盟成员企业	14	我们企业发展了，也需要“喝水不忘挖井人”；另外，通过捐赠产品，也有一种广告传播效应，能够提升我们企业的品牌价值。
		联盟秘书处	17	作为行业的代表，发动整个行业回馈社会，不仅可以提高行业的社会认知度，而且还可以赢得更多的市场机会。
	联盟外	政府	8	通过联盟引导行业履行社会责任，为社会创造更多的综合效益。
		社会公众	4	半导体照明具有巨大的社会效益。

（一）联盟成员企业的诉求

联盟成员企业驱动联盟服务的条目共有 212 条，这说明联盟成员企业是影响 CSA 联盟服务最为重要的主体，CSA 的服务是以企业（市场）为导向的。从联盟服务内容细分来看，信息服务、标准协调、市场开拓是联盟成员企业最为关注的三项服务内容。正如被访谈的一位公司高管指出，“加入联盟最直接的效用就是可以获得业内最新的信息，甚至一些产业‘内幕’信息，其次我们在标准制定、市场开拓等方面可以享受到成员的一些利益，如标准话语权、市场准入等”。事实上，联盟成员企业确实非常需要这些服务，因为半导体照明产业发展太快了以至于各种信息在业内是一种不对称的传递，掌握了前沿信息就能使企业跟进，甚至领导产业进步。从联盟层面上看，联盟成员企业最为关注的三项服务是联盟成立以来开展最早、服务体系最完善、服务功能最显现的服务内容，这在一定程度上说明了联盟服务是对核心利益相关者诉求的回应。从联盟成员单位构成来看，自始至终，联盟成员企业是 CSA 的核心主体，在 2004 年成立时，46 家成员单位中就有 37 家企业成员；第二阶段 CSA 总共发展了 116 家成员，其中企业成员就有 93 家；第三阶段 CSA 吸纳了 13 家成员单位，其中 11 家是企业。因此，回应核心利益者的服务需求，是 CSA 提供相应联盟服务的最大动力与源泉，也是其快速发展的重要基石。

（二）联盟秘书处的驱动

联盟秘书处作为 CSA 的常设机构，负责处理 CSA 日常运行工作，是 CSA 内外互动的核心和枢纽，因而是各种信息、资源的集散地。联盟秘书处驱动联盟服务的条目共有 181 条，他们往往主导了联盟的各种服务，是联盟服务提供的最为直接的推手。当然，联盟秘书处的驱动主要源自中高层领导。联盟秘书长吴玲和常务副秘书长阮军、副秘书长张文军、耿博都是 CSA 成立、发展的见证者与推动者，他们对于 CSA 有深厚的感情，正如吴玲所指出，“联盟就像是我的孩子一样，凝聚了我这么多年的心血”。一方面，作为专职化的秘书长，代表且仅代表所有联盟成员单位的共同利益，服务联盟成员单位、促进行业健康快速发展是他们的重要使命；另一方面，高层领导对联盟不仅有感情，而且还有热情，他们是一支“想干事、能干事、干好事”的专业化队伍，对各联盟利益相关者的各种服务诉求十分了解，并主动实现服务创新。例如，2008年在应对美国ITC“337”调查时，他们发起行业积极主动应诉，最终达成优势和解。相比之下，国内一些其他联盟仅能回应成员单位的服务诉求，却不能主动实现服务创新，使联盟缺乏活力、凝聚力；更有一些联盟曾指出，“我们对我们的定位不是非常清楚，我们都不知道该提供什么样的服务”。原因在于，这些联盟缺乏专职化、专业化的秘书处领导，尚不能转变角色，更没有树立回应利益相关者诉求服务的观念，进而难以获得利益相关者的支持，并有可能形成恶性循环，使联盟难以成功。因此，联盟秘书处是联盟服务提供与创新的重要来源。

（三）政府部门的推进

政府部门驱动联盟服务的条目共有105条，是第三重要的推进来源。从CSA服务内容细分来看，政策支撑、市场开拓、信息服务、合作创新、知识产权是政府部门最为关注的服务内容。在CSA成立大会上，时任科技部副秘书长的李健就指出，秘书处要发挥纽带和桥梁作用，“桥梁是半导体照明产业企事业单位与政府间的桥梁”。因此，作为整个行业的代表，CSA一方面需要向政府相关部门反映产业发展的最新状况与政策需求，另一方面要为政府相关部门政策决策提供各种支撑，起到上传下达的纽带和桥梁作用。如CSA受科技部委托自2010年7月到9月间对“十城万盏”21个试点城市的实施情况进行广泛调研。就市场开拓而言，政府需要通过行业组织促进这一战略性新兴产业的培育和发展，在一些典型工程，如2008奥运、2010世博会支持CSA组织成员单位实现试点示范，不断开拓新兴应用市场。合作创新与知识产权也是政府部门培育半导体照明产业的重要方面，是科技创新体系建设的重要组成部分，经由 CSA 这一组织模式实现行业联合创新、突破核心知识产权是政府相关部门大力支持产业技术创新战略联盟的重要目的。如 2010 年，科技部要求以 CSA 为主体承担国家科技支撑计划重点项目“半导体照明应用系统技术集成与示范”。可以说，政府相关部门的直接委托与驱动是联盟服务的重要来源及强有力的推手。

三、探索起步阶段

（一）联盟服务内容

如果企业被看成是一个寻求技术差异化的组织（丘海雄，徐建牛，2004），那么产业技术创新战略联盟就可视为提供共性技术与服务的组织。正是基于这种认识，CSA 自创立之日起就提供公共产品，以践行服务行业的宗旨。

1. 行业信息服务：探索行业信息服务模式

第一阶段，CSA 在行业信息服务方面进行了大量尝试与探索，主要的信息服务模式包括举办国际论坛、产品展览会、编制产业发展报告、开通官方网站等。

在 2004 年 3 月以前，国内尚无半导体照明领域的国际信息交流平台。但半导体照明技术突飞猛进、日新月异，业界急需了解国内外半导体照明产业的最新成就和水平，政府部门也需要一个了解当前国内外产业发展状况的窗口。因此，2004 年 3 月，第一届中国国际半导体照明论坛在上海成功召开，及时交流了国内外半导体照明产业的最新成就和水平，介绍了当前国际主要发展方向与技术水平，提出的研发方向、建议及实施方案。随后，CSA 于 2005 年 4 月在厦门举办了第二届中国国际半导体照明论坛，于 2006 年 7 月在深圳举办了第三届“国际半导体照明论坛”。较之第一届论坛，后续论坛无论在规模、层次及服务水平上均在前届的基础上逐步提升。从参会人数来看，第一届仅有 300 多人，第二届已有400多人，第三届则达到了526人；从海外参会人数来看，第一届主要来源于美国、日本和韩国，第二届则扩展到欧洲，第三届则增加了新加坡、我国香港和台湾地区。

为了更好地整合信息资源，服务各利益相关者，CSA在国际论坛基础上同步增加了产品展览会，以便行业内各方的深入交流与全面互动。为此，“2006中国（深圳）国际半导体照明展览会”与第三届“国际半导体照明论坛”在同一地点同步举行，此次展览会共有来自8个国家和地区的参展商157家，其中国内企业共有134家、海外企业有23家，约90%展商对参展效果表示满意或基本满意①。

除了举办国际论坛与展览会外，CSA于2004年10月成立之初，就开通了中国半导体照明网，为企业、科研院所、投资机构、政府机构、中介及海外相关机构提供了信息查询与发布、商务交易与推广、专项调查与咨询、投资顾问与中介等各项服务。中国半导体照明网不仅成为业界互动的信息中心，同时也成为联盟对外宣传的窗口，这为推动我国半导体照明产业的发展，发挥纽带和桥梁作用。

2. 市场开拓服务：通过产品展示、方案研讨与举荐方式，游说政府试点示范，培育国内市场

作为刚起步且快速发展的新兴产业，国内市场的培育尤其重要。为此，CSA积极与各用户联系，通过产品展示、方案研讨，产品举荐等服务方式游说政府在公共领域内实现试点示范。

（1）产品展示，宣传推广。2008年奥运工程为半导体照明的示范应用带来了巨大机遇。为此，CSA首先在产品宣传与推广方面做了大量的服务工作。如2005年，CSA参加“北京奥运工程建设能源环保展示推介会”，在全国半导体照明企业和工程建设单位之间搭建了供需交流的平台，并重点举荐LED产品；在同年举行的“2008工程半导体照明技术与产品交流会”上，CSA邀请国内部分知名厂商进行半导体照

① 此数据来源于CSA会展促进部所进行的调查。

明产品的现场展示，以充分促进半导体照明业界研发、制造、设计和应用单位的联合创新。又如 2006 年，CSA 组织北京奥运示范工程的设计、制造与用户单位考察了厦门 LED 夜景照明工程实施的效果。CSA 通过产品展示活动，让用户对半导体照明产品有了进一步了解。

（2）方案研讨，举荐游说。CSA 针对 LED 城市道路照明的应用做了大量的调研工作，了解行业技术发展新成果和市场发展新走向。2005 年 7 月，CSA 组织了“2008 工程半导体照明技术与产品交流会”，150 余名与半导体照明相关的封装、器件、驱动、控制和设计、应用等单位以及工程相关设计单位的代表就如何使 LED 产品更好地满足工程节能，建筑美学和光环境效果的需求进行了报告与深入探讨，从而使更多单位认识了 LED 产品。

据不完全统计，北京奥运会 36 个比赛场馆中使用 LED 产品的总值接近 5 亿元。CSA 在奥运等重大示范应用项目中积累了宝贵的产学研合作经验，也为成员单位和中国半导体照明产业在国际舞台上精彩亮相和竞争力提升提供了重要的平台。

3. 标准协调服务：开展标准战略研究，进行广泛交流与呼吁，形成共识

早在 2003 年 11 月，国家半导体照明工程攻关计划重大项目管理办公室就组织召开了“半导体照明标准体系建设”专题研讨会。会议提出了半导体照明标准体系框架，决定成立跨部门、跨行业的半导体照明标准工作小组，以协调、整合政府、行业、研究机构、企业等各方面资源。随后到 2004 年 5 月，国家科技部组织了“十五”国家科技攻关计划“半导体照明标准体系建设”专题研讨会，会议决定启动“半导体照明标准体系建设”研究课题，并就半导体照明标准体系建设顶层设计、标准框架体系内容进行了深入讨论。

2006 年 11 月，CSA 在杭州组织承办了“LED 及其产品应用评价问题研讨会”，此次会议在关键领域取得了一些共识，譬如明确标准制定的内容和出台的时间表、通过加强国际交流合作与国际标准的比对工作

以实现相关标准的国际接轨、鼓励企业积极参与标准起草工作并成为制标工作的主体等。

这些战略研究、讨论与交流，不仅提高与加深了政府主管部门、标准化组织、企业和科研机构等对半导体照明标准的了解与认识，而且在制标工作相关决策方面达到了行业共识，并为 CSA 服务行业标准建设工作指明了方向。CSA 通过广泛联系全国半导体照明专业技术领域标准机构和标准工作者，向相关的政府主管部门反映企、事业单位的愿望和要求，同时向企、事业单位传递政府部门的意见。

4. 合作创新服务：广泛交流与研讨，激发合作创新热情

这一阶段，CSA 服务行业合作创新的努力主要体现在以下三个方面：

（1）通过广泛交流与研讨，达成合作创新共识。如 2005 年 8 月，CSA 与中科院半导体所共同组织“国家半导体照明工程公共研发平台建设方案”研讨会，来自政府部门、研究机构、高校、产业界人士就有关半导体照明工程公共研发平台建设的内容、研究方向、体制机制等进行了广泛深入的讨论。

（2）通过向政府部门传达合作创新的强烈意愿，寻求政府支持。2005 年 10 月，半导体照明国家技术创新平台的建设意向得到了时任科技部副部长马颂德的肯定与认同。

（3）通过举办创新大赛，实现行业创新引导。2005 年 10 月，CSA 联合中国照明学会、中国照明电器协会启动了“国家半导体照明工程创新大赛”，创新大赛很快得到了国内企业和科研机构积极响应，共收到 44 家单位的 67 件参赛作品。通过举办创新大赛，CSA 提高了社会各界对半导体照明技术和产品的认知度。

5. 知识产权服务：行业知识产权战略研究与布局

第一阶段，CSA 服务行业知识产权的工作停留在战略层面的研究与设计上。早在 CSA 成立以前，国家半导体照明工程协调领导小组办公室于 2003 年 6 月就启动了中国半导体照明产业知识产权战略研究。

同年 11 月举行的“半导体照明知识产权研究”专题研讨会，在专利研究的目的、必要性、研究的目标以及具体实施方法等方面达成了许多共识。这为 CSA 服务行业知识产权工作提供了行动指南。

6. 政策支撑服务：服务对象集中

第一阶段，CSA 的政策支撑服务对象集中于科技部，服务内容也仅是停留在对产业调研与战略研究层面。如 CSA 通过调研和产业发展战略研究工作，了解国内外技术现状和发展趋势，市场与产业发展现状及趋势等，寻找发展中国半导体照明产业的突破口，制定和发展我国半导体照明工程的总体目标和思路，并根据不同阶段的目标，确定各阶段需要解决的关键技术和产业化路线，为发展我国半导体照明产业提供战略决策依据。另外，CSA 继续加强与科技部的联系，成为后者推动半导体照明产业发展的重要助手。

（二）核心主体参与和联盟网络生成

Salman 和 Saives（2005）、Ahuja（2000）指出，间接联系不仅是组织的信息来源之一，并且是组织与更远的主体进行信息交流的渠道，而且还可以作为监控外部环境以获取新机遇的工具。伴随着半导体照明产业的快速发展，CSA 凭借与各种组织的间接联系（主要是政府的牵线搭桥），使联盟多元网络逐步生成。如在半导体照明奥运示范项目成功组织实施过程中，CSA 凭借与奥运示范工程各单位的间接联系发挥了重要作用，创新了产学研合作模式，促进了联盟网络的生成，如图 3-2 所示。

（1）项目组网络。在组织形式方面，由 CSA 牵头，半导体照明技术与产品相关单位、奥运场馆业主、景观照明设计单位等共同组成项目组网络，按立项程序，参与单位采取招标或择优等方式选择。

（2）技术组网络。CSA 组织走访 2008 工程办、场馆业主单位、设计单位、国家半导体质量监督检验中心，与技术产品单位、LED 光源专家

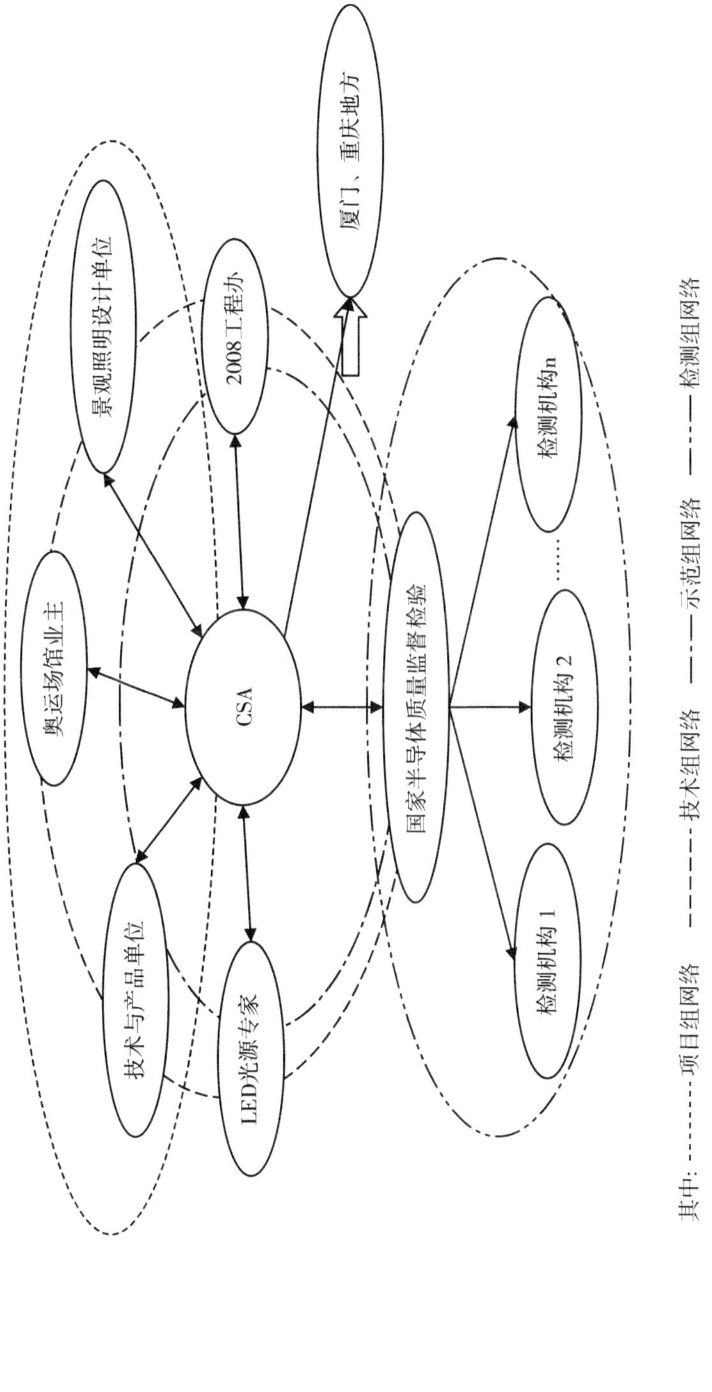

图3-2 CSA第一阶段的网络生成

进行技术交流，召开景观设计与LED光源专家的座谈会，探讨在奥运工程中使用半导体照明的技术可行性，可能存在的主要问题等；同时，CSA组织相关人员考察厦门、重庆等地已建成的半导体照明景观工程，了解过程组织中的主要环节、出现的问题及实际达到的效果。

（3）示范组网络。依托CSA成立的奥运示范工作组，组织技术交流，设计方案及产品征集，创新大奖赛的组织、资金筹集等；在项目实施过程，CSA与北京市08工程办共同组织半导体照明技术研讨会和产品交流会，组织联盟成员单位、国家半导体质量监督检验中心及业内其他单位在奥运村组织太阳能LED的产品展示。

（4）检测组网络。CSA制定半导体照明相关产品推荐的办法，规范产品标准，推荐国家级检测机构，国家半导体质量监督检验中心牵头，组织相关单位组成水立方LED景观照明检测联合体，对设计、制造、安装施工等各环节进行质量控制，确保示范项目万无一失。

（三）联盟合法性的获得

第一阶段，CSA各项服务都处于起步探索阶段，这主要表现在：首先，CSA最主要的服务是提供信息交流平台，并不断完善与打造半导体照明产业信息交流品牌；其次，CSA在其他方面的服务主要是停留在加强成员间的联系沟通、就某些产业共性问题进行讨论、形成共识的阶段，并没有实质性的联合；最后，CSA各项服务对象较为集中且单一，服务内容较为简单。

尽管如此，随着各项服务的提供与开展，CSA已逐渐成为“半导体照明业界产学研服务和上中下游联动的纽带”和“半导体照明产业企事业单位与政府间的桥梁”（李健，2004），CSA的社会认知度与美誉度也有了提高。如CSA官方网站“中国半导体照明网”已成为国内备受关注的LED专业垂直门户网站之一，日均点击率5000次，月均浏览量35.7万人次；在成功举办了三届中国国际半导体照明论坛暨展览会后，中国国际半导体照明论坛暨展览会被国家科技部唯一授权并重点支持，已成为国内高水平、重实效的国际交流合作与交易平台。

总体上看，第一阶段，CSA 处于艰难探索阶段，各方面的联盟服务都刚开始起步，停留在交流、形成共识、浅层次互动层面。也正因为如此，CSA 尚没有引起各方注意，也不能有效整合产业内各种资源，更没有得到更多利益相关者的认可与接受，各方的局面有待进一步打开。因此，伴随着国内外半导体照明产业快速的发展趋势和国际竞争挑战，CSA 还需稳步有效地开展实质性的工作。

四、快速发展阶段

（一）联盟服务

1. 行业信息服务：服务手段逐步多元与融合，为行业创造信息产品价值的能力增强

第二阶段，CSA 的行业信息服务功能逐步多元化，并走向整合阶段。这主要表现在：首先，中国国际半导体照明论坛增加了两项配套活动：一是同步举行 MOCVD 技术国际短期培训班，就 MOCVD 的生产技术、过程控制、安全监测、硬件维护、系统优化、最新技术动态等方面进行培训；二是举行四新发布会，企业就新技术、新设备、新产品、新材料进行发布推广。这种配套活动实现了论坛服务的综合化与多元化，大大提升了 CSA 在信息服务方面的功能与手段，赢得了参与者的认同与支持。正如一位联盟企业被访谈者所指出，“发布企业和现场专业听众有一个共同的愿望，就是希望这样的发布活动能够扩大规模，定期举办，让更多的新技术、新设备、新产品、新材料投入市场”。

其次，展览会也出现新的融合。在“2007 年第四届中国国际半导体照明展览会”上，CSA 利用庞大买家数据库资源，广泛邀请处于产业链各个环节的企业和市政等政府采购部门前来参观交流，使展会的专业观众更多，展览的实效性明显提高，国际化程度也进一步提高。与此同时，港澳台半导体照明产业的联系与合作更为紧密，如在 2008 年第

五届中国国际半导体照明展览会上就有台湾光电科技工业协进会、香港光电协会、台湾工业技术研究院、台湾电机电子工业同业公会、台湾照明灯具输出业同业公会、香港应科院等众多机构参与了展览活动。

除了继续打造“国际半导体照明论坛”与展览会两个信息服务品牌外，CSA 还不断探索新的信息服务手段。如“新光源 & 新能源论坛”不仅“关注产业技术、满足企业需求”，而且突出了“跨部门、跨行业、跨地域”的特点，为国际市场的开拓开设了新窗口。如 2008 年在第二届“新光源 & 新能源论坛”上，世界银行集团及世行国际金融公司就“照亮非洲”项目与非洲市场对“新光源、新能源”的需求做了信息发布。

另外，在网络信息平台建设方面，CSA 门户网站——中国半导体照明网自 2007 年全新升级改版以来，加大了信息的整合力度，形成了“新闻动态+热点专题+深度研究”相结合的内容体系，开创“网站+电子杂志+平面特刊”多元一体化媒体新格局，向网站 30000 多家会员发送。在电子杂志的基础上，2009 年 10 月，CSA 推出《半导体照明》平面杂志。到 2009 年 9 月，CSA 发布中国半导体照明网英文网站，这是半导体照明产业的国际化平台，是 CSA 面向海内外开通的重要信息窗口。

2. 市场开拓服务：新兴应用市场与国际市场的开拓

（1）牵线搭桥，继续试点示范，培育国内市场。面临金融危机、环境问题的压力，节能减排成为各国政府共同关注并大力支持的重点领域，而中国市政照明市场将成为节能减排与环境改造的重头戏和突破口。面对这样的机遇，再加之 2008 年奥运场馆半导体照明产品试点示范工程的成功，CSA 积极游说政府开展更多的半导体照明产品试点示范工程项目。在各种因素的推动下，科技部于 2009 年 4 月决定启动“十城万盏”半导体照明应用示范工程，决定在 21 个城市启动半导体照明应用工程试点工作。这为半导体照明行业带来了巨大的市场。正是 CSA 在其中的牵线搭桥，才使各方就启动“十城万盏”半导体照明应用示范试点工程取得了共识，并发展为了行动。另外，2009 年 8 月，CSA 参加了气候组织在贵州启动的“太阳能 LED 照明千村计划”，力争为联盟成员开拓新兴应用市场。可见，CSA 通过与政府部门和有关机构的合作，为联盟成员开拓了新兴应用市场。

（2）通过产品技术研讨、方案论证与新产品发布，保证试点示范工程的成功。第二阶段，CSA 为了保证试点示范工程的成功，积极组织与参加半导体照明产品技术研讨与方案论证，如参加“2007 中国道路照明论坛”“LED 普通照明研讨会：问题与对策”“市政照明节能产品与技术交流会”等。通过这些会议，就半导体照明产品在新兴应用市场中的应用技术进行研讨，不仅为 LED 行业与普通照明行业实现有效互动和对接提供了交流探讨的平台，而且让更多的应用主体认识半导体照明的优势。

（3）组织国外市场考察，为开拓国际市场探路。尽管产业各种组织可以通过网站、会议等各种途径获得国外半导体照明应用市场的最新进展信息，但没有一线的考察与调研分析，很多信息都会显得空乏无力。基于这些考虑，2007 年 1 月，CSA 组织业界相关研究机构、企业赴美交流、考察；为了继续加强与欧洲半导体照明设备制造商、研究机构、企业的交流与合作，CSA 组织成员单位于 2007 年 10 月赴德国、英国等国进行科技和产业考察；“照亮非洲”是世界银行推动的一个重要国际项目，而 CSA 是世界银行/国际金融公司“照亮非洲”项目在中国的唯一协办单位，为了使国内企业更好地参与“非洲项目”，2008 年 5 月，CSA 组团出席“照亮非洲 2008”论坛，更加明确了非洲市场的需求。这些活动不仅让联盟成员更多地了解了国际市场、国际半导体照明产业发展趋势等，而且树立了国际竞争的信心。

3. 标准协调服务：建立标准化工作组，开展实质性的制标工作

第二阶段，联盟服务行业制标工作进入实质性阶段，这主要表现在成立组织机构、制订行业推荐性技术规范及参与国际合作标准合作等方面。

2007 年 8 月，CSA 成立半导体照明标准化协调推进工作组，这为实质性的标准协调推进工作提供了组织保障。工作组共有成员 12 人，其中 1 人（CSA 副秘书长阮军）来自 CSA 秘书处并担任工作组组长，企业、研究机构、高校、事业单位各有 2 名成员，行业协会或学会有 3 名成员，基本上形成了政、产、学、研、用的良性互动组织模式，加强了行业内标准工作的互动。同年 10 月，CSA 标准化协调推进工作组召开第一次工作会议，就如何构建完整的半导体照明标准体系进行了顶层设计。

早在 2007 年 5 月，杭州远方公司的潘建根教授执笔起草了《整体式 LED 路灯测量方法推荐性技术规范》（草稿），而后经数次修改，于 2007 年 12 月正式向全行业发布征求意见稿。2008 年 3 月，CSA 标准化协调推进工作组第二次工作会议就《整体式 LED 路灯的测量方法推荐性技术规范》进行了讨论，厦门 LED 促进中心表示将在厦门及周边地区宣贯并推荐该技术规范的实施。这表明《整体式 LED 路灯的测量方法推荐性技术规范》得到了行业用户的响应，更加坚定了 CSA 的标准建设工作。经过一系列联盟成员交流与反馈后，2008 年 7 月，CSA 正式发布《整体式 LED 路灯的测量方法推荐性技术规范》审定稿。自此，CSA 在行业标准建设工作中迈开了重要一步。

经过一年的实施，《整体式 LED 路灯的测量方法推荐性技术规范》在 CSA 内得到了普遍推广使用，受到了海内外标准化部门和同业人士的极大关注与好评，许多单位已使用该技术规范指导研发和生产。其间，潘建根教授在台湾工业研究院作了题为“LED 国际测试标准最新进展与中国大陆 LED 路灯标准现况”的专题报告，受到了台湾 LED 业界的一致好评。这表明，CSA 的行业标准建设工作已获得了行业内以及大陆外巨大的反响和广泛的认可与肯定。受《整体式 LED 路灯的测量方法推荐性技术规范》的成功影响，CSA 于 2009 年 7 月推出第二版《整体式 LED 路灯的测量方法推荐性技术规范》、10 月发布了《半导体照明试点示范工程 LED 道路照明产品技术规范》、12 月发布《LED 隧道灯》等推荐性技术规范文本。另外，在 CSA 积极参与和推动下，2008 年全国照明电器标委会送审国标 12 项，工信部半导体照明标准技术工作组送审行标 7 项。

在推进国内半导体照明标准建设的同时，CSA 积极与海内外标准检测机构开展交流合作。一是 CSA 与美国环保署、美国技术标准局、美国固态照明技术与系统联盟等组织建立了标准沟通和交流渠道；二是作为世界银行/国际金融公司“照亮非洲”项目中国唯一授权合作机构，CSA 推荐国家电光源质量监督检验中心（北京）成为“照亮非洲”项目的合作实验室，参与“照亮非洲”项目“离网照明质量保障战略”，在国际半导体照明标准工作中积极表达中国的声音；三是加强了与我国台湾地区的标准交流，CSA 在此阶段与台湾地区“经济部”技术处、标准检验局、能源局、工业技术研究院等机构进行了多次互访。

4. 合作创新服务：成立研发基金，探索合作创新的组织模式

第二阶段，CSA 在合作创新服务方面最大的行动就是发起成立“半导体照明研发基金”。为了尽快解决半导体照明产业化过程中的关键技术，2008 年 3 月，经过 CSA4 年来对技术攻关模式的探索，号召国内几家半导体照明产业链上中下游实力较强的企业以“共同投入、风险共担、利益共享”的模式，成立了“半导体照明研发基金”，首期规模为 2000 万元。基金的组建为中国半导体照明产业实现“强强联合、共同投入、风险共担、利益共享”的运行模式迈出了积极的一步。同时，CSA 除了举办创新大赛之外，还联合黑龙江省科技部门举办“国际 LED 冰雪景观照明创新设计大赛”，为 LED 在冰雪景观照明方面的创新应用发展起到推动作用。

此外，CSA 通过组织 2010 年上海世博会半导体照明示范工程、2009 年国庆 60 周年庆典、“十城万盏”示范工程等，促进了产学研、上下游合作，实现创新资源的有效分工与合理衔接，发挥了重要的技术创新引领作用，有效地推动了产学研合作创新。

5. 人才培养服务：开展多样化、专业化、实用化的人才培训

第二阶段，随着半导体照明产业的快速发展，CSA继续探索人才培养服务模式，大体上此阶段的人才培养服务呈现多样化、专业化、实用化的特点。

2008年1月，CSA与中科院半导体照明研发中心举办了“半导体照明前沿关键技术培训研讨会”，不仅邀请了高校（清华大学、北京大学）与科研院所（中科院物理研究所、中科院半导体研究所）的师资队伍，而且还邀请到了企业（如有研稀土）专家进行培训，这种产学研相结合的人才培养模式大大地提高了人才培养效果。正如CSA研发主席李晋闽所指出，“这种产、研、学三位一体形式的培训研讨会非常值得推广，希望联盟能经常举行这种类型的培训研讨会”。另外，从2007年开始，CSA就与AIXTRON公司（LED行业核心设备MOCVD国际供应商之一）在中国国际半导体照明论坛上举办“MOCVD技术国际短期培训班”，为业界带来最新进展的MOCVD技术与应用。“国际SSL标准与检测讲座”也采用此种模式，CSA与我国台湾区电机电子工业同业公会、国家电光源质量监督检验中心（北京）和国家电光源质量监督检验中心（上海）共同举办，每年邀请不同国家与地区的有关人员一起介绍国际SSL标准化的新进程与动态。

受2008年国际知识产权纠纷的影响，CSA及行业意识到，不仅需要产业技术方面的人才，还需要法律、经济与管理方面的专业技术人才。正如被访谈的一位公司管理人员所说，拆解“专利地雷”的工作，不是光靠技术人员就能做到的，需要训练，需要了解技术、法律和市场三方面的问题，未来才更能扎实地找到专利组合方向。为此，CSA通过召开专利池工作的阶段性会议，邀请国际知名专家进行专利培训，召开白光专利的策略联盟工作会，加强产业知识产权法律方面的人才培训。

6. 知识产权服务：形成工作机制、构建行业专利池、共同应对国际知识产权诉讼

（1）形成工作机制，开展专利分析与专利池建设。2007年，CSA

组建专利池工作组制定《联盟专利池管理办法》，规范和推进专利工作。2008 年，CSA 专利池工作组共收到 23 家企业、大学及研究机构申请的和正在申请的专利 178 项。专利池工作组专家对所收集专利进行分析，以我国现有 LED 专利为支撑，构建全面的网络型的专利结构和专利地图，并根据专利地图制定了我国 LED 专利战略。

（2）共同应对国际知识产权诉讼。2008 年 3 月 20 日，国内 4 家 LED 下游企业受到了美国国际贸易委员会发起的“337 调查”。“337 调查”节奏快、涉及面大、费用高、难度大，并且影响巨大①，被称为“一种比反倾销更具杀伤力的贸易壁垒”。半导体照明是一个刚刚起步的新兴产业，2007 年我国对美出口涉案产品约 3.5 亿美元，同比增长 53.9%。如美 ITC 最终对我国产品发布普遍排除令，则在原告专利有效期内，我国发光二极管产品及包含发光二极管的下游产品将被禁止向美出口，影响近百家企业。因此，该案对我国半导体照明及下游产业的影响非常大。为了维护国内半导体照明行业利益，CSA 在相关部委指导下组织工作，并于 4 月 20 日联合被诉企业向美国 ITC 提起了应诉。最终，通过为时 4 个多月的积极不侵权抗辩，实现了与原告方的优势和解，并取得了 2 项专利的全球授权，比韩国、日本的优势和解方案要好。通过此次事件，CSA 在行业内的影响力大大提升。正如 CSA 副秘书长耿博所说：“打这场国际官司，我们把行业力量紧密地联合起来了，联盟名声也有了非常大的提高。”

7. 政策支撑服务：服务对象从单一走向多元

CSA 充分发挥资源优势和专业地位作用，积极参与各政府部门半导体照明相关政策的制定和发布。一直以来，CSA 积极配合半导体照明工程项目管理办公室开展各项工作，支持该办公室召开多次“十一五”“863”计划“半导体照明工程”重大项目战略研讨会，协助项目

① “337 调查”的影响主要是，一旦被诉企业不应诉或者被裁定侵权，美国 ITC 将随即签发排除令，指示美国海关禁止进口该产品，使得被控企业甚至其所在国家或地区的相关产品无法进入美国。

指南发布，参与动态现场考核和项目验收，进行成果总结等工作，已成为国家相关部门政策研究与制定的重要支撑力量。

CSA 还配合科技部“十城万盏”示范工程的启动，组织专家对各申请城市进行方案评审，同时为加快 863 项目成果与应用，CSA 利用试点示范工程的机遇，组织成员单位积极参与，充分调动了地方的积极性。2008 年，CSA 对上游设备企业进行了广泛的调研，完成了《MOCVD 调研分析报告》，报告对国内上游国产化现状和实现国产化组织形式和运作模式进行了探讨，为政府决策和企业发展提供了参考和依据。2009 年，CSA 协助国家发改委等六部委编写了《半导体照明节能产业发展的意见》。

8. 履行社会责任

作为社会大家庭的一分子，CSA 充分利用自己的资源和优势，积极参与公众事业，通过共履社会责任向社会公众传递声音与价值。2008 年，为了向四川地震灾区地震搜救提供帮助，CSA 呼吁全行业有关生产 LED 照明应急产品的成员单位和企业捐献照明产品，联盟成员企业宁波升谱和慈溪英奇第一时间响应号召，放弃了周末休息和现有的国外生产定单，连夜加班赶制完成 1.5 万只 LED 手摇灯，协助科技部在震后紧急筹集了一批价值 110 万元的应急照明产品。同年 5 月 17 日，CSA 协助卫生部筹备一批高亮度、轻便的照明产品用于医护人员救治伤员，组织成员企业山西光宇赶制 LED 矿灯，并在短时间内发往四川灾区。此次行动，体现了 CSA 的社会责任意识与行动力。

（二）多重主体互动及联盟网络扩展

第二阶段，CSA 提供的各项服务较之第一阶段不仅有了量的增加，而且有了质的提高。CSA 已通过这些服务不仅发展了更多的联盟成员单位，而且吸引了联盟外其他组织的关注，从而实现了联盟网络的扩展。

此阶段，多重主体互动及联盟网络扩展主要得益于 CSA 拥有结构洞优势。Burt（1992）认为，占据结构洞位置的组织可以接触彼此不相连的合作伙伴，由此可以接近许多不同的信息流，获得更多更新的非重复信息，并具持有和控制信息的优势；并且，结构洞能最小化合作伙伴之间的冗余联系，占据结构洞位置的组织可以最低的成本来构建有效且信息富足的网络。在第一阶段广泛交流与取得共识的基础上，第二阶段，CSA 各项服务不仅实现了产业内上下游的协调，更促进了 CSA 内外的互动，使 CSA 占据了网络当中的结构洞位置，进而能够不断扩展现有的联盟网络，向 CSA 外吸纳更多的相关主体构建多元化的网络，CSA 内外实质性的合作互动普遍确立。此阶段，以标准协调服务及知识产权服务为例，说明联盟多元网络的普遍确立与扩展的过程。

1. CSA 标准服务网络的普遍确立与扩展

在国家半导体照明工程协调领导小组办公室的组织和协调下，CSA 在我国半导体照明标准化工程中处于结构洞位置。从标准制定的参与者来看，《整体式 LED 路灯的测量方法推荐性技术规范》起草单位仅有 1 家企业与 2 家高校组织合作，而《半导体照明试点示范工程 LED 道路照明产品技术规范》则由 8 家企业、2 家研究院所、2 家高等院校、4 家检测机构、1 家中介机构共 16 家行业内组织共同完成。可见，参与标准工作的组织数量增加、组织性质变得更加多元，联盟多元网络开始显现。另外，地区间、国际间的标准合作网络也已普遍确立，如图 3-3 所示。

（1）与台湾地区进行标准合作。此阶段，与台湾地区半导体照明产业界的往来与交流非常密切，主要采取广泛交流、标准研讨、特别是大量的相互走访活动等方式实现标准对话，开启标准化合作工作。如 2008 年 1 月，CSA 标准化协调推进工作组成员潘建根教授在台湾工业研究院作了题为“LED 国际测试标准最新进展与中国大陆 LED 路灯标准现况”的专题报告，与台湾 LED 各界专业人士共同探讨 LED 标准化工作；4 月，“2008 年 LED 户外公共照明技术标准研讨会”得到了台湾地区光电产业界的广泛关注，此次会议达成了应该制定共通标准的共识；

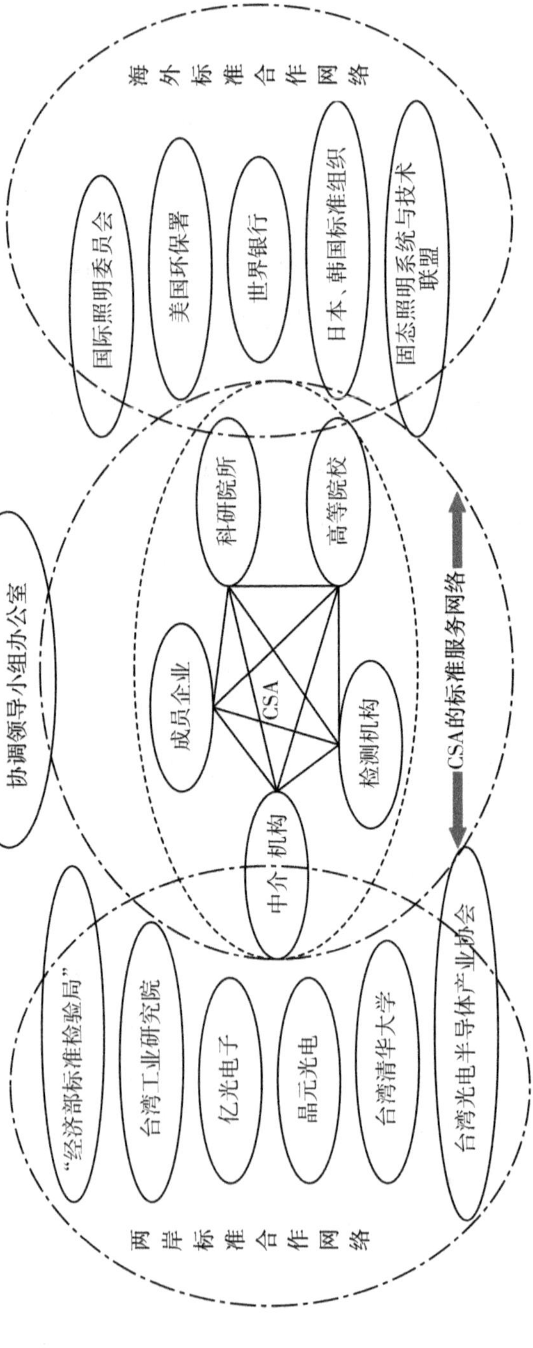

图3-3 CSA第二阶段的标准服务网络的扩展

10月，台湾地区“经济部标准检验局”访问CSA，就携手共推LED标准化工作进行了深入交流，并在具体标准制定和检测、认证等项目上形成了初步合作意向；2009年4月和6月，CSA和台湾光电半导体产业协会分别在上海和台湾共同举办了产业交流座谈会，特别是6月会议形成了共建标准化工作机制、共制半导体照明产业标准、实现半导体照明标准化合作的意向。通过大量的交流、走访与研讨活动，双方更加明确了共推标准化进程的重要意义，为下一阶段实质性合作奠定了基础，逐步形成了产业界标准合作的平台。

（2）建立海内外标准化工作交流沟通机制。在第一阶段，CSA主要通过加强对美国、日本、韩国的有关半导体照明技术标准的调查研究工作，特别是对日本标准制定进展的追踪。到第二阶段，CSA充分调动与国际照明委员会、美国国家标准技术局、美国环保署、固态照明系统与技术联盟、世界银行集团的合作关系，以获得最新LED技术、应用、标准及检测方面信息，加速国内标准化进程。

2. CSA知识产权服务的网络互动

CSA组织国际知识产权纠纷的集体诉讼成功对国内半导体照明行业影响非常大，这是CSA影响力与权威性的体现。具体而言，在整个应诉过程中，CSA主要与以下四类主体进行多元互动：

（1）向国家相关部委，包括科技部、商务部、工信部汇报相关进展情况，邀请政府官员出席各种交流沟通会，争取政府部门的支持，扩大事件的影响力。CSA在第一时间向国家相关部门汇报此次事件，科技部高新司材料处和商务部公平贸易局贸易壁垒处在了解情况后，指示CSA组织开展应诉工作。随后，3月18日举行了“337调查”对策会，科技部调研员李宝山出席会议，并积极表态将支持行业应诉工作；4月16日，CSA组织举行了“关于应诉美国ITC‘337调查’的律师签约会”，科技部、商务部、工业与信息化部相关部门领导同时亮相，表明部门间合作支持应诉的决心。另外，商务部根据以往案例，推荐CSA向曾成功组织并胜诉“337电池案件”的中国电池工业协会交流经验，直接指导与支持 CSA 工作。

（2）与涉案企业及其他成员单位保持密切联系，向被诉企业提供全面、专业的信息，并呼吁行业支持、帮助被诉企业。CSA 在得知消息后，第一时间组织专利池工作组、行业技术专家和专利律师对“337 调查”案涉及的专利进行分析研究。同时，CSA 召开“337 调查”对策会，一方面号召呼吁出席会议的联盟单位积极支持帮助应诉企业，另一方面将在联盟成员中组织募捐，共同解决巨额的诉讼费用。4 月 16 日，CSA 组织应诉企业（广州市鸿利光电子有限公司和深圳市洲磊电子有限公司）和部分上游芯片企业代表与律师事务所签订了应诉协议书。

（3）与台湾地区涉案企业建立联络通道，组织共同应诉。CSA 在厦门召开的台交会期间，与台湾地区涉案企业光宝、亿光及台湾工业研究院等相关机构的负责人召开专题会议，商讨应诉策略并建立联络通道，共同面对挑战。

（4）与行业组织建立信息沟通机制。在“337 调查”对策会上，CSA 还邀请到中国光协光电器件分会、显示屏分会、中国机电商会等行业组织积极贡献智慧资源。与此同时，CSA 积极走访曾经成功组织并胜诉“337”电池案件的中国电池工业协会及律师，了解应诉策略，借鉴经验教训。

正是由于 CSA 在整个应诉过程中处于结构洞位置，使之可以更方便地查明潜在交易合作者的资质，更快地获知机会或威胁，从而避免失败、提升成功率（Uzzi，1997；Gnyawali & Madhavan，2001；Soda 等，2004），实现了多重主体互动和联盟网络扩展，如图 3-4 所示。

（三）联盟合法性的获得

联盟网络的扩展影响了新伙伴的选择标准，即一定社会网络中的成员在其寻找新合作伙伴时会倾向于按照已有网络的特征和规范来确定合作者（叶昕，丁烈云，2004）。CSA 成立以来，企业成员单位增长量较

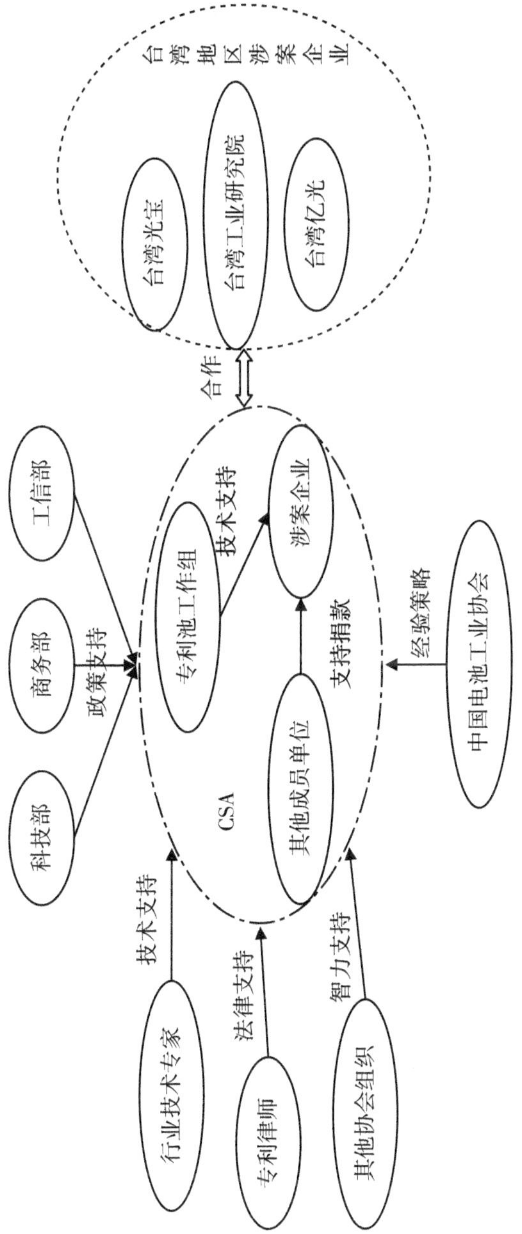

图3-4　CSA组织应诉美国ITC“337”调查的网络互动

大。2007 年 CSA 第二次换届大会是企业成员单位增长的分水岭，此次会议对加入联盟条件、联盟章程修订进行了较大的修改，逐步放宽了联盟准入条件，以适应 CSA 在行业内越来越大的影响力和知名度，并且通过吸纳更多联盟成员，可以更有效地整合产业资源，从而更有力地应对越来越激烈的国际竞争态势，以引领行业健康快速发展。CSA 中科研机构、高校、行业组织成员单位呈现稳定的增长态势，越来越多的研究机构、高校都积极利用联盟平台，实现自身科技成果的转化，在更大范围内实现产学研联合开发。受 CSA 在业界声誉日益提高的吸引，不断有相关企业申请入盟，联盟已经由最初的 47 家扩展到 117 家；CSA 的活力也引起了越来越多海内外机构组织的关注和合作愿望。可见，联盟合法性的提升对联盟网络结构的变动产生了影响，对网络成员具有了更大的吸引力。

CSA 已成为业内产学研合作模式的标杆。伴随着 CSA 影响力的提高与服务行业功能的显现，特别是在 CSA 协助联盟成员成功应诉美国“337 调查”后，各地方已开始意识到联盟这种组织模式的有效性，开始联合本地半导体照明企业、相关高校、科研机构、行业组织成立本地半导体照明产业联盟。2008 年 5 月，广东宣布成立“半导体照明工程产学研战略联盟”；2008 年 10 月，河北省半导体照明产业技术创新联盟成立，并邀请 CSA 秘书长吴玲到场揭牌。自此，地方半导体照明产业联盟如雨后春笋般涌现。据不完全统计，2008 年和 2009 年共有 10 家地方半导体照明产业联盟成立，包括天津、黑龙江、成都、中山、宁波、山东、陕西等省市。纵观各行各业，很难再找到一个在短时间内成立如此多的产业技术创新战略联盟的产业。因此，半导体照明产业出现的这种现象，意味着这种组织模式得到了广泛认可与效仿，这本身就代表着一种影响力。

CSA 的一些服务已成为重要品牌。经过多年的探索与不断提升，“中国国际半导体照明展览会暨论坛”就已成为国内外信息交流与产品展示的重要品牌活动。相比国内企业来说，国际巨头们在“中国国际半导体照明展览会暨论坛”表现得越来越活跃和主动。以 China SSL2009 为例，飞利浦派出了 20 多人的团队，不仅有中国上海、北京等多处分公司代表，而且还有来自美国、欧洲等分部的主管人员，他们通过不同场次的 8 场报告向与会代表介绍飞利浦的理念与技术，特别是在会议期间，飞利浦举办了正式加入 CSA 的仪式，从中可见其对 CSA 的重视。另外，一向以专利垄断的日本日亚公司一改往年的不屑态度，特别派出首席运营官田琦登首次出席了 China SSL2009 论坛。

从 CSA 地位上看，CSA 已成为政府相关部门实现资源整合、促进公益事业发展的重要助手。为了更好地组织太阳能半导体照明厂商参与展示活动，2008 年奥运工程建设指挥部办公室建议，由 CSA 对生产太阳能半导体照明产品的厂商进行统一遴选并组织参加此次展示活动；2009 年 9 月，CSA 承担了中华人民共和国成立六十周年成就展之“半导体照明”布展工作；同年 12 月，科技部委托 CSA 组织承担“大型音乐舞蹈史诗《复兴之路》国家大剧院版 LED 显示屏及控制系统”的项目论证及捐赠工作。通过这些活动，CSA 的工作也得到了各部门、各组织的认可。如 2008 年 CSA 获得了奥科委颁发的“奥运先进集体”称号，2009 年 CSA 获得了中国产学研合作促进奖，又如科技部对 CSA 在抗震救灾中的表现进行了表彰，并向表现突出的宁波升谱、慈溪英奇、山西光宇颁发了奖牌。

在地区与国际合作上，CSA 已成为桥梁角色。仅 2009 年 11—12 月期间，CSA 就先后接待了包括通用电气、科锐、香港科技大学、富昌电子、台湾工研院、飞利浦（中国）、欧司朗、日亚化学、飞利浦 Lumileds 等各组织，就各组织与 CSA 的合作进行了交流，达成了共识。在与台湾地区半导体照明合作上，2009 年 12 月召开了 LED 照明合作项目工作小组会议，CSA 秘书长吴玲任工作小组召集人；同年 12 月 15 日，第一次工作组会议在台湾召开，CSA 秘书长吴玲代表大陆工作组参加了会议，与台湾“经济部”、工研院相关负责人员就台湾参与大陆试点示范工程、台湾企业在大陆建厂、开展 LED 器件与灯具测试比对工作等进行了深入交流。可以看出，CSA 已成为大陆企业与其他地区以及国际间合作中的桥梁。正如台湾晶元光电董事长李秉杰曾指出，“CSA 可以起到中间桥梁作用，真正找到几家好的企业在一起沟通并寻找一些机会。这样可以在相对较短的时间，建立合作关系，并容易形成一种良性的发展机制”。

五、稳定成熟阶段

（一）联盟服务

王珺和岳芳敏（2009）指出，当产业中具有一定创新能力的企业对技术服务有了多样化需求后，将推动综合性服务平台从专用性职能逐步转向多样化的服务职能，综合性服务平台是企业对多样化技术服务需求推动的结果。此一阶段，CSA 注重提供多样化、定制化的服务，以更广泛地回应各利益相关者对服务的诉求。

1. 行业信息服务：提供定制化、专业化信息服务，并实现地区与国际合作

第三阶段，CSA 的行业信息服务主要体现在：通过大量走访与调研，提供一手的、专业化的、定制化的信息，并逐步实现信息服务的地区与国际合作。

（1）收集一手信息，提供定制化信息服务。CSA 每年以问卷统计方式对成员单位进行两轮经营状况调查，及时了解成员单位发展状况，收集整理上市公司年报、产品及市场信息。在调研基础上，CSA 每年都发布半导体照明行业数据，这些数据的发布对企业决策参考、引导产业良性发展发挥了一定作用。同时，2010 年 3 月，CSA 成立了产业咨询部，旨在为行业提供定制化的信息服务与战略研究。

（2）发布专业数据，规范行业发展。2009 年 6 月以来，CSA 建立“半导体照明产品检测信息发布”平台，通过检测数据的定期发布，积累并建立我国半导体照明企业和产品数据库，进行半导体照明产业宏观

数据指标检测跟踪系统，规范半导体照明器件开发和应用产品市场推广，为消费者提供准确、有效的产品采购和设计指导，特别是为半导体照明应用示范工程的顺利进行提供了参考依据。

（3）信息服务实现地区与国际合作。2010 年 6 月，CSA 与台湾光电半导体产业协会签署了半导体照明产业信息交流平台合作意向书，携手合作共建信息交流平台，建立了半导体照明产业常态化的交流机制。自此，将共同开展行业发展信息收集、整理，建立详细的半导体照明上、中、下游产业及厂家基本数据库，每年合作出版《半导体照明合作及产业发展白皮书》与《中国半导体照明产业发展年鉴》，在双方合作举办的重要会展方面开展相互支持与合作。

2. 市场开拓服务：推进海外市场合作，组建国际联盟，市场触及全世界

为加快推动“中肯半导体照明应用示范工程”和“中肯半导体照明技术中心”的建设，CSA 在此阶段开展了大量的海外市场开拓的服务工作。首先，CSA 于 2011 年 9 月组织代表团赴肯尼亚实地考察，协商在肯尼亚高教与科技部大楼、肯尼亚理工大学、肯尼亚肯雅塔国际会议中心建设半导体照明示范工程，并依托肯尼亚理工大学现有基础和人员，在肯尼亚理工大学建设中肯半导体照明技术中心。其次，CSA 协调和组织成员单位加班加点生产所需产品，并在最短时间内将产品运输到肯尼亚。最后，在两国政府部门支持下，CSA 派出一支 8 人工程师队伍，赴肯尼亚参加示范工程和技术中心的建设工作，为相关照明产品的安装提供技术指导和支持。

第三阶段，在国际合作方面，CSA 最重要的动作就是发起成立国际固态照明联盟，使国内半导体照明产业的市场能够触及到全世界。由 CSA 发起并主导的国际固态照明联盟（International Solid State Lighting Alliance，ISA）于 2010 年 10 月成立，现已有 54 家成员，地域分布覆盖了亚洲、欧洲、北美地区、澳大利亚及新西兰，技术及业务范围覆盖了 SSL 全产业链。通过组建 ISA，CSA 帮助了国内半导体照明产业与全

世界的市场进行全方位接触，可影响到全世界超过3500家的企业、研究院所、大学等组织。

3. 标准协调服务：发起地区与国际标准对话，提升标准话语权

在第一阶段战略布局指引与形成共识及第二阶段成立标准化工作组与开展实质制标工作后，到第三阶段，CSA服务半导体照明行业标准建设工作的显著特点就是，发起地区与国际标准对话，不断提升大陆地区半导体照明行业的标准话语权。

此阶段，CSA除了组织成员单位制定10项推荐性技术规范外，最为重要的是，CSA标准建设工作开始涉及地区与国际间合作，通过发起标准对话，逐步将大陆地区的半导体照明行业标准影响台湾地区与其他国家。一方面，与台湾地区的标准合作进入实质性阶段。这主要表现在以下三个方面：成立了标准化工作组；实现了检测数据的比对等工作；签署了标准合作的意向书。这些举措，表明两岸在标准建议方面已经进入了实质性合作阶段，大陆地区的标准开始影响台湾地区半导体照明产业的发展。另一方面，组建国际固态照明联盟，在国际范围内谋求我国半导体照明标准一席之地。国际固态照明联盟自2010年10月成立以来，在标准对话与合作方面就取得了一系列进展，包括成立国际标准与检测方法工作组、发布了第一个《全球各地区SSL产品最低性能规范（MPS）汇编》等。通过ISA，我国的半导体照明标准话语权得到了非常大的提升。这表明，CSA开始通过国际固定照明联盟争取掌握国际标准的主动权。

为了配合标准工作的顺利开展，CSA开始了产品检测服务，促进检测平台建设，发布检测信息。伴随着半导体照明的快速发展，许多地方已开始了检测平台的建设，然而检测平台过多，就可能出现重复建设；太少，又满足不了产业快速发展的要求，这需要从国家层面的顶层设计。为此，CSA利用在资源整合、专家渠道、业内影响力等方面优势，组织国家电光源质量监督检验中心、国家半导体器件质量监督检验中心等国内权威专业检测机构成立工作小组，在中国半导体照明网建立

“半导体照明产品检测信息发布”平台。目前，CSA已发布十轮检测结果，受到了业界的广泛关注。同时，CSA促进国家、区域和地方测试平台的衔接和互动，做好国家与地方平台测试条件的比对，逐步实现测试方法和标准的统一。

4. 合作创新服务：成立联合创新实验室与半导体照明国家应用技术研发中心

此阶段，CSA在服务行业合作创新方面的主要行动就是围绕产业链构建技术创新链。科技部已在多个场合明确表态，希望依托CSA组建“联合创新国家重点实验室”，最终建成体制机制创新的开放和国际化的产业公共技术研发平台。为响应科技部的需求，CSA积极筹建该实验室，并将其定位于中长期基础研究及应用基础研究，以解决下一代白光核心技术。该实验室通过契约式手段整合现有优势资源、增量激活存量，采用集中建设与分布整合、资源所有权与使用权相结合的投入方式，形成国家半导体照明核心技术平台。可以说，这种由行业组织主导的创新组织模式，是产学研合作创新的一个重要尝试。

除了筹建“联合创新国家重点实验室”外，CSA还将筹建“半导体照明国家应用技术研发中心”，如图3-5所示。该中心定位于支撑市场急需的替代性产品的技术开发，解决模块化、标准化、智能化的系统集成问题以及抢占创新应用的制高点（非传统照明及超越照明的应用），依托现有的（或新建的）研发主体、联合支撑计划相关单位、争取有国家和地方的投入、在全球范围内招聘优秀团队，组成非营利的、开放性的、国际化的研发中心。

此外，CSA协助科技部启动“十二五”“863计划”和“科技支撑计划”，其中“科技支撑计划”项目将由CSA组织。这意味着CSA已承担国家科技计划组织的功能，尝试建立企业参与的开放式共性技术创新平台的运行机制和共享模式，改变了以往政府引导创新的局面，在一定程度上实现了创新组织的突破。

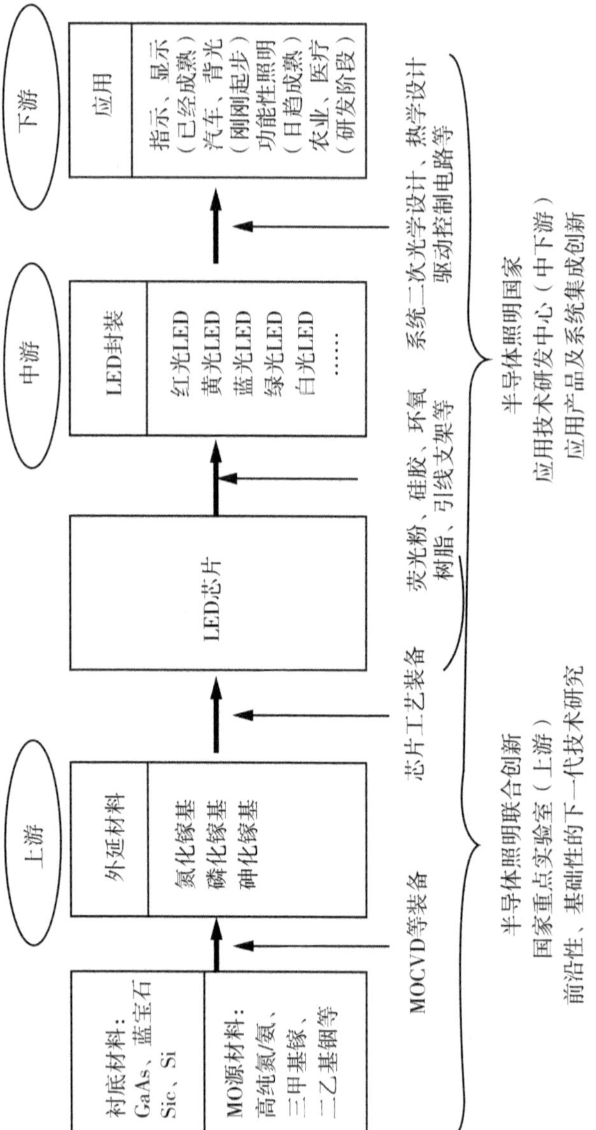

图3-5　CSA筹建的联合创新实验室和研发中心

5. 人才培养服务：人才培养定制化，人才培养服务也趋向市场细分

随着大量产业园基地的建设①，我国半导体照明产业人才严重缺乏的问题也开始显现。据CSA的数据，到2009年7月，我国半导体照明产业从业人数超过80万人，预计2010—2012年新增人才需求量将达60万，缺口非常大。人才紧缺导致企业间互相挖墙脚的现象越发严重。正如被访谈的一位企业高管说，“很多半导体大厂切入并开出高薪到处挖人才，在利益的驱动下，我们开发了多年的技术与资源随着一些核心人员的流失付之东流”。在这种情况下，CSA不仅为行业提供人才培养服务，而且帮助行业获取高质量的人力资源。

(1) 组织人才招聘，推进半导体照明产业高校人才引进计划。CSA于2010年10月启动了“2010—2011年度半导体照明产业高校人才引进计划”，通过组织企业在全国范围内相关高校举办专场宣讲会和招聘会。2011年10月，CSA启动了2011—2012“Lighting Your Future——半导体照明企业校园招聘”活动，通过联合包括国星光电、蓝宝光电、华联电子、生辉照明、洲明科技等在内的知名企业共同启动校园人才招聘活动，在全国11个城市22所半导体照明产业相关高校举办专场宣讲会，超过10000名毕业生参加。CSA通过组织人才招聘活动帮助半导体照明企业在一定程度上解决了人才紧缺的问题，建立了产业人才输送通道，同时提高了半导体照明产业在人力资源输出源头的知名度和影响力。

(2) 推出并组织半导体照明工程师职业资格认证。为了建立和规范半导体照明领域行业技术人才的评价与培养体系，提升半导体照明行业从业人员素质，CSA推出半导体照明工程师职业资格认证体系，编制了《半导体照明工程师职业资格规范》，并以此为基础分别推出外延

① 2009年度科技部再次批复6家半导体照明产业基地，使我国半导体照明产业基地由之前的7家增至13家。

/芯片（CCEE）、封装（CCPE）和应用（CCAE）领域的工程师认证。同时，CSA 华南分中心于 2011 年 6—7 月在广东省佛山市举办了首期“半导体照明封装初级工程师职业资格认证”培训班，并在广西桂林、广东江门建立“半导体照明产业人才培养基地（桂林）”，开始举办半导体照明工程师职业资格认证培训。CSA 的这些行动与服务，得到了行业内各组织的广泛认可与高度评价。

（3）组织半导体照明产业标杆企业访学。2010 年 8 月，CSA 组织了联想访学计划，得到了联盟成员的广泛关注与积极参与。另外，为了能给国内 LED 企业家提供一个与世界一流封装企业近距离接触、交流先进经验和技术的机会，CSA 于 2010 年 8 月组织国内部分企业家、专家及地方政府负责人参观考察了位于马来西亚槟城的 Philips Lumileds、Avago、Nichia、DOMINANT 等几大封装应用厂。

（4）建立人才培养基地，创新人才培养服务模式。2010 年 8 月，CSA 华南分中心、广东省新光源产业基地以及佛山科学技术学院、广东轻工职业技术学院三方共同签署人才培养战略合作意向书。这意味着三方将建立一套以人才开发为主体的“产、政、学、研”互动体系，从而形成“联盟+基地+高校”的人才培养模式。

6. 政策支撑服务：形成常态机制，成为行业与政府间紧密联系的桥梁

第三阶段，由于 CSA 的影响力以及服务能力日益显现，政府各相关部门都纷纷向 CSA 提出了政策支撑服务需求，CSA 的政策支撑服务已形成常态机制，成为行业与政府间紧密联系的桥梁。

（1）组织战略研究，为产业规划献计献策。CSA 响应科技部高新司在 2010 年“十城万盏”半导体照明应用试点城市工作会议上的要求，协助科技部加强对测试机构的调研与跟踪，对全国半导体照明检测平台的布局提供了建议。2010 年是“十一五”结束之年，为此 CSA 配合科技部多次组织召开“十二五”半导体照明发展战略研讨会，为未来 5 年半导体照明产业的发展规划献计献策。2010 年，CSA 还承担了

国家知识产权局“中国半导体照明知识产权战略研究”课题，为行业知识产权战略的制订贡献力量。同时，国家发改委“逐步淘汰白炽灯，加快推广节能灯”项目的“半导体照明产品替代低效照明产品的技术路线及政策建议研究”课题也由CSA组织完成。可见，CSA已成为国家相关部门政策研究与行业规划制订的重要支撑力量。

（2）深入调研示范工程，为下一步决策和工作部署提供支撑。第三阶段，为了真实了解“十城万盏”示范工程进展情况，CSA响应科技部的委托，分别于2010年7月到9月和2011年11月进行了两轮“十城万盏”试点城市调研。通过调研准确了解产业情况，CSA为相关部委下一步示范工程的决策提供了依据。

（3）响应政府工作需求，塑造行业品牌。2011年12月，科技部万钢部长在“十城万盏”半导体照明试点工作现场会上特别指出，要编制合格供应商目录，并依托联盟构建信息发布平台，发布推荐产品目录、产品供应商和节能服务公司等信息。国家发改委环资司副司长谢极在2011年5月召开的第五届上海国际新光源 & 新能源照明展览会暨论坛上明确提出要建立领跑者制度，树立行业的标杆，明确政府做强做大的品牌。为了响应政府工作需求，更好支撑政府工作，CSA于2011年主办了“中国半导体照明行业优秀企业推荐”活动。此次活动得到了业界的广泛好评，众多业界专家表示，此次评选的公正性和权威性使这项评选具有较高的行业参考价值，并希望评选活动能成为展现中国半导体照明产业发展的蓬勃活力，体现企业品牌综合实力的优秀平台。

7. 履行社会责任：从联盟社会责任到产业社会责任

组织发布产业联合宣言，以质量宣示社会责任。从根本上来说，规范行业秩序、提升产品品质，让产品质量对得起消费者和社会大众，是产业社会责任的最佳体现。正如一位被访谈者所说，“我想从产品本身来切入企业社会责任，比单谈公益可能更有现实意义”。正是基于这种理念，2012年1月，CSA发起、倡导《北京联合宣言》，倡导业界不断提升产品质量意识，逐步将产品质量渗透到产品、服务、工作以及公司经营的各个领域，履行产业的社会责任。

为更好地发挥科技对文化发展的支撑作用，针对“大型音乐舞蹈史诗《复兴之路》人民大会堂版”演出时 LED 显示屏存在的分辨率低、画面效果不清晰等技术问题，CSA 在科技部支持下及时组织国内权威专家进行论证，联合有较强技术优势的“863”计划成果单位，以联合捐赠、统一协作的方式共同完成了国家大剧院《复兴之路》LED 显示屏系统、技术开发制作，并提供支撑服务等项工作。此项工作得到了李长春、刘云山、刘延东等中央领导的一致肯定和好评，刘延东同志更是指出，科技部推动产业联盟为文化事业提供科技支撑，是政治意识、大局意识的体现。

（二）多元网络价值创造与联盟网络升级

在第三阶段所提供的各项服务基础上，经过第二阶段联盟内外多重主体互动及联盟网络扩展，CSA 已逐步实现了联盟多元网络的价值创造，并进一步地实现了联盟网络的升级。

1. 多元网络价值创造

社会网络理论认为，社会网络行为主体必须从其所处的网络中获取为生存和发展所必需的各种资源，与其他行为主体发生直接或间接的关系，从而促使各种资源在网络内各个部分流动（叶昕，丁烈云，2004）。本书主要从技术规范制定的合作网络来看 CSA 多元网络的参与和价值创造。从图 3-6 可以看出，在第二阶段，CSA 技术规范制定的参与主体共有 19 家组织，联盟秘书处位于网络中心位置，其他组织紧密地围绕在联盟秘书处周围。第三阶段，CSA 组织成员单位制定 10 项推荐性技术规范，其中 2010 年共发布了 4 项推荐性技术规范、2011 年共发布了 6 项推荐性技术规范。比较第二阶段与第三阶段的技术规范制定网络，如图 3-7 所示，可以发现有三个基本特征：一是合作网络的参与主体越来越多，第二阶段的参与主体有 19 家，第三阶段则有参与组织 24 家，从可视化网络图可以看出第三阶段的结点较第二阶段的结点要

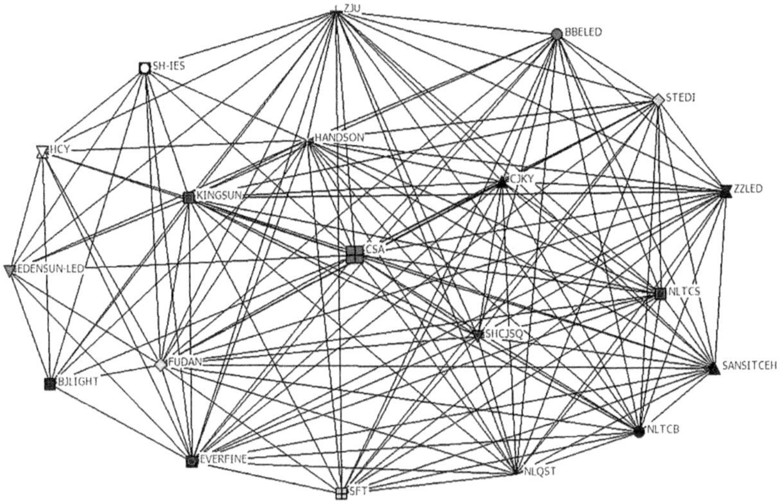

图 3-6 第二阶段技术规范制定的合作网络

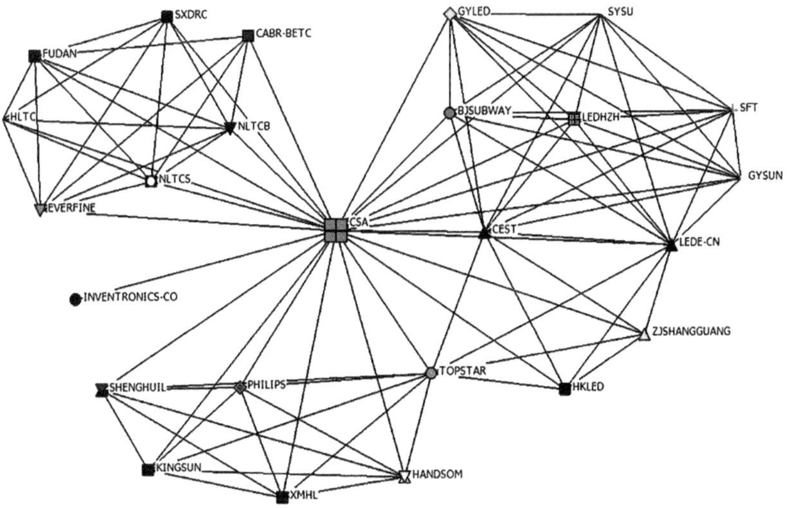

图 3-7 第三阶段技术规范制定的合作网络

多，结点越多表明了网络中参与主体越多；二是伴随着多元网络互动，CSA 网络中开始出现若干个核心行动者，第二阶段中仅以联盟秘书处

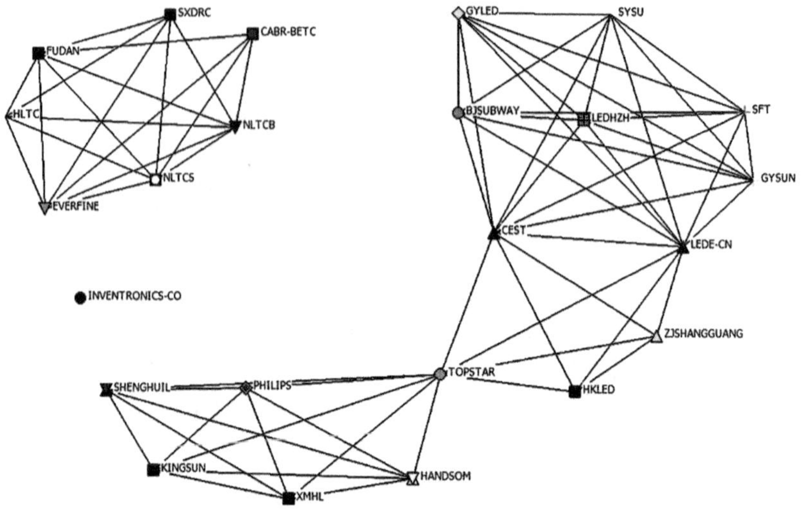

图 3-8 CSA 缺失情境下的第三阶段技术规范制定的合作网络

为核心，到了第三阶段联盟网络中核心主体至少已有了 4 个，除了联盟秘书处仍然处于中心位置外，联盟网络还形成了以国家电光源质量监督检验中心（NLTC）、广东产品质量监督检验研究院（CEST）、厦门通士达照明有限公司（TOPSTAR）等核心组成的小网络；三是比较图 3-7 和图 3-8 可以看出，联盟秘书处更处于核心位置，离开了联盟秘书处的中心连接，整个联盟网络就处于分崩离析的状态。正如 Burt（1992）以及 Wasserman 和 Faust（1994）所指出的那样，中心位置衡量了行动者在网络中的重要程度，意味着组织在网络当中所拥有的资源获取与控制的能力。可以看出，从第二阶段到第三阶段，CSA 日益处于整个联盟网络的中心位置。

可见，CSA 已围绕联盟秘书处形成了一个稳定、多元、紧密的互动网络，使 CSA 能够从联盟成员间的合作互动、逐步向联盟内外、国内外相关组织的合作渐进。正是因为不局限于联盟内的标准化服务与合作，才使我国半导体照明标准不仅能够影响大陆地区的半导体照明产业发展，而且能够左右美国、日本、欧洲等与我国台湾地区的标准制定与应用。因此，多元网络互动是价值创造与赢得影响力及各利益相关者认同的重要手段和关键途径。

2. 联盟网络升级

Ahuja（2000）认为，网络合作是一种具有机会与诱因的双元结构，机会来自合作伙伴数的增加，而彼此所积累的交易经验与合作关系也会抑制冲突的发生与增加未来合作的动机与方向。从成员单位看，CSA 涵盖了半导体照明产业链上下游关键技术与产品领域的核心企业、研究院所、高校以及行业组织，基本上形成了由产、学、研、中介机构组成的、覆盖全产业链的、较为完整的产学研合作创新网络体系。目前，CSA 175 家成员单位中有 141 家企业、9 家科研机构、15 家高校、10 家行业组织，如图 3-9 所示。其中，141 家企业中上游企业有 25 家、中游企业 23 家、下游企业 79 家、设备领域企业 14 家，涵盖了整个产业链布局。并且，141 家企业都是各产业链上的龙头知名企业，如上游外延芯片有三安光电、武汉华灿、上海蓝光、杭州士兰明芯等，中游有佛山国星、鸿利光电、中宙光电等，下游有厦门华联、深圳帝光、上海三思、勤上光电等，设备领域有远方光电、星谱光电、中为光电等，这些企业都具备了各自领域的影响力与领导力。科研机构方面，包括了重大装备研发的中科院半导体所、材料领域的中科院物理所、光学仪器制作的中科院长春光学精密机械与物理研究所等。高校成员单位

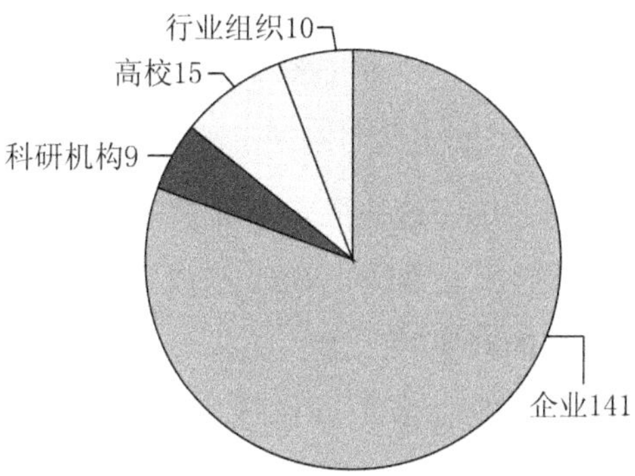

图 3-9 CSA 的成员单位性质构成

中包括了北京大学、清华大学、南昌大学、华中科技大学等。行业中介组织既有第三方检测机构（国家电光源质量监督检验中心）、科技服务机构（厦门市LED促进中心），又有研发中心（上海半导体照明工程技术研究中心）与产业联盟组织（重庆LED研发及产业联盟）。

社会网络理论中的结构洞理论认为，网络的扩展与升级必须要以填补网络中存在的结构洞为目标，即在一个更大网络的两个相对隔离部分之间发挥“桥梁”作用，从而填补原有网络空间中的结构洞（Verspagen & Duysters，2004）。由CSA发起并主导的国际固态照明联盟经过一年的发展，ISA已有54家成员，地域分布覆盖了亚洲、欧洲、北美地区、澳大利亚及新西兰，技术及业务范围覆盖了SSL全产业链，包括SSL技术研发、材料、设备制造、外延封装到照明设计、系统集成应用及测试等，且ISA成员几乎囊括了全球SSL的主导企业，也包括部分前沿学术机构和各大专业团体组织和协会、学会等。通过组建国际联盟，CSA可以帮助国内半导体照明产业与全世界的市场进行全方位接触，可影响到全世界超过3500家的企业、研究院所、大学及其他相关组织。首批成员均是国际光电行业具有影响力的行业组织，包括CSA、我国台湾光电半导体产业协会、美国光电产业发展协会、韩国光产业振兴会、澳大利亚和新西兰照明工程学会。

（三）联盟合法性的获得

“没有联盟就没有我们!”“联盟给企业架起了一个上中下游合作的桥梁，我们得到了许多实惠。”“非常感谢联盟能与我们一起并肩作战，应对国外的专利诉讼!”……这些声音来源于2010年10月CSA第五次全体会议上的“真情告白”。如今，CSA已成为行业发展不可或缺的环节。“能做到企业认可的联盟并不多，而半导体照明联盟不仅为政府提供了大量服务，而且为企业做了许多实事，企业也很认同，非常难得。”两院院士师昌绪先生曾这样评价。此时，联盟合法性的获得主要体现在以下四个方面：

1. CSA 趋于成熟稳定，自身建设取得重大突破

（1）设立华南分中心，成为 CSA 在全国设立的首个分机构，深化与地方半导体照明产业及各利益相关者的合作与互动。这是 CSA 发展史，也是产业技术创新战略联盟发展史上的一个重要里程碑。

（2）成立“国家半导体照明工程研发及产业联盟指导委员会”，指导委员会共有 68 位成员，其中包括中科院院士和工程院院士 15 位，这一举措凝结了业界的顶级力量，有力地促进了 CSA 的发展。

（3）作为成员单位，发起并主导国际固态照明联盟，走国际化道路。这种联盟组织总部设在中国的不多，由我国主导则更少。经过近年的发展，ISA 取得了较大的进展：一是联盟组织得到较快发展，目前发展到的会员数量为 54 家，其中有 8 家协会及学会、15 家学术机构以及 31 家企业；二是成立了全球 SSL 战略研究规划、全球示范工程及“照亮世界之最”活动、全球高端技术人才培训网络、国际标准与检测方法、提升公众 SSL 意识在内的 5 个工作组；三是通过并发布了《国际半导体照明战略研发蓝图》第一稿；四是发布了第一个《全球各地区 SSL 产品最低性能规范（MPS）汇编》。这都是 CSA 通过 ISA 整合资源、推动行业发展的最佳体现。

2. 联盟成员满意度高，CSA 绩效得到提升

制度理论主张“正当性地位”（或称合法性地位）是组织间合作的原因（Oliver，1990），并且会影响合作网络的深化与整体绩效（Human & Provan，2000）。采用量表方式对 CSA 63 家成员企业进行联盟满意度与联盟合法性调查①，以 5 点量表计分，结果联盟满意度平均得分为 3.89、联盟合法性平均得分为 3.82。这在一定程度上说明，联盟成员

① 联盟满意度的测量采用了我国台湾学者陈世杰等（2006）的量表，该量表共有 4 个条目，如“整体而言，联盟的运作过程令我们感到满意”。联盟合法性借鉴熊会兵等（2010）对组织合法性的测量，选择并修改为 7 个题项，由成员企业对施测联盟的合法性进行评估，条目举例为“联盟由于社会公益行为获得较多的好评”。

单位对CSA有较高的满意度，也比较认同CSA具有合法性。在CSA绩效方面，以标准服务为例，CSA总共组织成员单位制定并发布了13项推荐性技术规范，这些推荐性技术规范在规范产品质量、引领产业创新、促进产业发展等方面的贡献已显现。并且，2011年7月国标委正式发布了《反射型自镇流LED灯性能要求》《反射型自镇流LED灯性能测试方法》《LED筒灯性能要求》和《LED筒灯性能测试方法》4个立项标准。这标志着由CSA发布的《LED筒灯》和《反射型自镇流LED照明产品》技术规范将升级为国家标准。

3. CSA行业资源整合优势越发明显

CSA已被科技部等八部委批准为36家试点的产业技术创新战略联盟之一，并主导在上游筹建“联合创新国家重点实验室”、在下游组建“半导体照明国家应用技术研发中心”。另外，在“十城万盏”半导体照明应用试点城市工作会议上，参与代表两次建议CSA牵头促进测试平台建设，一是“国家联盟要牵好头，积极组织和起草相对成熟的，有一定节能效果的相关应用产品的技术规范，以科学评价来引导产品开发与应用”；二是“建议下一步由联盟牵头，组织部分专家到各地做考察，再拿出具体的检测平台布局方案”。科技部高新司也明确了CSA在全国半导体照明检测平台发展的作用。这些事件，都体现了CSA在行业资源整合方面的作用与优势，表明了CSA已得到各方的认同。

4. CSA已成为产业技术创新战略联盟的标杆，已赢得了产业内外的广泛认同

CSA已成为国内外行业中最具凝聚力、影响力的机构。随着CSA服务水平的不断提高及与越来越多的组织有各种联系，CSA这种组织模式的有效性继续得到地方政府部门、各行业组织的认可与效仿。此一阶段，地方半导体照明产业联盟继续衍生，2010年上半年，南昌、潍坊、江苏三个地方产业技术创新战略联盟相继成立。2012年年初，新华社还将就国家半导体照明工程研发及产业联盟在推动我国科技体制改

革、营造公平技术创新环境、引导科技资源向企业集聚、加强创新产品市场推广等方面进行内参专文报道。

至此，CSA 的影响与日俱增，已成为我国半导体照明产业强有力的代表与权威机构，正成为国际半导体照明产业的最佳合作伙伴。正如吴玲主任说："一般哪个国家需要与中国开展半导体照明合作，第一个想到的组织便是 CSA，这种名声甚至超过了在国内的影响。"

第四节 案例讨论

一、联盟服务、多元网络互动与联盟合法性的获得

（一）联盟服务逻辑发展与多元利益关系者导向

第一阶段，联盟服务内容主要为行业信息、市场开拓、标准建设、合作创新、政策支撑等，其特征是俱乐部产品占主体、公共产品较为缺乏。这些联盟服务既有对决定性利益关系者的响应，又有对政府部门这一期待性利益关系者的回应。以决定性利益关系者为主体导向的联盟服务在当时是非常有必要的，使联盟内决定性利益关系者实现了集体行动。第二阶段，联盟服务开始俱乐部产品与公共产品供给并重，不仅推出了新的联盟服务，而且提升了联盟服务功能，体现了联盟决定性与期待性利益关系者导向的服务逻辑。此时，联盟不仅强化了决定性利益关系者间的关系，而且还发展了期待性利益关系者的联系，联盟生态系统得到扩展。第三阶段，联盟以多元利益关系者导向为服务逻辑，实现了联盟服务的定制化、品牌化与国际化。此时，联盟既强化了与决定性、期待性利益关系者的关系，又大量发展了与潜在性利益关系者（如美国光电产业发展协会、韩国光产业振兴会等）的联系。

为进一步探索联盟服务逻辑转变，本书对联盟服务的二手文本数据进行了内容分析。从表 3-6 可以看出，首先，联盟服务决策考量的先后

表 3-6　**CSA 三个阶段的联盟服务逻辑**

	服务内容	服务特征	所回应的利益关系者类型	条目数	合计	服务逻辑
第一阶段	行业信息、市场开拓、标准建设、合作创新、政策支撑	俱乐部产品供给为主	决定性利益关系者：成员单位，包括企业、高等院校、科研院所、中介组织	84	106	决定性利益关系者导向
			期待性利益关系者：政府部门	22		
第二阶段	行业信息、市场开拓、标准建设、合作创新、政策支撑、知识产权、人才培养	俱乐部产品与公共产品供给并重	决定性利益关系者：成员单位，包括企业、高等院校、科研院所、中介组织	159	244	决定性期待性利益关系者导向
			期待性利益关系者：政府部门，国内非成员单位同行，消费者，其他合作者	85		
第三阶段	行业信息、市场开拓、标准建设、合作创新、政策支撑、知识产权、人才培养、质量监督	服务定制化、品牌化与国际化	决定性利益关系者：成员单位，包括企业、高等院校、科研院所、中介组织	153	271	多元利益关系者导向
			期待性利益关系者：国内非成员单位同行，消费者，其他合作者	95		
			潜在性利益关系者：国外非成员单位同行，社会公众	23		
小计	—	—	—	441	601	—

顺序依次为决定性利益关系者、期待性利益关系者和潜在性利益关系者，指向各自的文本数据分别有396、202、23条，且无论哪个阶段都是优先体现决定性利益关系者；其次，在满足决定性利益关系者诉求的同时，联盟不断扩展与重视期待性利益关系者的诉求；最后，联盟服务逻辑逐步从决定性利益关系者为主体导向转变为多元利益关系者导向。对此，提出研究命题1：

命题1：联盟发展的过程是联盟服务回应不同类型利益关系者诉求的过程，其服务逻辑将从决定性利益关系者为主体导向向多元利益关系者导向转变，从而获得多元利益关系者的承认与支持。

(二)利益关系者导向与联盟生态系统演化

正是因为联盟基于多元利益关系者导向提供了大量的、不可替代的、有价值的联盟服务，终获得多元利益关系者的承认与支持，才使联盟发展为具备集体意识、共生互赖的联盟生态系统。第一阶段，联盟围绕决定性利益关系者提供联盟服务，并发展了部分期待性利益关系者的间接联系(如政府的牵线搭桥)，促进联盟生态系统的生成。间接联系不仅是组织的信息来源之一，而且是组织与更远的主体进行信息交流的渠道(Salman & Saives，2005；Ahuja，2000)，为下一阶段联盟生态系统的演化奠定了基础。但此一阶段，决定性利益关系者参与联盟服务的积极性、自觉性较低，偶尔的支持与反馈维系了CSA的存在与艰难探索。第二阶段，联盟服务不仅实现了产业内上下游的协调，而且形成了决定性与期待性利益关系者导向，使联盟占据了联盟生态系统当中的结构洞位置，进而能够不断扩展现有的联盟生态系统。此一阶段，联盟生态系统扩展主要得益于联盟拥有结构洞优势，由此可以接近许多不同的信息流，获得更多更新的非重复信息，并可以最低的成本来构建有效且信息富足的网络(Burt，1992)。第三阶段，联盟从成员单位间的合作互动逐步向联盟内外、国内外多元利益关系者的合作渐进，不仅实现了与多元利益关系者的网络互动，而且促使了生态系统成员间的交流合作，从而CSA形成了一个共同调适、建构集体规则以及能够自我维持、共生互赖的联盟生态系统。Ahuja(2000)认为，网络合作是一种具有机会与诱因的双元结构，机会来自合作伙伴数的增加，而彼此所积累的交易经验与合作关系也会抑制冲突的发生与增加未来合作的动机与方向。联盟生态系统的演化过程如图3-10所示。对此，提出研究命题2：

命题2：伴随着联盟服务从决定性利益关系者为主体导向向多元利益关系者导向的转变，联盟凭借间接联系与结构洞优势实现多元网络互动与集体规则构建，促使联盟生态系统经历生成、扩展与共生的演化过程。

(三)联盟合法性的三个层次

合法性理论指出，组织合法性问题的存在表明了组织的存在、结构和行为受到由其他组织及组织中行动者的观念、规范、价值等构成的制度环境的影响和制约，需要得到各利益关系者的认可和承认(Meyer & Rowan，1977；Dimaggio & Powell，1988；高丙中，2000；李国武，2007)。联盟合法性首先意味着需要得到各利益关系者的认可与接受，即是代表性。其次，组织合法性在组织的制度演进和应对社会环境变化中发挥着重要作用，可以反映总体的制度环境(Peng & Beamish，2007)。联盟合法性也意味着联盟这一组织可以反映制度环境及其变动，即为组织认同。最后，具有合法性的组织会被认为更具有价值、更可预测以及更加可信(Suchman，1995)，进而表现为拥有资源或对资源具有使用能力。联盟合法性更意味着能够获取与整合多元利益关系者的资源，即是资源动员能力。

代表性表明了联盟受到了各利益关系者的承认、支持，自发参与集体行动。第一阶段，联盟有限的间接联系才使小部分业内组织入盟；第二阶段，联盟处于结构洞位置，可以构建有效且信息富足的网络，越来越多的组织迫切加入联盟；第三阶段，联盟遵循多元利益关系者导向，

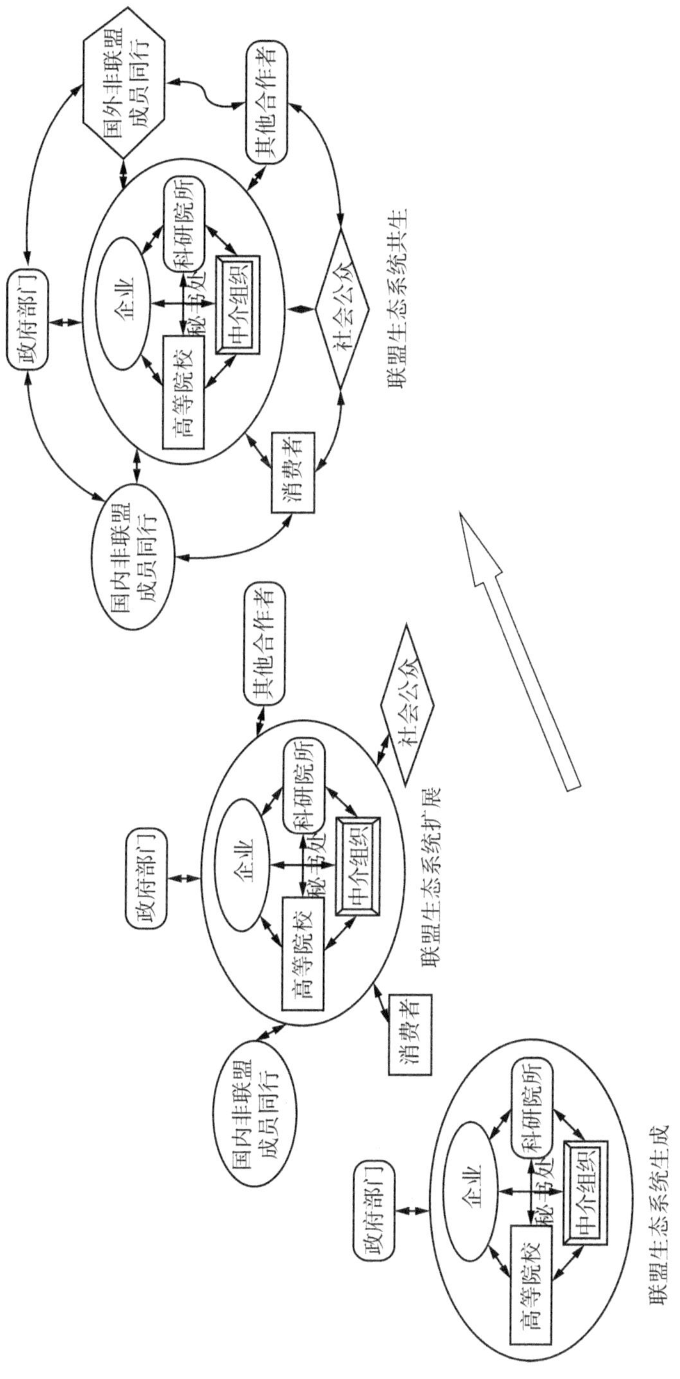

图3-10　联盟生态系统的演化过程

已成为国内外半导体照明行业的代表，并且能够自发参与联盟组织的集体行动。

组织认同表明了联盟这种组织模式已得到了多元利益关系者的认同与接受，逐步成为制度的标杆。网络理论提出，内聚力强的网络，特别可以成为可靠性的重要信息来源(Gulati，1995)。第一阶段，联盟仅是业界产学研服务和上中下游联动的纽带以及企事业单位与政府间联系的桥梁，是决定性利益关系者的基本认同与接受；第二阶段，各地方已开始意识到联盟这种组织模式的有效性，开始组建当地半导体照明产业联盟，是决定性与期待性关系者的认同与接受；第三阶段，联盟成为联盟组织的标杆，得到了业外的认可与模仿，新华社还就这种组织模式进行了宣传，是多元利益关系者的认同与接受。

资源动员能力是联盟顺从遵循多元利益关系者规范、准则、价值的最终结果，是构建集体规则、形成集体行动的最佳表现。第一阶段，联盟资源动员局限于依靠章程向成员单位收取会费以及政府部门的资助；第二阶段，除了联盟内成员会费与联盟外政府部门的资助外，成员单位的主动投入与捐赠成为联盟资源动员的重要来源；第三阶段，联盟资源动员能力有了显著增强，通过主导ISA实现了国际资源的集聚。正如Gulati(1995)所指出的那样，稳定的网络有助于声誉的建立与集体的行动，可以促进行为的顺从。

上述三个维度的组合可将联盟合法性区分为三个层次：初步合法性是决定性利益关系者的代表与初步认同，依赖规章制度与政府资助展现出弱的资源动员能力；有限合法性是决定性与期待性利益关系者的代表与广泛认同，通过规章制度与自觉自发形成中等的资源动员能力；充分合法性是多元利益关系者的代表与普遍认同，凭借自觉自发与积极主导形成强的资源动员能力。见表3-7。为此，提出研究命题3：

命题3：联盟合法性可操作化为代表性、组织认同与资源动员能力三个维度，并据此可分为初步合法性、有限合法性与充分合法性三种类型。

表 3-7　　　　　　　**CSA 的联盟合法性维度与类型**

CSA 发展阶段	维度			联盟合法性类型
	代表性	组织认同	资源动员能力	
第一阶段	决定性利益关系者的代表：小部分业内组织入盟。	决定性利益关系者的初步认同：业界产学研服务和上中下游联动的纽带；企事业单位与政府间的桥梁。	依赖规章制度与政府资助，弱的资源动员能力：联盟内成员的会费；联盟外政府部门的项目资助。	初步合法性
第二阶段	决定性与期待性利益关系者的代表：越来越多的国内组织迫切想入盟；受到了越来越多的海外组织的关注。	决定性与期待性利益关系者的广泛认同：地方半导体照明产业联盟的兴起；组织模式得到了业内的广泛认可及模仿。	依赖规章制度与自觉自发，中等资源动员能力：联盟内成员的会费及自觉捐赠；联盟外非成员的捐赠。	有限合法性
第三阶段	多元利益关系者的代表：CSA 成员涵盖了整个产业链，且多为知名组织；越来越多的海外组织入盟；国际合作的中国代表。	多元利益关系者的普遍认同：地方联盟的继续发展；CSA 成为联盟组织的标杆，得到业外的认可与模仿；组织模式得到了官方的认可与宣传。	自觉自发与积极主导，强的资源动员能力：联盟内成员的会费及自觉捐赠；联盟外非成员的捐赠；组建实验室与研发中心以整合国内资源；主导 ISA 以集聚国际资源。	充分合法性

（四）联盟合法性获得的演化模型

非营利组织的良性运作依赖于多力量参与合作（张沁洁，2007）。阶段一，联盟服务回应决定性利益关系者诉求，成员单位通过交流、共识进行互动，促进联盟生态系统生成，联盟获得初步合法性。阶段二，联盟确立决定性与期待性利益关系者导向，通过俱乐部产品与公共产品供给并重策略，不断扩大网络边界并促进决定性与潜在性利益关系者发生接触与合作，实现联盟生态系统扩展，联盟获得有限合法性。阶段三，联盟坚持多元利益关系者导向，通过联盟服务定制化、品牌化与国际化，使成员能够不断地保持碰撞、互动，并通过引进与发展新成员方式注入正能量，使联盟生态系统的自我组织行为达到自我维持(self-sustain)及正向回馈的效果(Anderson，1999)，进而具备自发性的集体意识及构建互动规则的能力，实现联盟生态系统共生，联盟获得充分合法性。可见，联盟基于不同逻辑的联盟服务，积极主动在网络中寻求各利益关系者的承认与支持，最终实现联盟生态系统的演化与联盟合法性的获得。值得注意的是，在以上阶段性演化过程中，联盟服务可得到联盟生态系统的反馈与联盟合法性的强化。如图 3-11 所示。综合以上讨论，提出研究命题 4：

命题 4：联盟合法性的获得具有阶段性，是联盟服务逐步确立多元利益关系者导向以获得其承认与支持，以及在此基础上联盟生态系统实现集体规则构建与共生以顺应社会系统规范的共同作用结果。

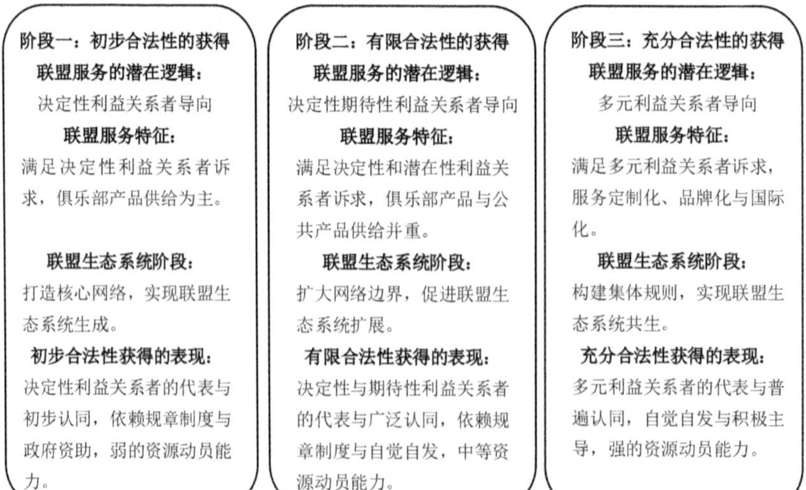

图 3-11　联盟合法性获得的演化模型

二、民族使命感的促进作用

Balabanist 等(2001)定义爱国精神为愿意为国家牺牲的承诺，而品牌和国家形象存在密切关系(Brouthers & Xu，2002)。笔者在直接参与观察研究过程中，发现民族使命感是 CSA 各项活动中经常被提及的共同心象与口号，在笔者 2010 年 5—8 月共 4 个月的直接参与时间里，民族使命感在不同的场合共出现了 15 次以上。如 2009 年 3 月举办的半导体照明产业及其企业创新发展座谈会，会议聚焦于半导体照明民族产业的发展问题，引发业内各组织的广泛共鸣，业内高管纷纷表态，“在经济转型的今天，如果没有品牌就无路可走。大家为什么不联合起来做一个有影响力的世界知名品牌呢？路难走，但必须走下去”。因此，“我们应该以尽可能快的速度把市场占有率做起来，把民族品牌培育出来”。与我国台湾地区的合作也在很大程度上源于发展民族品牌的情结，双方合作曾设计“一年交流、两年洽谈、三年合作”的目标与步骤，但双方合作远超过这一进度，两年之内已进入了实质性合作阶段。与台湾地区携手共同做大、做强产业，是为了共同打造世界级的半导体照明企业和品牌，增强华人半导体照明产业的国际竞争力。诸如“联合台湾地区、香港地区、新加坡及美国的华人……打造一个华人统治的新兴照明产业”类似的观点，在合作过程中经常被提及。事实上，“对于文化一脉相承、经济相互交融的海峡两岸来说，加强合作已是业界心之所向。”可见，民族使命感已然在华人半导体照明产业内形成了共同的心象。

CSA 在联盟服务提供与多元网络互动的过程中，民族使命感所代表的爱国精神及崇高目标是非常重要的润滑剂与纽带，从而促使了产业内各种力量的联合，使联盟在其中的作用更加突显，被认可、被接受亦变得更加自然有利。这与 Hofstede 等(2002)近期的观点非常相吻合。Hofstede 所带领的团队在分析了来自 15 个国家的 1800 位管理和专业人士之后，发现了 7 组不同企业家目标类别，其中爱国主义和以母国为荣名列其中 3 组的重要 6 项目标之一，其中顺序排最高的是中国大陆这一组，爱国主义和以母国为荣在 6 项目标排名第二。此外，Pelton 等(2001)及 Maltz(1995)均认为，许多战略联盟的失败，常因于伙伴间缺乏共享的目标。目标的一致性将有助于设定联盟合作的方向与建立合作的规则，并认同彼此共同创造出的新价值。因此，综合上述讨论，提出研究命题 5：

命题 5：在中国文化背景下，在新兴产业的发展过程中，民族使命感所代表的爱国精神有助于不同动机与不同目的的各种组织联合起来，使联盟组织更具有合法性。

三、联盟领导者的积极作为与贡献

在 CSA 自身发展、联盟服务提供与创新、多元网络互动和联盟合法性获得的过程中，联盟领导者(主要是秘书长吴玲与常务副秘书长阮军)的积极作为与贡献体现非常明显，他们是 CSA 与半导体照明产业发展的倡导者、呼吁者、组织者、推动者与创新者。

前文分析表明，联盟秘书处驱动联盟服务的条目共有 181 条，他们往往主导了联盟的各种服务，是联盟服务提供与创新实践的最为直接有力的推手。吴玲秘书长从海外归国，放弃了美国绿卡，执着于中国半导体照明产业的发展。CSA 各种联盟服务的提供，特别是联盟服务创新，在很大程度上都是来源于她的创意与理念。正如一位被访谈者所说："吴主任的想法特别多，她是旗手，现在到处为我们插旗(意指服务创新)，就看我们能否守住阵地了。"常务副秘书长阮军是复合型人才，既掌握了较全面的专业技术，又有丰富的管理经验，既能直接与产业技术专家直接交流对话，又能与产业内企业家共推各项合作。得益于这种人才安排，CSA 才能促使各组织创新与产业化合作并重，避免了科技与产业相脱节的通病。

除了在联盟服务中所呈现的积极作为，吴玲和阮军在多元网络中同样处于中心位置，拥有许多的结构洞与弱连接。Kanter(2002)指出，联盟的成功不可能通过正式系统加以“控制”得到，而是需要通过建立一个密集的人际关系网络强化其学习来取得。正是由于这种特质，促使了联盟内网络的迅速生成、联盟外网络的快速扩展，以及联盟整体网络的价值创造与升级。

得益于在联盟服务以及多元网络互动中的突出贡献，联盟领导者获得了成员的“效忠”与支持，进而从个人力量型样式向联盟合法性渐进。所谓个人力量型样式，是指非营利组织以组织者自己的个人力量，为成员争取合法利益，赢得会员的尊重，从而形成非营利组织与成员之间的服务与服从关系(郁建兴等，2004)。个人力量型样式的特点是组织者具有强烈的信念与责任感，已将这些工作看作自己“事业”的一部分，而不是为了简单生计，职位报酬在他们看来并不是那么重要(利普塞特，1993)。与以往的观点不同，本书中的联盟领导者不单表现个人力量型样式，而且更以此种样式为手段增进了联盟合法性。这主要是由于在CSA中，联盟领导人都是专职人员，他们并不代表任何单一利益者，也不为任何单一利益者谋求利益，他们具有明显的独立性、中立性以及非自利动机，他们为了产业整体利益而寻求事业的成就感，而不并同于索尔兹伯里等学者提出的政治企业家①，也不同于郁建兴等(2004)所指的温州商会会长②。因此，个人力量型样式与联盟合法性样式间往往可以很方便实现相互转换与交互强化。综合上述讨论，本书提出研究命题6：

命题6：联盟领导者的积极作为与贡献有助于联盟合法性的获得，个人力量型样式与联盟合法性样式间可相互转换与交互强化。

---

① 所谓政治企业家，是利益集团的组织者，这些政治家一方面愿意为集体行动担负必要的成本，另一方面也希望从政治行动中获得利益。

② 郁建兴等(2004)指出，商会会长往往有商会中的企业家兼任，当选会长可以很方便地见到当地的地方领导、表达会员和自己的意见、提出某些要求，在交易过程中更容易获得信任，也更容易得到银行贷款。

四、联盟秘书处的专职化建设

联盟秘书处是联盟服务提供与创新的第二重要因素，说明联盟秘书处在联盟发展过程中的重要作用。联盟秘书处之所以有如此多且具有建设性的服务创意，主要是因为CSA实现了联盟秘书处的专职化。较之以往企业间的战略联盟，联盟秘书处往往是依托于联盟中的一家龙头组织，其本身并不具有中立性、独立性与专业性。而CSA在发展过程中实现秘书处专职化建设的主要表现：一是秘书处设置在北京半导体照明科技促进中心，这是专业的第三方科技服务中介机构。中介机构本身所具有的非营利性、中立性与独立性，使秘书处保持了较为中立的、独立的、专业化工作状态，这在很大程度上获得了联盟成员的充分信任，使联盟在资源整合与利用上具有优势。二是秘书处工作人员专职化。目前，联盟秘书处工作人员共有专职人员5人，其中秘书长1名、副秘书长4名；其中拥有博士学位4人、硕士学位5人、学士学位15人；平均年龄33岁。这展现了CSA生机勃勃的气息与相对稳定的架构，一改传统上商协会秘书处是一个“养老场所”的印象，得到了联盟成员的肯定与认同，有效推进了联盟服务的顺利开展与联盟网络的互动。以往的研究认为，创建专门的联盟管理机构，有利于提高企业联盟活动的合法性，从而更容易获得内部人的支持，更有助于联盟的成功（Kale等，2001；Hoang & Rothaermel，2005）。可以说，本书从双边层次的观点拓展了以往企业层次的观点，增进了对专门联盟管理机构的认识与理解。综合以上讨论，提出研究命题7：

命题7：专职化的联盟秘书处有助于联盟服务的供给与创新，进而有利于联盟合法性的获得。

第五节 结论与展望

基于CSA八年发展历程的纵向案例研究，本章探讨了联盟合法性获得的一般过程与内在机制，构建了联盟合法性获得的演化模型，并发展了七个研究命题，在现有研究基础上取得了以下进展：

(1)将联盟合法性发展为代表性、组织认同与资源动员能力三个维度，弥补了现有关组织合法性研究缺乏可操作的问题。一些学者提出对组织合法性的研究应该着重解决概念的可操作性问题(李燕萍，吴绍棠，杨婷，2012)。由于缺乏可操作可测量的工具，阻碍了组织合法性研究的发展，正如 Peng 和 Beamish(2007)所指出的，合法性如果带有可操作性，就可能有更多的解释力。为此，本书结合利益关系者理论与合法性理论框架，通过案例构建将联盟合法性发展为代表性、组织认同与资源动员能力三个维度，在一定程度上解决了组织合法性缺乏操作化的问题。

(2)将联盟合法性区分为初步合法性、有限合法性与充分合法性三种类型，丰富了对组织合法性类型的研究。已有许多学者区分了组织合法性的不同类型(Aldrich & Fiol，1994；Suchman，1995；Ruef & Scott，1998；Human & Provan，2000；Dacin 等，2007)，如 Dacin 等(2007)从制度化理论的角度提出了联盟中组织的五种合法性类型，分别是市场合法性、关系合法性、社会合法性、投资合法性和联盟合法性；国内学者高丙中(2000)从承认主体出发，系统地提出了社团合法性的四种类型，包括社会合法性、法律合法性、政治合法性和行政合法性。这些分类体系均在一定程度上割裂了组织合法性作为“满足和顺应社会系统的规范、价值观、期望和意义”(Hirsch & Andrews，1984)的整体意义，要么关注合法性的基础，要么聚焦合法性的结果。本书则克服以上局限，既把握合法性的基础与结果，又关注联盟合法性整体的本质意义，基于三个操作化维度区分为初步合法性、有限合法性与充分合法性三种类型，也是三个层次。

(3)构建了联盟合法性获得的演化模型，深化了组织合法性获得过程与获得机制的理论研究。尽管一些学者指出了组织合法性的影响因素或基础(高丙中，2000；郁建兴等，2004；Tornikoski & Newbert，

2007），但却未能考察组织合法性获得的过程，对联盟这种虚拟联合组织的合法性是如何获得的仍不清楚。为此，本书构建了联盟合法性获得的演化模型，揭示了联盟服务与联盟生态系统的共同演化作用联盟合法性获得的机制与一般过程，增进了对联盟合法性获得过程与内在构建机制的理解，深化了组织合法性的理论研究。并且，本书提出多元利益关系者导向是联盟服务发展与联盟生态系统演化及相互作用的内核，这为组织合法性的研究提供了新的理论视角。

本书研究结论对于当前产业技术创新战略联盟的发展和微观组织参与联盟的决策与行动具有一定的现实指导价值。对于产业技术创新战略联盟来说，联盟服务首先需要回应决定性利益关系者的诉求，进而实现多元利益关系者导向与互动，向联盟生态系统注入新能量，构建集体行动规则，实现联盟生态系统的演化，以获得不同类型利益关系者的承认与支持，从而获得合法性地位。在追求合法性过程中，联盟需要多元利益关系者积极参与，形成一个共同调适、自我维持、共生互赖的生态系统，进而创造更大的网络价值，实现联盟合法性的升级。对于微观联盟成员而言，要积极参与和回应联盟服务，支持与扩展联盟生态系统，才能从中获得更大的利益回报。

当然，作为探索式的案例研究，本书研究的理论命题及构建的理论框架还有待在未来开展更为充分的实证研究，进一步证实、修改与完善研究结论的一般性意义。

第四章　联盟合法性认知对企业创新影响的研究设计

前文已经就本书的第一个问题进行了深入的案例研究，并发现联盟合法性获得的结果或表现是多元的，这包括联盟合法性将促使联盟发展更多的成员组织，从而不断扩大联盟网络，增加成员组织的联盟网络多元性；联盟合法性将促使成员组织相互交流并加强相互间的学习与合作，形成并发展更多的联盟信任；联盟合法性将提升成员组织参与联盟的能力。因此，联盟合法性与联盟网络多元性、联盟管理能力、联盟信任紧密相连，并将共同影响成员组织的活动，如创新活动等。但值得注意的是，尽管联盟合法性是联盟层次，但成员企业对某一产业技术创新战略联盟合法性的判断都是一种认知。因此，应关注企业的联盟合法性认知对其创新的影响，包括直接影响与间接影响。

第一节　研究模型

以往企业间的战略联盟往往是虚拟组织，而如今许多产业技术创新战略联盟已开始实体化，但这种实体化又异于企业间的垂直整合，这种差别体现在联盟基础仍然是独立组织间的虚拟联合，但其常设机构则开始实体化运作，典型表现为其联盟秘书处工作人员已专职化、尝试主导组织建设产业联合创新实验室等，以整合产业内的创新资源。但在我国目前的法律法规体系框架下，产业技术创新战略联盟尚难取得(或尚没有）有利于其实体化发展的法律实体地位，是“非法组织”。因此，随着产业技术创新战略联盟的进一步发展，对其合法性的需求显得尤为突出。Dacin 等（2007）的研究表明，联盟的社会性、象征性和信号性特征能够为参与组织提供各种类型合法性的来源，而这种合法性本身就是一种能够产生显著经济竞争力的战略资源，为此，组织总是通过战略联盟的形式追求着合法性。然而，学术界鲜有研究产业技术创新战略联盟合法性获得的问题，也缺乏从联盟合法性角度探讨其对成员企业创新的影响机制。事实上，作为外部制度环境的映射，联盟合法性不仅将影响着联盟整体及联盟成员的行为与行动，而且对于社会变动中的新兴事物与规范、秩序的关系具有强大的解释力（高丙中，2000；郁建兴等，2004）。

一、联盟合法性认知对企业创新的直接影响

制度理论认为，组织合法性对帮助组织获取资源（Kumar & Das，2007）、控制反对力量（Patriotta 等，2010）、减少问责制的要求（Peng & Beamish，2007；李燕萍，吴绍棠，杨婷，2012）以及保持组织成员的承诺（Dacin 等，2007）等都有着积极的作用，是获得竞争优势的重要来源（杜运周等，2008；Dewaelheyns 等，2010；苏晓华，王平，2011）。组织合法性不仅有助于理解组织与内外部环境的关系，而且对于组织成员的行为与表现具有强大的解释力（高丙中，2000），但对创新的影响路径却尚未厘清。联盟成员对某一既定产业技术创新战略联盟的合法性认知将影响成员间合作。联盟成员若拥有高的联盟合法性认知，一方面可以减少搜寻合作伙伴的成本，帮助联盟成员间相互吸引（Dacin 等，2007），达成合作共识；另一方面有助于提高合作双方集体行动效率，防范集体行动方面出现的问题（Tornikoski & Newbert，2007），也更容易获得自联盟网络中的创新资源。因此，联盟合作性认知将作为联盟关系治理的一种非正式控制机制，对联盟成员的行为或行动起到保护作用或变得“名正言顺”。为此，本书引入联盟合法性认知这一构念，讨论联

盟合法性认知在影响企业创新过程中所扮演的直接角色。

二、联盟合法性认知的间接影响：联盟管理能力与企业创新

近十年来，在知识经济的影响下，出现了一个探讨联盟对组织绩效影响的重要逻辑——知识基础观点(knowledge-based view)(Grant & Baden-Fuller，1995)。此观点主要以知识为基础，解释组织通过知识转移、转换、利用与创造，提升组织绩效，尤其是创新绩效(Inkpen & Tsang，2005)，已成为组织研究中不可忽略的论点(Nickerson & Zenger，2004)。如今，获取外部创新资源成为组织实现重大技术创新的关键(Jiang等，2010)。Astra Zeneca公司首席执行官Tom McKillop甚至认为，“99%令人兴奋的想法都出现在研究室之外”(Escribano等，2009)。联盟是组织获取外部创新资源的重要途径(Inkpen，2000)，特别是在以知识流动、转移与再创造为显著特征的产业技术创新战略联盟当中，联盟成员不仅能够获取联盟伙伴外显的创新资源，而且能够获得重要的内隐性知识(Rodan & Charles，2004)与异质的互补知识，进而有助于联盟成员的技术创新与知识创造(Duysters等，2012)。既然联盟能力能为企业绩效带来积极的影响，那么在产业技术创新战略联盟网络中，联盟管理能力能否为企业创新绩效带来积极的影响呢？如果回答是肯定的，那么进一步地，这种内在的影响机理为何？这正是当前我国实施创新驱动发展战略、建立以企业为主体的技术创新体系、促进产学研协同创新亟待回答的理论命题，但现有研究对上述命题却未有回应。为此，本书聚焦联盟管理能力对企业创新的影响，并关注联盟合法性认知、外部知识获取在其中的角色，以揭示联盟合法性认知在联盟管理能力影响企业创新过程中的间接作用。

三、联盟合法性认知的间接影响：联盟网络多元性与企业创新

网络理论(network theory)学者曾主张，组织间联盟关系可被视为一种“联盟网络”(Das & Teng，2002；Koka & Prescott，2002)，这样的联

盟网络由联盟成员以及正式且持续性的联盟成员间关系所组成(Dyer & Singh，1998)。所有形成联盟的组织皆嵌于其所建立的联盟网络之中，通过彼此合作以创造价值，也由于组织嵌于其所建立联盟网络中，因此组织的行为与绩效皆会受到联盟网络特质影响(Das & Teng，2002；Koka & Prescott，2002)。其中，联盟网络多元性是联盟网络当中最为重要的结构与特质。过去以网络理论来分析联盟网络多元性对联盟绩效影响的研究中，虽然已有少数学者提及联盟网络多元性为企业带来了利益与约束，进而对企业创新产生影响(Ahuja，2000；Stuart，2000)，但对于整个影响路径却未能厘清(翁瑞宏等，2007)。

联盟网络被视为介于市场或科层组织间的非正式组织(Williamson，1975、1985、1991；Thorelli，1986)，其基础为“信任合作”(Sabel，1992)。此外，沟通学派的观点亦认为，联盟的运作以及联盟绩效除了受到联盟成员资源投入的影响外，伙伴间的沟通、互动与信任更扮演积极而重要的影响角色。特别是在目前外部惩戒力度有限的制度环境下，建立和发展内部信任对于产业技术创新战略联盟来说可能更为重要和迫切(李新春，2006)，这样才能充分利用联盟网络中日益广泛多元的资源、知识与信息，实现合作创新与创新绩效的提升。可以说，建立信任合作关系的网络对创新具有关键作用(Camagni，1991)。为此，本书聚焦联盟网络多元性对企业创新的影响，并关注联盟合法性认知、联盟信任在其中的角色，以揭示联盟合法性认知在联盟网络多元性影响企业创新过程中的间接作用。

基于以上分析讨论，建立联盟合法性认知对企业创新的实证研究模型，包括三个子研究：(1)联盟合法性认知对企业创新的直接影响，包括外部知识获取的中介作用；(2)联盟合法性认知对企业创新的间接影响，即联盟合法性认知在联盟管理能力通过外部知识获取对企业创新的影响中所到的调节作用；(3)联盟合法性认知对企业创新的间接影响，即联盟合法性认知在企业的联盟网络多元性通过联盟信任影响企业创新中所起到的调节作用。具体的研究模型如图 4-1 所示。

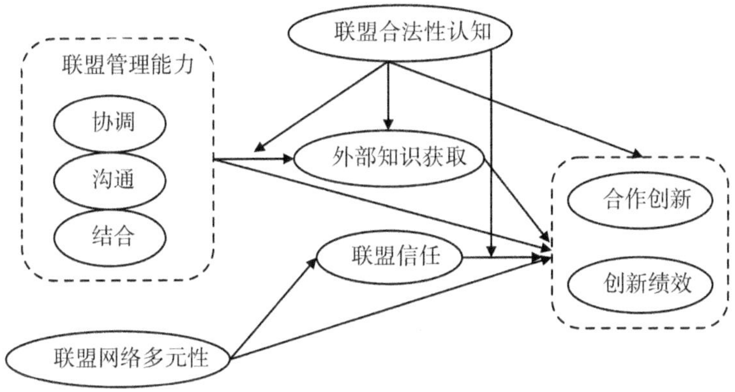

图 4-1　实证研究模型

第二节　研究假设

一、联盟合法性认知对企业创新的直接影响

（一）企业的联盟合法性认知与创新

对于产业技术创新战略联盟而言，是否具备合法性，依赖于联盟成员的承认、认可。依据组织合法性的定义，本研究将企业的联盟合法性认知发展为，企业对某一既定产业技术创新战略联盟的行动或行为在社会系统所规定的规范、价值和信仰范围内是可信的、适当的、可取的、正确的、普遍被接受的一种认识、感知与态度(Suchman，1995)。不同于企业间虚拟的战略联盟，产业技术创新战略联盟对联盟合法性有着强烈的追求。一方面，具有合法性的产业技术创新战略联盟更有能力吸引高质量的联盟伙伴，减少搜寻合作伙伴的成本，也能更有效地利用联盟伙伴的高价值资源(Dacin 等，2007；Dewaelheyns 等，2010；苏晓华，王平，2011)；另一方面，具备合法性的产业技术创新战略联盟往往能

够自我复制，不必在集体动员方面投入很多的精力和花费很多的成本（Patriotta 等，2010；Tornikoski 等，2007）。此外，组织合法性有助于组织行为的制度化进程、便于获取资源以及规避组织运营风险，是企业获得竞争优势的重要来源（Oliver，1997），将有利于提高组织的绩效。Dewaelheyns 等（2010）以 96 家看护中心为样本，实证了对合法性的追求影响了看护中心的运营效率，表明了合法性有助于改善非营利组织的绩效。因此，在以产业技术创新为目标的产业技术创新战略联盟中，成员企业对联盟的合法性认知将使成员间的资源交换、合作、关系管理、集体行动、规避风险变得有保障且“名正言顺”，从而有助于促进联盟企业的创新，既包括促进企业与其他成员的合作创新，又包括提升企业创新绩效。基于此，提出研究假设：

假设 1a：企业的联盟合法性认知对其合作创新具有显著的正向影响；

假设 1b：企业的联盟合法性认知对其创新绩效具有显著的正向影响。

（二）联盟合法性认知与外部知识获取

作为实现联合创新的一种战略联盟，产业技术创新战略联盟旨在为联盟成员打造一个获取联盟伙伴外显的创新资源、重要的内隐性知识（Mowery，1996）、异质的互补知识的平台。然而，联盟成员在此平台中能否实现对联盟伙伴的外部知识获取，能否实现资源整合与创新互动，有着多种制约因素，如成员企业自身的能力与动力、联盟伙伴的能力与意愿、联盟治理因素等。其中，以代表各方、各成员单位对联盟承认、认可、支持的合法性是重要因素。正当性理论认为，具有合法性的组织会被认为更具有价值、更可预测以及更加可信（Suchman，1995），而组织行为的有效性取决于行为者拥有的资源和对资源的使用能力等因素，这将有利于获取资源、整合资源。组织合法性是一种“能够帮助组织获得其他资源的重要资源”，在允许组织获取关键资源，如技术、经济、社会资本、市场、合作伙伴和顾客等方面发挥了关键作用(Aldrich & Fiol, 1994; Zucker, 1987; Zimmerman & Zeitz, 2002),其作用不亚于资本、人力资源、顾客意愿、工艺技术以及网络等,缺乏合法性行为的组织很难吸引到员工、供应商、分销商或投资者。基于此,提出研究假设:

假设2: 企业的联盟合法性认知对外部知识获取有显著的正向影响。

(三)外部知识获取与企业创新

Astra Zeneca公司首席执行官Tom McKillop认为,"99%令人兴奋的想法都出现在研究室之外"(Escribano等,2009)。企业自联盟网络获得有效的知识,则可以让企业抓住重要的产品与技术的信息,并采用适当方法进行知识结合,促进新产品与服务项目以及新技术的应用(Bell, 2005)。Yli-Renko等(2001)指出,外部知识的获取可以通过三个途径来增加新产品开发:(1)增强企业内部知识的深度与广度;(2)增强产品发展的速度;(3)增强新产品发展的意愿。Almeida和Phene(2004)也指出,多元异质性的知识将提升组织各种专业人员知识合并的机会与能力,而外部知识获取即是组织内部所产生的多元异质性知识,将有助于与联盟伙伴的合作创新。可以说,着眼于技术创新的产业技术创新战略联盟,通过聚集创新资源,提高成员企业对外部知识的获取,将进而有助于提升企业创新绩效与促进合作创新(Hardy, 2003)。基于此,提出如下假设:

假设3a: 外部知识获取对企业合作创新具有显著的正向影响;

假设3b: 外部知识获取对企业创新绩效具有显著的正向影响。

(四)外部知识获取在联盟合法性认知与企业创新中的中介作用

创新是企业通过现有知识与其他来源知识合并,而对现有知识产生创新利用的能力与过程(Kogut & Zander, 1992)。Nonaka和Toyama(2003)指出,组织是否能够具有良好的创新绩效,关键在于是否能通过外部组织获取创新资源。在具有合法性的产业技术创新战略联盟当中，产业技术创新战略联盟“名正言顺”“有位才有为”，将为联盟成员的行为或行动起到保护作用，联盟成员不仅将从中获取各种创新资源与异质知识，而且由于这种保护作用使成员间的合作创新变得有保障，在一定程度上可以替代联盟成员间信任的功效。换言之，联盟合法性认知将作为联盟信任的替代机制作用于企业创新。反之，若不具备合法性的产业技术创新战略联盟，则联盟成员间的行为或行动将不再受到合法性、规范性、秩序性的约束与调节，此时成员间的合作创新则更加依赖于联盟关系治理，显然不利于企业从联盟中获取知识与实现联合创新。因此，企业的联盟合法性认知将促进企业更有动力从产业技术创新战略联盟网络中获取各种创新资源，进而促进企业创新，包括提升企业创新绩效、实现合作创新。可以认为，企业的联盟合法性认知除了有可能对企业创新产生直接影响外，亦有可能会通过外部知识获取的中介作用对企业创新产生影响。基于以上讨论，提出如下假设：

假设 4a：外部知识获取在企业的联盟合法性认知对其合作创新的影响中具有中介作用；

假设 4b：外部知识获取在企业的联盟合法性认知对其创新绩效的影响中具有中介作用。

二、联盟合法性认知的间接影响：联盟管理能力与企业创新

（一）联盟管理能力与企业创新

联盟管理能力，即组合他们资源和知识并进行恰当整合的能力，是与确认、重组和排列主要联盟任务的能力联系在一起的（Hardy，2003），被广泛地认为是企业竞争优势的来源（Dyer & Singh，1998；Ireland 等，2002）。Schreiner 等（2009）指出，联盟管理能力是组织处理与管理单一联盟中成员间关系的一种能力，可以包括协调、沟通和结合三个维度。企业具有较高的联盟管理能力，意味着企业在联盟活动的协调、沟通和结合方面具有较好的表现（Schreiner 等，2009）。此时，企

业不仅已经制定了协调联盟成员关系的制度，而且将尽力保持与联盟成员需求的及时联系，另外，企业也了解联盟成员的真正需求，关心联盟成员的利益。其结果可能是，企业将愿意且降低联盟成员对于本身知识的防御心态，提升联盟成员彼此间知识分享的意愿，进而提升企业自联盟网络获取知识的成效。产业技术创新战略联盟是由异质组织所组成的，由于产业共性技术所具有的非营利性、共享性等特点，追求产业共性技术的合作创新是应有之义。基于此，提出假设：

假设 5a：联盟管理能力对合作创新有显著的正向影响。

假设 5b：联盟管理能力对创新绩效有显著的正向影响。

(二)联盟管理能力与外部知识获取

产业技术创新战略联盟容易集聚各种创新资源，最终形成政府、企业、高校、科研机构优势互补(陈继勇等，2010)。若企业具备联盟管理能力，意味着企业有较充足的能力来管理与联盟伙伴间的互动关系，进而对企业与联盟伙伴间的关系特质产生正向的影响。企业与联盟伙伴的紧密互动，使企业与伙伴合作上拥有较多的协调、沟通和结合等，将进而增进两者间的满意与信任，有效降低伙伴对于组织投机行为的预期心理(Johnson 等，2004)，强化组织间知识交换的密度、频率、广度与深度，有效提升企业自联盟网络获取的知识(Kogut & Zander，1996；Yli-Renko 等，2001)。基于此，提出假设：

H6：联盟管理能力对外部知识获取有显著的正向影响。

(三)外部知识获取在联盟管理能力与企业创新中的中介作用

组织行为的有效性取决于行为者拥有的资源和对资源的使用能力等因素。作为企业参与联盟的一种重要能力，联盟管理能力会强化伙伴间关系来缓解外部环境所带来的不利影响，使得企业与联盟伙伴间关系越来越紧密，进而提升双方的沟通与合作知识分享的意愿；也会改善自联盟中获取资源的使用能力，提高企业自联盟取得知识的效率(Min &

Mitsuhashi，2012）。并且，通过外部知识取得，企业可有效增加内部知识的积累并强化既有知识利用的能力（Barton，1995）。若企业自联盟网络中有效获得知识，则可采取方法进行知识的利用与创造，进而实现企业创新。可以说，在产业技术创新战略联盟中，企业通过强化联盟管理能力，提高企业对外部知识的获取，有助于提升企业创新绩效与促进合作创新（Hardy，2003）。基于以上讨论，提出假设：

假设 7a：外部知识获取在联盟管理能力对合作创新的影响中具有中介作用；

假设 7b：外部知识获取在联盟管理能力对创新绩效的影响中具有中介作用。

（四）联盟合法性认知在联盟管理能力与外部知识获取中的调节作用

制度理论指出，联盟是一种中长期的制度安排（Parkhe，1993；Mohr & Spekman，1994；Gulati，1998），联盟伙伴的互动将依他们任务的性质或资源独立性基础之上的不同联盟形势而变得不同（Gulati & Garguilo，1999），这意味着企业在联盟中的表现与收益是高情境化的，与联盟形势密切相关。正当性理论指出，组织合法性意味着组织的存在、结构和行为受到由其他组织及组织中行动者的观念、规范、价值等构成的制度环境影响与制约（李国武，2007；Dimaggio & Powell，1988；Meyer & Rowan，1977）。企业对某一联盟具有合法性认知，表明该行动者的结构、行为等受到了联盟及成员观念、规范、价值等构成的环境影响，也意味着该行动者将认定联盟伙伴的行为是可信的、适当的、可取的、正确的、可被接受的。其结果是，联盟合法性认知成为了保护与促进联盟成员间合作互动的一种联盟情境、一种联盟形势，使成员间的资源交换、合作、关系管理变得有保障且“名正言顺”（Dewaelheyns，2010）。前文已推论企业的联盟管理能力对外部知识获取有显著的正向影响，这种关系必然深受联盟合法性认知的调节。基于这些讨论，提出研究假设：

假设 8：联盟合法性认知在联盟管理能力对外部知识获取的影响中具有调节作用，即具有高的联盟合法性认知，联盟管理能力对外部知识获取的影响更显著；具有低的联盟合法性认知，联盟管理能力对外部知识获取的影响更微弱。

三、联盟合法性认知的间接影响：联盟网络多元性与企业创新

(一)联盟网络多元性与企业创新

战略联盟的出现，为联盟成员创造出一个良好的创新资源整合平台，给予了联盟成员整合联盟伙伴知识的最佳机会(Hardy 等，2003)。网络理论学者曾主张，战略联盟可被视为一种“联盟网络”，这种联盟网络由联盟成员以及正式且持续性的联盟成员间关系所组成(Dyer & Singh，1998)，而联盟成员都将嵌入于其所建立的联盟网络之中，正因为如此，联盟成员的行为与绩效皆会受到联盟网络特质的影响(Dyer & Nobeoka，2000；Baum 等，2000)。

Goerzen 和 Beamish(2005)以及 Owen-Smith 和 Powell(2004)从信息与知识的角度定义了联盟网络多元性，认为一个联盟网络能提供较多的异质性与多样性的信息或知识，则该联盟网络的多元性则越高。因此，当一个联盟当中拥有更多的联盟伙伴、处于不同产业位置、位于不同地区、拥有不同性质的伙伴时，联盟网络当中会存在多种多样的信息、经验或知识，这样将会促使联盟网络中伙伴间的相互了解与互动，进一步激发伙伴间的深层次的创新合作需求，从而产生联盟伙伴间的合作创新行为。由此可以推论，联盟网络多元性将会促进成员企业的合作创新。

相反地，一些学者则主张联盟网络多元性会给成员间关系带来不利的影响。随着联盟网络多元性的增加，伙伴间的冲突将增加，沟通与学习障碍也将出现(Niederkofler，1991；Goerzen & Beamish，2005)。而这样的冲突与障碍不仅会限制联盟伙伴间各种异质性技术与专业的获取，

而且对合作创新将带来直接的负面影响。并且，联盟网络越是多元，伙伴间差异越大，越需要花费更多的时间和精力去选择、评估合适的合作伙伴以避免合作研发过程中的失败，这将严重影响到成员间的合作创新。此时，联盟网络多元性将会抑制联盟伙伴间的合作创新。综合以上讨论，提出两个对立的假设：

假设 9a：企业的联盟网络多元性对其合作创新有显著的正向影响；

假设 9b：企业的联盟网络多元性对其合作创新有显著的负向影响。

组织间的合作是整合组织外部知识的有效机制（Grant & Baden-Fuller，1995），与其他组织联盟是组织外部知识获取、创造以及应用的关键途径（Hardy 等，2003）。组织间的合作与联盟可视为一种由许多知识渠道组成的知识网络，在这种知识网络当中存在着各种直接联系与间接连接，这些联系在一定程度上就是一种多元特质。一些学者指出，多元性是一种重要的网络特质，对组织创新有着深刻的影响。如 Burt（1992）认为，联盟成员如果能具有多元性的连接，则越能为联盟成员带来多元且非重复性的技术、组织运作等信息；又如 Koka 和 Prescott（2002）指出，如果联盟成员与其联盟伙伴分处于不同的技术类别或产业，则伙伴较能提供差异性的生产、营销、研发等组织运营所需的管理方式与技术给联盟成员。总之，多元性会为组织带来多元化的技术（Powell 等，1996），这些多元性知识可以有效提升组织进行创新活动时的决策质量（Beckmann & Haunschild，2002）。此外，联盟网络多元性将有利于组织创意产生（Rodan & Charles，2004），因为多样的异质性网络可以让整个网络中的行动者较易发现环境中的新机会与资源，强化网络内所有行动者对于创新机会认知的能力（Granovetter，1992）。

然而，随着联盟网络多元化加深，组织与联盟伙伴间的冲突也将随之增加（Niederkofler，1991）。这种冲突的增加将可能造成双方沟通的障碍，进而限制各种异质性技术与专业知识的获取。已有一些研究指出，联盟网络多元性为组织创新带来了负面影响。譬如，Goerzen 和 Beamish

(2005)的研究表明，当联盟网络多元性达到某个临界点时，组织将很难有效管理其所在的联盟网络，进而影响了联盟网络多元性对组织创新所带来的正向影响，更表现为一种负面作用。基于以上推论，提出两个对立假设：

假设10a：企业的联盟网络多元性对其创新绩效有显著的正向影响；

假设10b：企业的联盟网络多元性对其创新绩效有显著的负向影响。

(二)联盟网络多元性与联盟信任

跨组织关系的相关文献对信任内涵的定义大致包括两类(Zaheer等，1998)：对他人行为的可预测性的信心，或对他人善意的信心。如Hosmer(1995)定义信任为“预期其他个人、群体或公司会采取道德上的正当行为”，又如Mayer等(1995)认为，信任是“无论是否能监督或控制，一方由于预期另一方会采取特定的行为，愿意承受可能被另一方伤害的风险”。

在联盟整个生命周期内，信任是一个不断演化、不断发展的过程(Andrew & Steven，2004)。一些学者区分了联盟中信任的影响因素类型。如素潘镇和李晏墅(2008)将影响联盟信任水平的因素分为两类：伙伴结构特征和互动特征。其中，伙伴结构特征包括共同愿景(Anderson & Weitz，1990)、资源互补(Harrigan，1985；Dyer & Singh，1998)；在伙伴互动方面，充分的正式和非正式交流处于重要的位置，一方面，可以提高信息的不对称性，防止信息被扭曲，进而增强伙伴之间对于目标、任务以及责任的理解(Mohr & Spekman，1994)，从而能够提高伙伴间的善意信任水平；另一方面，充分的交流有助于营造良好的合作气氛，并可以建立和发展良好的工作关系与私人友谊(Anderson & Weitz，1990)，也能够提高伙伴间的信任水平。此外，信息共享也是影响联盟信任的重要的伙伴互动因素，如刘学等(2008)对我国制药产业研究开发联盟的研究表明，持续性预期、信息共享有助于增进信任。

作为联盟网络的重要特质，联盟网络多元性意味着伙伴越具有差异性，特别是高校、科研机构与企业都有着各自的目标价值取向，此时将难以形成共同愿景，不利于联盟信任的形成；然而，联盟伙伴越具有差异性，联盟网络中就越具有异质性的知识或信息，这将有助于联盟伙伴间实现资源互补，从而有利于促进联盟伙伴间发展联盟信任。从伙伴结构特征来看，联盟网络多元性对联盟信任的影响方向尚不清楚。从联盟伙伴的互动或行为特征看，多元化的联盟网络拥有更多的联盟伙伴、性质不同的伙伴、处于不同区域的伙伴、处于不同产业链位置的伙伴，因而网络中存在伙伴之间实现契合与匹配的可能性；然而，这一过程却需要耗费较高的成本和较多的时间，这对联盟信任的影响是不利的。可见，联盟网络多元性对联盟信任的影响方向仍然难以明确。因此，提出两个对立的假设：

假设 11a：企业的联盟网络多元性对联盟信任有显著的正向影响；

假设 11b：企业的联盟网络多元性对联盟信任有显著的负向影响。

（三）联盟网络多元性、联盟信任与企业创新

联盟信任有助于促进联盟成员间的合作创新。首先，信任有利于达成关系承诺，维持合作关系。有实证研究表明，信任对于联盟的关系承诺有着积极的作用（潘镇，李晏墅，2008），而 Moorman 等（1992）则提出，信任是促成关系承诺的前因变量。组织未来与联盟伙伴是否有继续合作的意愿乃是目前对伙伴信任程度的反射，当组织对伙伴越信任时，越愿意未来与伙伴维持合作关系（Aulakh 等，1996）。其次，信任可以降低成员企业的保护行为。一项基于 213 家参与联盟合作的企业的调查研究，结果表明合作伙伴间的信任可以在一定程度上降低企业的知识保护行为（邢子政等，2008）。再次，当外部环境发生变化时，信任有利于促使合作各方采取积极态度，推动突变战略决策的形成，进而降低创新活动的风险（Hill，1990）。一项以我国制药产业研究开发联盟为对象

的研究发现，技术的不确定性越高，信任对联盟绩效的促进作用越显著（刘学等，2008）。由此可以推论，联盟信任对合作创新有显著正向影响。

前文已经指出，联盟网络多元性对联盟信任与合作创新均可能存在正向影响，也可能存在负向影响，但无论如何，联盟网络多元性对联盟信任与合作创新的影响是存在的。作为正式约束的补充或替代，信任通过在联盟内部建立起了一种社会化保护机制提高了联盟的治理效率（Gulati，1995；刘学等，2006）。特别是当处于一个多元化的联盟网络中时，联盟成员将会接触到更多差异化的知识或信息，但要获取和充分利用这些知识或信息就越需要这样一种保护机制，以抑制合作伙伴的机会主义倾向与“搭便车”行为，同时减少相互之间的沟通和协调成本（Parkhe，1993）。信任促使联盟成员间形成强烈的长期合作意愿，进而有助于充分挖掘与利用联盟网络当中的知识或信息以提高对合作创新成功的预期；或者是降低多元异质知识对于合作创新的负向影响，起到一种保护的作用。这在某种程度上意味着，联盟信任将在联盟网络多元性与成员企业合作创新行为之间起到桥梁作用。因此，提出如下假设：

假设 12a：联盟信任在联盟网络多元性与合作创新中具有中介作用。

以往研究关注信任对联盟绩效的影响，并且一些实证研究已证实了信任对于联盟绩效的积极作用。如 Anderson 和 Narus（1990）发现，在制造商与经销商的联盟伙伴关系中，无论是制造商对经销商还是经销商对制造商，只要两者具有高信任关系，则伙伴间关系的满意度也高，信任与满意度存在着显著的正相关。又如一些学者指出，如果组织认为其联盟伙伴是真诚相待并值得信任，那么一方面可降低联盟过程中的监督成本（Parkhe，1993；Shamdasani & Sheth，1995），另一方面则可提升其在联盟过程中的组织学习（Cullen，Johnson & Sakano，2000），进而有利于提升其任务绩效。此外，一些案例研究也发现，信任有助于提升联盟绩效水平。Kotabe 等（2003）研究了美日两国汽车的供应联盟，发现信任度较高的联盟往往会产生高绩效。在对组织技术创新的影响方面，联盟信任同样具有非常重要的作用。一些研究表明，具有高信任的联盟，组织便可以较容易从联盟网络中获取知识(Bell，2005)。

前文已经指出，联盟网络多元性对创新绩效可能存在正向影响，也可能存在负向影响，但无论如何，联盟网络多元性对创新绩效的影响是存在的。然而，联盟网络多元性对成员企业的创新绩效是否是一种直接的影响呢？战略联盟知识可近性理论指出，联盟网络只能为组织获取外部知识带来距离上的便利性与可接近性，但并不能带来一种直接的绝对的知识获取利益。换句话说，组织能否依靠联盟网络所带来的知识可近性而增加知识获取的程度，必须依赖联盟伙伴间知识分享的意愿与关系信任程度(Grant & Baden Fuller，2004)。因此，成员企业在一种具有多元知识的联盟网络中，创新绩效的高低取决于联盟中的信任程度。基于以上推论，提出假设：

假设 12b：联盟信任在联盟网络多元性与创新绩效中具有中介作用。

(四)联盟合法性认知在联盟信任与企业创新中的调节作用

在产业技术创新战略联盟当中，联盟伙伴间的互动合作不仅受到联盟信任水平的影响，而且会受到联盟网络特质的影响。正当性理论指出，具有合法性的组织会被认为更具有价值、更可预测以及更加可信(Suchman，1995)，这将有利于获取资源、整合资源。具有组织合法性的联盟，有能力吸引高质量的联盟伙伴，能更有效地利用联盟伙伴的高价值资源(Dacin 等，2007)；更容易防范集体行动方面出现的问题，提高集体行动效率(Tornikoski & Newbert，2007)。可以说，在产学研联盟当中，联盟合法性将为联盟成员的行为或行动起到保护作用，联盟成员不仅将从中获得各种创新资源，而且由于这种保护作用使成员间的合作创新变得更有保障，有效降低了联盟成员合作创新的风险，从而联盟信任的功能将得到弱化。因此，若企业对某一联盟具有较高水平的合法性认知，联盟合法性将作为联盟信任的替代，作用于成员间的合作创新；反之，若企业对某一联盟具有较低水平的合法性认知，联盟成员间的行为或行动将不再受到合法性的约束与调节，此时成员间的合作创新则更加依赖于双方信任。

Nonaka 和 Toyama(2003)指出组织是否能够有良好的创新绩效，关键在于是否能通过外部组织获取创新资源。若企业对某一联盟具有较高水平的合法性认知，可较容易从联盟网络当中获取各种创新资源，而不必高度依赖于联盟成员间的信任。若企业对某一联盟具有较低水平的合法性认知，获取各种创新资源需要依赖成员间的信任，否则不利于创新绩效的提升。例如高丙中(2000)等人对河北某地“龙牌会”等民间会社的研究结果表明，只有会社具备了至少一种社会合法性的基础，才可能获得与整合会员的资源，才能生存与发展下去。为此，提出如下假设：

假设 13a：联盟合法性认知在联盟信任对合作创新的影响中具有调节作用，即具有高的联盟合法性认知，联盟信任对合作创新的影响更微弱；具有低的联盟合法性认知，联盟信任对合作创新的影响更显著；

假设 13b：联盟合法性认知在联盟信任对创新绩效的影响中具有调节作用，即具有高的联盟合法性认知，联盟信任对创新绩效的影响更微弱；具有低的联盟合法性认知，联盟信任对创新绩效的影响更显著。

第三节 变量测量

由于本书的测量量表与指标大多引自国际一流期刊文献，为保证研究变量测量的有效性，作者邀请了 2 位管理学博士生做了“翻译-回译”工作，然后邀请了 2 位管理学副教授进行了语义上的校正与修改，最后 5 位联盟管理者对问卷的词义、语句进行了的评估与修正，以保证语境和内容符合实践。

一、自变量

(一)联盟合法性认知

本书借鉴熊会兵等(2010)对组织合法性认知的测量，采用了8个条目来度量合法性，其 Cronbach's α 值为0.883。结合研究对象，本书采用该量表并选择修改为7个条目，由成员企业对施测联盟的合法性进行评估，条目举例："联盟由于社会公益行为获得较多的好评。"由于此量表是组织对自身合法性的评估，而本书当中联盟合法性是联盟层次上的构念，因此需要对施测联盟进行分组，将所属成员企业对联盟合法性的评价进行数据聚合，最终得到联盟合法性的得分。此量表采用五点量表方式计分，1代表"完全不同意"，5代表"完全同意"。

(二)联盟网络多元性

联盟网络多元性是企业层次的变量，一些学者提出了企业联盟网络多元性的测量指标。Goerzen 等(2005)发展了伙伴公司数、子公司当地伙伴公司数以及伙伴公司所属产业类别数3个指标，测量日本跨国企业的联盟网络多元性。Owen-Smith 等(2004)也指出行动者的地理位置会影响联盟网络的信息流动特质。我国台湾学者翁瑞宏等(2007)共发展联盟伙伴数、联盟伙伴产业类别数与联盟伙伴地区类别数三项指标来测量医院的联盟网络多元性。由此，本书将采用如下4个指标测度企业的联盟网络多元性：

(1)联盟伙伴数，指产业技术创新战略联盟中与企业经常保持联系的联盟伙伴数目。

(2)联盟成员异质性，指联盟中非企业组织(如高校、科研院所、中介组织，可视为技术群组的替代)的个数占联盟成员总数的比例，在由企业、高校、科研机构、中介组织构成的产业技术创新战略联盟当中，若非企业组织越多，联盟网络则越具有多元性。

(3)区域多元性，分地区性联盟、全国性联盟和跨国性联盟三种，分别计分为1、2、3，若联盟成员地理区域分布越宽广，则越具有异质性的资源与多元的知识。

(4)产业多元性，企业的主营业务处于单一产业链位置，记分为1；处于两个产业链位置，记分为2；处于全产业链位置，计分为3。企业的主营业务产业链越长，则其更能接触到联盟网络中不同产业链位置上的知识与信息。

尽管联盟成员异质性、区域多元性两个指标是就产业技术创新战略联盟整体而言，但对参与该联盟的所有企业来说具有相通性，因而可以应用于企业层次。

(三)联盟管理能力

联盟管理能力采用Schreiner等(2009)所开发的联盟管理能力量表。他们将联盟管理能力区分为协调、沟通和结合三个维度，共有15个条目；验证性因素分析表明该量表具有较高的效度($\chi^2/df=2.38$，CFI=0.94，IFI=0.94，RMSEA=0.07)，同时协调、沟通、结合三个维度的Cronbach's α 值分别为0.83、0.86、0.87，说明此量表具有较高的信度。协调维度代表了跨越关系边界协调相关的关系活动的建立流程、企业为适应其合作伙伴而对自身工作流程和激励机制的调整程度，共有4个条目，例如“我们已经制定了协调联盟成员关系的跨部门协作流程”；沟通维度反映了企业传达信息的能力以使合作伙伴能够理解其市场地位、竞争力、组织特征和价值追求，共有5个条目，例如“当联系人发生变化时我们会及时通知联盟成员新的联系人”；结合维度反映了一个企业对其合作伙伴表现出留心、体贴、支持行为，例如“无条件乐意对话”“在伙伴遇到困难时愿意支持”“关注伙伴的观点”等，共有6个条目，其中有一个条目为反向问题，例如“当发生分歧时，我们不关注联盟成员的意见。”此量表采用五点量表方式计分，1代表“完全不同意”、5代表“完全同意”。

二、中介变量

(一)联盟信任

本书借鉴潘镇等(2008)以及刘学等(2006)所开发的量表。潘镇等(2008)对中国情景下联盟中的信任进行了研究，开发了包括5个条目的测量量表，实证中的Alpha系数为0.926；刘学等(2006)对研发联盟中的信任进行了研究，开发了包括善意信任与能力信任两维度共7个条目的测量量表，实证中善意信任的Alpha系数为0.74、能力信任Alpha系数为0.77。总体上，两个联盟信任测量量表具有较高的信度。本书综合采纳以上两个测量量表的条目，分善意信任和能力信任两个维度共5个条目，如"当与联盟伙伴合作研发时，我们相信合作伙伴将会信守诺言""当与联盟伙伴合作研发时，我们对合作伙伴的研发能力高度信任"。此量表采用五点量表方式计分，1代表"完全不同意"、5代表"完全同意"。

(二)外部知识获取

我国台湾学者翁瑞宏等(2007)参考Yli-Renko等(2001)与Norman(2004)的测量条目发展出4个测量条目的外部知识获取量表，例如"企业能从联盟中获得丰富的产品市场知识"，其实证研究采用李克特五点尺度量表(非常同意、同意、一般、不同意、非常不同意)，测量医院自联盟网络中获取知识的丰富程度，验证性因素分析表明该构念具有较好的建构效度，组成信度为0.80。本书将采用并修改此量表，采用五点量表方式计分，1代表"完全不同意"、5代表"完全同意"。

三、结果变量

(一)合作创新

借鉴Schreiner等(2009)的研究，通过评估成员企业与联盟伙伴共同完成不同创新任务或创新活动的活跃与紧密程度来测量合作创新，包括4个条目，主要涉及合作共同完成创新任务、合作开发新产品等，例如“我们与联盟伙伴在研发项目活动领域保持紧密合作关系。”在Schreiner等学者(2009)的研究中，对合作创新进行验证性因素分析，其中$\chi^2/df=1.61$、CFI=0.97、IFI=0.97、RMSEA=0.05，表明该量表具有较好的效度。此量表采用五点量表方式计分，1代表“完全不同意”、5代表“完全同意”。

(二)创新绩效

由于技术研发联盟产出的多样性和差异性，采用客观数据度量技术研发联盟绩效存在巨大的困难：许多技术研发联盟的效果或价值不易量化(Anderson，1990)；客观绩效指标，如新产品利润率无法进行不同产业或行业之间的比较(Osland & Cavusgil，1996)。但许多研究战略联盟的文献指出，客观绩效指标与主观绩效指标之间具有显著的正相关，即主客观绩效指标间具有明显的相互替代功能(Geringer & Hebert，1991)。因此，借鉴Poppo和Zenger(2006)、Aulakh等(2005)的研究，采集联盟成员企业的主观评价来测量创新绩效。至于在测量条目方面，Hagedoorn和Cloodt(2003)、Beneito(2006)提出分研发成本、研发周期、创新质量三个方面度量成员企业创新绩效的程度，共5个条目。我国台湾学者陈忠仁和蔡淑茹(2005)采用此量表测量创新绩效，其Cronbach's α值为0.812。考虑到当前大多数企业在研发投入方面都是持续增长，并且大规模创新的平均研发成本都将显著提高，为避免被试理解的分歧，本书剔除了研发成本指标，具体而言包括以下4个指标：(1)研发周期的长短；(2)专利的多少；(3)新产品研发的比例；(4)产品品质的改善，条目举例：“加入联盟后，本企业新产品研发的比例上升。”此量表采用五点量表方式计分，1代表“完全不同意”，5代表“完全同意”。

四、控制变量

本书采用了4个控制变量：企业年数(Hurley & Hult，1998)、企业规模(Ahuja，2000)、企业性质(Goes & Park，1997)和联盟经验(Kale等，2000；Anand & Khanna，2000；Gulati等，2009)。其中，企业年数以企业成立时间长短为计量，分为“3年及以下”“4~6年”“7~9年”“10年及以上”4组；企业规模则以2010年的销售额为依据，按照国家统计局对大、中、小型企业在销售额上的标准，销售额在“3亿元及以上”的为大型企业，销售额在“3千万至3亿元之间”的为中型企业，在“3千万元以下”的为小型企业；企业性质分为民企、国企、外企、合资企业四种类型；联盟经验以成员企业参与施测联盟的年数为指标，设置题项为：“贵企业是(　　)年加入××××联盟(问卷来源联盟)的，然后再与2011年作差，以获得联盟经验值。

第四节　数据收集与分析方法

一、样本对象

本书将采用问卷调查法(邮寄、电邮)对产业技术创新战略联盟中的成员企业进行施测。在产业技术创新战略联盟的选择上，本研究遵循以下三个标准：第一，尽管大部分产业技术创新战略联盟处于高新技术产业，但尽量选择处于战略性新兴产业中的产业技术创新战略联盟，以了解新兴产业中组织间合作创新的问题。第二，产业技术创新战略联盟成立时间太短，不足以反映联盟成员企业联盟管理能力的发展、信任的演化、联盟网络多元性的扩展与创新的关系，因而尽可能选择成立时间超过5年的联盟，如国家半导体照明工程研发产业联盟、TD产业联盟、长风开放标准平台软件联盟、ABO联盟等。第三，科技部于2010年遴选了两批共56家产业技术创新战略联盟作为试点单位，本书将主要从这 56 家产业技术创新战略联盟中进行选择。

对于产业技术创新战略联盟的选取，作者依据样本对象确定原则，一方面，凭借前期研究关系和社会关系获得了 6 家产业技术创新战略联盟的支持；另一方面，向其他国家试点联盟秘书处进行联系，最终有 7 家产业技术创新战略联盟秘书处愿意协助发放问卷。这 13 家产业技术创新战略联盟当中，作者对国家半导体照明工程研发及产业联盟和长风开放标准平台软件联盟的成员通过电子邮件方式发送问卷。对于其他 11 家产业技术创新战略联盟，均是由联盟秘书处工作人员代为向其成员企业发送问卷。

二、预调查

本书首先于 2010 年 10 月进行了预调查，共回收了 30 份成员企业的问卷。预调查结果表明，变量的测量具有良好的信度与效度。同时，根据预调查的结果对量表项目、提问顺序、词语表达等方面所存在的问题进行了修改。在正式调查中，为了控制研究，笔者通过联系产业技术创新战略联盟秘书处，以获得联盟秘书处对本次调查的支持。参照以往有关联盟研究的经验与做法（Norman，2004；Muthusamy & White，2005；翁瑞宏等，2007），调查问卷要求成员企业中主管联盟的高管或联盟管理者进行回答，为此设置了管理职位问项。

三、问卷发放及回收

调查问卷从 2011 年 9 月 12 日开始发放，2011 年 12 月 28 日回收截止，历时 3 个半月。共发放问卷 497 份，回收问卷 164 份，回收率为 33.0%。纵观以往学术界以问卷方式获取数据的战略联盟研究，其问卷回收率都不太可观，如 Norman（2004）所做的研究其有效问卷回收率为 13.6%、Muthusamy 和 White（2005）的研究为 23.6%、我国台湾学者翁瑞宏等（2007）的研究为 35.45%，由此可见，本研究的问卷回收效率较为理想。

对于回收的问卷，本研究按照以下标准进行筛选整理：第一，参照以往有关联盟研究的经验与做法，问卷要求成员企业中主管联盟的高管或联盟管理者进行回答，为此问卷中设计了填答人在企业中的职务问项，这将作为问卷有效性的判断标准之一。第二，剔除填答不认真、不负责的问卷，这类问卷的主要特征包括有许多问项未填答、大面积连续填答相同答案。第三，本研究问卷中在联盟管理能力变量当中设置了一个反向问题："当发生分歧时，我们不关注联盟成员的意见"，可将此条目与其他条目进行类别，若报告值相近则有效，否则问卷无效。第四，删除企业基本信息尚未填写完整的问卷，因为联盟网络多元性的测量来源于此部分。第五，对于联盟经验(以参与联盟年限为代替)不足3年的问卷，予以删除。最终，本研究获得了145份有效问卷，有效回收率为88.4%。见表4-1。

按照Armstrong和Overton(1977)所提出的验证非回应偏差(Non-respondent bias)的检验方法，本研究比较了10月份收集的64份问卷和12月份收集的45份问卷中的4个关键变量，如企业性质、企业规模、联盟经验、管理职位，T检验结果表明两个样本之间没有显著差别，这说明所选择的样本并没有严重的非回应性偏差。另外，一般而言，从单一被试自我报告方式取得大部分信息的问卷数据将会不可避免地出现同源误差(common method variance)。因此，根据Podsakoff和Organ(1986)所提出的建议，联盟管理能力变量采取反向编码问题，以尽可能地避免同源误差对研究结果所导致的影响。同时，特别强调问卷的匿名性与数据用途，并尽量采用较为清晰明确的用语，这些措施在一定程度上都可以降低问卷数据的同源误差问题。

四、数据分析方法

首先将通过SPSS 13.0对样本的信度进行检验，然后将采用验证性因子分析检验样本的效度。在信度与效度检验后，本研究将采用描述性分析方法对样本的基本特征进行描述，采用相关分析方法对变量间的相关性进行分析。

表 4-1　　　　**问卷发放及回收情况**

问卷发送方式	联盟名称	成员企业数(家)	发放数(份)	回收数量(份)	回收率(%)	有效数量(份)	有效率(%)
本人发送	国家半导体照明工程研发及产业联盟	143	124	72	58.1	67	93.1
	长风开放标准平台软件联盟	52	52	6	11.5	6	100
秘书处代发	中国生物技术创新服务联盟	28	28	8	28.6	7	87.5
	煤炭产业技术创新联盟	28	16	1	6.3	1	100
	闪联产业技术创新战略联盟	129	30	1	3.3	1	100
	首都新能源产业技术联盟	115	115	10	8.7	9	90.0
	开源及基础软件通用技术创新战略联盟	14	14	5	35.7	4	80.0
	农业装备产业技术创新联盟	8	8	4	50.0	4	100
	存储产业技术创新战略联盟	16	12	4	33.3	4	100
	地理信息系统产业技术创新战略联盟	58	50	28	56.0	21	75.0
	光纤接入产业技术创新战略联盟	30	26	12	46.2	10	83.3
	湖北省激光装备制造产业技术创新战略联盟	17	14	6	42.9	4	66.7
	中国光谷激光医疗器械产业技术创新战略联盟	9	8	7	87.5	7	100
	合计	647	497	164	33.0	145	88.4

中介变量的检验有许多方法，例如 MacKinnon 等(2002)总结了 14 种验证中介作用的不同方法。尽管如此，学术界对中介变量的检验仍然存在较大的争议，但最常用、最传统的检验中介变量的方法是 Baron 和 Kenny(1986)的方法。这种方法分三个步骤对中介作用进行检验：第一，自变量影响因变量；第二，自变量影响中介变量；第三，控制中介变量后，自变量对因变量的作用消失了，或是明显地减小了。

本书将采用 Baron 和 Kenny(1986)的建议，以层次回归(hierarchical multiple regression)的方式来验证各项研究假设，并进一步辅以路径分析(pathway analysis)来验证部分构念通过直接与中介所产生的总效果。用回归的方法检验调节作用的一个重要步骤是把自变量和调节变量中的连续变量进行中心化处理(Aiken & West，1991)，这主要是为了减小回归方程当中变量间多重共线性问题。为此，将对连续变量进行中心化处理，并进一步辅以路径分析来验证部分构念通过直接与中介所产生的总效果。

第五章　信度、效度检验与描述性统计分析

第一节　量表的信度与效度检验

本书除了企业的联盟网络多元性属于客观数据外，其他数据均是通过量表以自我报告方式获得。本章将对通过量表获取的数据，进行信度与效度检验，以评估数据质量。

一、信度检验

信度是指测量数据可靠性和一致性的程度，主要有外在信度和内在信度两个指标。外在信度是指在不同时间点上对同一被试采用同一量表进行的重复测量，看结果的稳定性或可靠性程度，如果量表设计合理，重复测量所得到的结果与先前所测结果应该高度相关。内在信度主要通过检验量表内各条目之间的关系，反映现有条目是否测量了相同的构念或特质。一般而言，通过采用修正的条目-总体相关系数(corrected item-total correlation，CITC)测量量表的外在信度；通过计算 Cronbach's α 系数验证量表的内在信度。

在 CITC 临界值方面，李怀祖(2004)建议量表的 CITC 值大于 0.35 才能通过外在信度的检验；也有学者(Bock 等，2005)提出，CITC 值必须大于 0.5 才能通过外在信度的检验。在 Cronbach's α 系数临界值方

面，学术界普遍接受 Nunnally(1978)所提出的标准，即 Cronbach's α 系数大于 0.9 表示量表的内在信度很高，Cronbach's α 系数在 0.8~0.9 之间表示量表的内在信度较高，Cronbach's α 系数在 0.7~0.8 之间表示量表仍可以接受，Cronbach's α 系数小于 0.7 则应考虑重新设计量表。

由于本研究并没有进行多次重复测量，所以主要通过计算 Cronbach's α 对量表的内在信度进行检验，结果见表 5-1。从表 5-1 可以看到，各分量表的 α 系数都在 0.8 以上，表明各分量表的内在信度较高，其中联盟管理能力量表的 α 系数为 0.916、联盟合法性认知量表的 α 系数为 0.904、联盟信任量表的 α 系数为 0.898、外部知识获取量表的 α 系数为 0.874、合作创新量表的 α 系数为 0.861、创新绩效量表的 α 系数为 0.868。总量表的 α 系数为 0.953，表明总量表的内在信度很高。

表 5-1 **潜变量的信度分析结果(*n*=145)**

变量及维度	样本	题项数	Cronbach's α
联盟合法性认知	145	7	0.904
联盟管理能力	145	15	0.916
协调	145	4	0.854
沟通	145	5	0.791
结合	145	6	0.847
联盟信任	145	5	0.898
善意信任	145	2	0.783
能力信任	145	3	0.828
外部知识获取	145	4	0.874
合作创新	145	4	0.861
创新绩效	145	4	0.868
问卷总体	145	41	0.953

二、效度检验

本书将从内容效度、聚合效度和区分效度三个方面进行量表效度的检验。其中，由于联盟合法性认知、联盟管理能力、外部知识获取、联盟信任、合作创新、创新绩效等构念的测量是根据既有的理论或文献基础所发展的条目，因此采用 Bollen(1989)所建议的验证性因素分析(confirmatory factor analysis，CFA)方法，检验本研究各构念的聚合效度。

(一)内容效度

本书采用的测量条目均是依据过去学者所提出的理论概念、量表内容，以及两位管理学者的意见来进行问卷内容的初步设计，之后再请5位具有实务经验的联盟管理者进行评估与修正，以保证本研究量表内容具有较高的内容效度。

(二)聚合效度

本书将从三个方面检验各测量模型(量表)的聚合效度：第一，测量模型的拟合指标。用于评价与选择测量模型的拟合指数较多，本研究采用侯杰泰等(2004)和温忠麟等(2004)的建议，通过计算测量模型的 χ^2/df、RMSEA、GFI、CFI、NFI、TLI 6个拟合指标进行检验，其中前3个为绝对拟合指标，后3个为相对拟合指标。6个指标的取值及接受标准见表5-2。第二，各潜变量测量题项的标准化因子负荷超过0.5，并达到统计上的显著性(马庆国，2002)。第三，各潜变量的平均变异数抽取量(average variance extracted，AVE)，该指标大于0.5为可接受性的范围(Bagozzi & Yi，1988)。

表 5-2　　　　测量模型的拟合指标取值范围及可接受标准

拟合指标	取值范围	模型接受标准	建议学者
χ^2/df	0 以上	<5，可以接受	Marsh & Hocevar (1985)
		<2，非常好	
RMSEA	0 以上	<0.10，好	Browne & Cudeck (1993)
		<0.05，非常好	
		<0.01，非常出色	
GFI	0~1 之间	>0.90	Tanaka & Huba(1985)
CFI	0~1 之间	>0.90	Bentler(1990)
NFI	0~1 之间	>0.90	Bentler & Bonett(1980)
TLI	大多位于 0~1 之间，有时会大于 1	>0.90	Bentler & Bonett(1980)

1. 联盟合法性认知的聚合效度检验

对联盟合法性认知这一潜变量进行验证性因子分析，测量模型的拟合结果见表 5-3。第一，从测量模型的拟合优度指标来看，χ^2/df = 4.603、RMSEA = 0.058、GFI = 0.909、CFI = 0.916、NFI = 0.906、TLI = 0.913，6 个拟合指标都达到了模型可接受的标准，说明测量模型较为理想。第二，联盟合法性认知各测量题项的标准化因子负荷均超过了 0.6，并且达到了统计上的显著水平。第三，从联盟合法性认知的平均变异数抽取量来看，其 AVE 值为 0.579，超过了 0.5 的可接受性范围。由此可见，联盟合法性认知的测量模型具有良好的聚合效度。

表 5-3　　　　联盟合法性认知测量模型的拟合结果（n = 145）

路径	标准化因子负荷	S. E.	C. R.	P	AVE
u1←联盟合法性认知	0.653	—	—	—	

续表

路径	标准化因子负荷	S. E.	C. R.	P	AVE
u2←联盟合法性认知	0. 706	0. 159	7. 442	***	0. 579
u3←联盟合法性认知	0. 851	0. 164	8. 642	***	
u4←联盟合法性认知	0. 767	0. 139	7. 966	***	
u5←联盟合法性认知	0. 869	0. 169	8. 773	***	
u6←联盟合法性认知	0. 733	0. 147	7. 682	***	
u7←联盟合法性认知	0. 725	0. 126	7. 611	***	
χ^2/df=4. 603，RMSEA=0. 058，GFI=0. 909，CFI=0. 916，NFI=0. 906，TLI=0. 913					

注：*** 表示系数的显著性水平 $p<0.001$。

2. 联盟管理能力的聚合效度检验

对联盟管理能力中协调、沟通、结合三个潜变量进行验证性因子分析，测量模型的拟合结果见表 5-4。第一，从测量模型的拟合优度指标来看，χ^2/df=2. 421、RMSEA=0. 099、GFI=0. 882、CFI=0. 919、NFI=0. 928、TLI=0. 916，其中，χ^2/df、RMSEA、CFI、NFI、TLI 都达到了模型可接受的标准；虽然 GFI 并未达到一般建议的 0. 9 的水平，然而有学者指出，虽然 GFI 的建议值为 0. 9 以上，但 0. 9 是较为保守的阈值，只要 GFI 大于 0. 8 即可接受(Bagozzi & Yi，1988)。第二，联盟管理能力各维度的测量题项的标准化因子负荷均超过了 0. 6，并且都达到了统计上的显著水平。第三，从联盟管理能力各维度的平均变异数抽取量来看，协调维度、沟通维度、结合维度的 AVE 值分别为 0. 601、0. 506、0. 516，均超过了 0. 5 的可接受性范围。由此可见，联盟管理能力的测量模型具有良好的聚合效度。

表 5-4　　联盟管理能力测量模型的拟合结果（$n=145$）

路径	标准化因子负荷	S. E.	C. R.	P	AVE
a25←沟通	0. 639	—	—	—	0. 505
a24←沟通	0. 711	0. 165	6. 088	***	
a23←沟通	0. 859	0. 226	6. 691	***	
a22←沟通	0. 662	0. 190	5. 841	***	
a21←沟通	0. 661	0. 163	5. 260	***	
a36←结合	0. 676	—	—	—	0. 516
a35←结合	0. 688	0. 163	7. 407	***	
a34←结合	0. 605	0. 172	5. 578	***	
a33←结合	0. 684	0. 154	7. 367	***	
a32←结合	0. 805	0. 173	8. 481	***	
a31←结合	0. 826	0. 177	8. 661	***	
a13←协调	0. 842	—	—	—	0. 601
a12←协调	0. 758	0. 090	10. 075	***	
a11←协调	0. 820	0. 099	11. 151	***	
a14←协调	0. 670	0. 103	8. 570	***	
χ^2/df=2. 421，RMSEA=0. 099，GFI=0. 882，CFI=0. 919，NFI=0. 928，TLI=0. 916					

注：*** 表示系数的显著性水平 $p<0.001$。

3. 外部知识获取的聚合效度检验

对外部知识获取进行验证性因子分析，测量模型的拟合结果见表 5-5。第一，从测量模型的拟合优度指标来看，χ^2/df=4. 178、RMSEA=0. 085、GFI=0. 906、CFI=0. 927、NFI=0. 962、TLI=0. 910，6 个拟合指标都达到了模型可接受的标准，说明测量模型较为理想。第二，外部知识获取的测量题项的标准化因子负荷均超过了 0. 7，并且都达到了统计上的显著水平。第三，外部知识获取的平均变异数 AVE 值为 0. 815，均超过了 0. 5 的可接受性范围。由此可见，外部知识获取的测量模型具有良好的聚合效度。

表 5-5　　　**外部知识获取测量模型的拟合结果（n=145）**

路径	标准化因子负荷	S. E.	C. R.	P	AVE
C3←外部知识获取	0. 798	—	—	—	0. 815
C2←外部知识获取	0. 843	0. 088	8. 612	***	
C1←外部知识获取	0. 813	0. 076	7. 132	***	
C4←外部知识获取	0. 841	0. 090	8. 241	***	0. 675
χ^2/df=4. 178、RMSEA=0. 085、GFI=0. 906、CFI=0. 927、NFI=0. 962、TLI=0. 910					

注：*** 表示系数的显著性水平 p<0. 001。

4. 联盟信任的聚合效度检验

对联盟信任中善意信任、能力信任两个潜变量进行验证性因子分析，测量模型的拟合结果见表 5-6。第一，从测量模型的拟合优度指标来看，χ^2/df=4. 529、RMSEA=0. 096、GFI=0. 931、CFI=0. 952、NFI=0. 944、TLI=0. 909，6 个拟合指标都达到了模型可接受的标准，说明测量模型较为理想。第二，联盟信任各维度的测量题项的标准化因子负荷均超过了 0. 7，并且都达到了统计上的显著水平。第三，从平均变异数抽取量来看，善意信任、能力信任的 AVE 值分别为 0. 657、0. 675，均超过了 0. 5 的可接受性范围。由此可见，联盟信任的测量模型具有良好的聚合效度。

表 5-6　　　**联盟信任测量模型的拟合结果（n=145）**

路径	标准化因子负荷	S. E.	C. R.	P	AVE
m13←善意信任	0. 734	—	—	—	0. 657
m12←善意信任	0. 889	0. 098	10. 506	***	
m11←善意信任	0. 801	0. 086	9. 488	***	

续表

路径	标准化因子负荷	S. E.	C. R.	P	AVE
m22←能力信任	0. 798	—	—	—	0. 675
m21←能力信任	0. 844	0. 070	11. 175	***	
χ^2/df=4. 529，RMSEA=0. 096，GFI=0. 931，CFI=0. 952，NFI=0. 944，TLI=0. 909					

注：*** 表示系数的显著性水平 $p<0.001$。

5. 合作创新的聚合效度检验

对合作创新这一潜变量进行验证性因子分析，测量模型的拟合结果见表 5-7。第一，从测量模型的拟合优度指标来看，χ^2/df = 1. 355、RMSEA = 0. 050、GFI = 0. 991、CFI = 0. 997、NFI = 0. 990、TLI = 0. 992，6 个拟合指标中绝大多数都达到了模型较好的水平，说明测量模型较为理想。第二，合作创新各测量题项的标准化因子负荷均超过了 0. 6，并且达到了统计上的显著水平。第三，从合作创新的平均变异数抽取量来看，其 AVE 值为 0. 618，超过了 0. 5 的可接受性范围。由此可见，合作创新的测量模型具有良好的聚合效度。

表 5-7　　**合作创新测量模型的拟合结果（*n*=145）**

路径	标准化因子负荷	S. E.	C. R.	P	AVE
d21←合作创新	0. 798	—	—	—	0. 618
d22←合作创新	0. 866	0. 112	10. 656	***	
d23←合作创新	0. 775	0. 106	9. 643	***	
d24←合作创新	0. 696	0. 118	8. 512	***	
χ^2/df = 1. 355，RMSEA = 0. 050，GFI = 0. 991，CFI = 0. 997，NFI = 0. 990，TLI=0. 992					

注：*** 表示系数的显著性水平 $p<0.001$。

6. 创新绩效的聚合效度检验

对创新绩效这一潜变量进行验证性因子分析，测量模型的拟合结果见表 5-8。第一，从测量模型的拟合优度指标来看，χ^2/df = 2.109、RMSEA = 0.088、GFI = 0.986、CFI = 0.992、NFI = 0.986、TLI = 0.977，6 个拟合指标都达到了模型可接受的标准。第二，创新绩效测量题项的标准化因子负荷均超过了 0.6，并且达到了统计上的显著水平。第三，从创新绩效的平均变异数抽取量来看，其 AVE 值分别为 0.638，超过了 0.5 的可接受性范围。由此可见，创新绩效的测量模型具有良好的聚合效度。

表 5-8　　**创新绩效测量模型的拟合结果(n=145)**

路径	标准化因子负荷	S. E.	C. R.	P	AVE
d12←创新绩效	0.692	—	—	—	0.638
d13←创新绩效	0.825	0.127	8.753	***	
d14←创新绩效	0.838	0.114	8.854	***	
d15←创新绩效	0.830	0.113	8.790	***	
χ^2/df=2.109，RMSEA=0.088，GFI=0.986，CFI=0.992，NFI=0.986，TLI=0.977					

注：*** 表示系数的显著性水平 p<0.001。

(三)区分效度

区分效度是指构念对代表的潜在特质与其他构念所代表的潜在特质间低度相关或有显著的差异存在(吴明隆，2009)。本书通过比较各构念的 AVE 平方根与其他两两构念间的相关系数来进行区分效度的检验。如果各构念的 AVE 平方根高于两两构念的相关系数，就意味着区分效度满足分析要求(Formell & Larcker，1981)。

从表 5-9 可以看出，任一构念的 AVE 平方根均要高于与其他构念的相关系数，这就说明本研究的各构念具有较好的区分效度。

表 5-9　　　　各构念的区分效度检验结果($n=145$)

	联盟合法性认知	联盟管理能力	外部知识获取	联盟信任	创新绩效	合作创新
联盟合法性认知	1(0.772)					
联盟管理能力	0.253**	1(0.731)				
外部知识获取	0.339**	0.371**	1(0.809)			
联盟信任	0.381**	0.324**	0.360**	1(0.815)		
创新绩效	0.354**	0.358**	0.337**	0.343**	1(0.799)	
合作创新	0.281**	0.681**	0.289**	0.289**	0.295**	1(0.786)

注：** 表示显著性水平 $p<0.01$，对角线括号内的值为相应构念 AVE 的平方根，其他值均为相关系数。

第二节　描述性统计分析与相关分析

一、样本的描述性统计分析

对问卷调查所获取的数据进行样本分布的描述性统计分析，以发现样本的基本特征，见表 5-10。

表 5-10　　　　样本的描述性统计情况($n=145$)

类别		样本频数(家)	所占比重(%)	累计百分计(%)
产业类型	光电产业	67	46.2	46.2
	新能源产业	10	6.9	53.1
	信息技术产业	46	31.7	84.8
	生物医药产业	7	4.8	89.7
	装备制造产业	15	10.3	100.0

续表

类　别		样本频数(家)	所占比重(%)	累计百分计(%)
企业性质	民营企业	81	55.9	55.9
	国有企业	29	20.0	75.9
	外资企业	11	7.6	83.5
	合资企业	24	16.6	100.09
企业规模	大型	41	28.3	28.3
	中型	63	43.4	71.7
	小型	41	28.3	100.0
企业年龄	5年及以下	18	12.4	12.4
	6~10年	24	16.6	29.0
	11~20年	39	26.9	55.9
	20年及以上	64	44.1	100.0
企业地域	安徽	1	0.7	0.7
	北京	34	23.4	24.1
	福建	4	2.8	26.9
	广东	22	15.2	42.1
	河北	3	2.1	44.1
	河南	3	2.1	46.2
	湖北	43	29.7	75.9
	江苏	5	3.4	79.3
	辽宁	1	0.7	80.0
	山东	4	2.8	82.8
	山西	2	1.4	84.1
	陕西	1	0.7	84.8
	上海	7	4.8	89.7
	四川	1	0.7	90.3

续表

类　别		样本频数(家)	所占比重(%)	累计百分计(%)
企业地域	台湾	1	0.7	91.0
	浙江	12	8.3	99.3
	重庆	1	0.7	100.0
填答者职位	基层	25	17.2	17.4
	中层	69	47.6	65.3
	高层	51	35.2	100.0
	合计	145	100.0	—

(一)产业类型

145个样本分布在光电、新能源、信息技术、生物医药、装备制造五个产业当中，五个产业中前四个产业都是新兴的高科技产业，意味着89.7%的样本都处在新兴的高科技产业当中，这种样本分布与学术界有关技术联盟研究的主流做法相一致，并且也非常贴近现实产业技术创新战略联盟的分布特征。其中，光电产业样本分布最多，共有67家样本企业，占了46.2%；其次为信息技术产业，共有46家样本企业，占31.7%；再次是装备制造、新能源、生物医药产业，其所占比重分别为10.3%、6.9%、4.8%。总体上看，样本的产业类型分布具有较高程度的代表性。

(二)企业性质

本书的对象为参与产业技术创新战略联盟的成员企业，根据所有权属性可以分为民营企业、国有企业、外资企业、合资企业四种类型。145个样本企业当中，民营企业样本占绝大多数，共有81家，占样本总体的55.9%，符合当前我国国民经济的基本特征；其次为国有企业居多，共有29家，占了20.0%的比例，这些国有企业一般作为龙头企业加入产业技术创新战略联盟，进而带动整个产业的发展；合资企业和外资企业所占的比例达到了25%左右，可以看出，近年来合资企业和外资企业非常乐意通过产业技术创新战略联盟获取其在中国市场所需要的利益。

(三)企业规模

本书对企业规模的划分主要是以2010年的销售额为指标，按照国家统计局对大型、中型、小型企业的划分标准进行分类的。具体来看，中型企业共有63家企业，占比43.4%，是样本中最多的类型；大型和小型企业样本数相同，均为41家(28.3%)。这种“两头小中间大”的企业规模分布特征，非常符合当前我国产业发展的特点。

(四)企业年龄

本书将企业年龄分为4组，分别为“5年及以下”“6~10年”“11~20年”“20年及以上”。从样本分布情况来看，企业年龄在“20年及以上”的占据绝大多数，共有64家企业，占样本总体的44.1%；企业年龄在“11~20年”之间的共有39家企业，占了26.9%；企业年龄在“5年及以下”的企业仅有18家(12.4%)。可以看出，样本的企业年龄分布呈现金字塔形，占据产业技术创新战略联盟成员多数的是“年长”的企业，它们经过了较长时间的发展，其管理更趋于规范化、制度化，也经过了创新的原始积累，这对于产业技术创新战略联盟的发展具有重要的意义。因此，这种分布特征更能解释本研究的主要问题。

(五)企业地域

以企业总部所在地作为企业地域分布依据。从145家企业地域分布情况上看，分布从多到少的前5个省份依次为湖北、北京、广东、浙江、上海，分别有43家、34家、22家、12家、7家企业。其中，湖北是全国科教资源非常丰富的省份，省内有东湖国家自主创新示范区，产学研合作创新较为活跃；北京、广东、浙江、上海都是创新活跃地区，再加之科技资源丰富，因此所在企业参与产业技术创新战略联盟就显得较为活跃。

（六）填答者职位

由于联盟管理与对外合作创新是一项较为复杂的管理工作，并且经常涉及企业的战略决策。再加之，对于企业层面的评价需要对企业较为熟悉。因此，为保证样本能真正代表企业在联盟管理当中的客观性与真实性，并按照学术界通常的做法，由联盟管理者或企业高层填写较为科学。从样本的填答者职位分布来看，中层管理者共有 69 位，占比 47.6%；高层管理者共有 51 位，占比 35.2%；基层管理者有 25 位，仅占 17.2%。可以看出，高达 82.8%的问卷是由企业中高层管理者所填答的，或者是联盟管理者。这种样本分布，达到了研究设计的预想，样本的可信度较高，代表性更为真实可靠。

二、变量的描述性统计分析

各变量的最小值、最大值、均值和标准差见表 5-11。联盟网络多元性的均值为 7.88，标准差为 3.219。其中，伙伴异质数、区域类别数是联盟层次的指标，13 家产业技术创新战略联盟平均有 20.2 家非企业成员，最少也有 3 家非企业成员，至多则有 28 家非企业成员；13 家产业技术创新战略联盟中大多数为全国性或国际性联盟，地区性联盟较少，区域介于全国与国际之间；产业类别数表明了成员企业产业链的长短，均值为 1.09，意味着大多数成员企业的主营业务仅处于单一产业链位置，较为专注，跨游（上、中、下游）的成员企业较少；成员企业平均参与了 2.12 家联盟组织，最多有成员企业参与了 5 家联盟组织。

表 5-11 **变量描述性统计结果($n=145$)**

变量及维度	样本量	最小值	最大值	均值	标准差
联盟合法性认知	145	3.21	4.67	3.95	0.249
联盟网络多元性	145	1.67	11.33	7.88	3.219
伙伴异质数	145	3.00	28.00	20.20	9.093
区域类别数	145	1.00	3.00	2.36	0.871
产业类别数	145	1.00	3.00	1.09	0.332
参与联盟数	145	1.00	5.00	2.12	1.195
联盟管理能力	145	1.64	5.00	3.84	0.514
协调	145	1.00	5.00	3.64	0.738
沟通	145	2.20	5.00	4.11	0.491
结合	145	1.33	5.00	3.77	0.523
外部知识获取	145	1.86	5.00	3.85	0.326
联盟信任	145	2.58	5.00	3.89	0.482
善意信任	145	2.67	5.00	3.89	0.491
能力信任	145	2.50	5.00	3.89	0.516
合作创新	145	1.75	5.00	3.73	0.622
创新绩效	145	1.00	5.00	3.77	0.576

13 家产业技术创新战略联盟得到了成员企业较高的合法性认知，均值达到 3.95，其中最大的得分为 4.67，最小的得分为 3.21，全部超过了中间分值 3，表明这 13 家产业技术创新战略联盟具备组织合法性，这为后续的实证研究奠定了基础。

联盟管理能力平均得分为 3.84，其中沟通维度得分最高、结合维度次之、协调维度得分较低。总体上看，样本企业的联盟管理能力水平尚不高，仅在联盟沟通、联系方面做得较好，而在理解、体贴、关注合作伙伴及与协调合作方面做得不好，而后两者则是制约联盟中合作创新的主要因素。

样本企业在联盟信任方面得分不高，均值仅为 3.89，两个子维度的平均得分与联盟信任相等，说明样本企业无论是在对合作伙伴可靠正直方面还是对其完成合作任务的能力方面都有一定程度的信任。

合作创新、创新绩效的均值分别为 3.73、3.77，得分普遍不高，说明样本企业仍未能从产业技术创新战略联盟中得到较高的创新回报。值得注意的是，三者的最小值得分都在 2 以下，说明一些样本企业的创新不理想。

三、变量间的相关分析

表 5-12 显示了变量间的相关关系。总体上看，除了联盟网络多元性与绝大部分变量间呈现显著的负相关关系外，其他绝大部分变量间呈现显著的正相关关系。这为本研究的研究假设预期呈现了初步的证据。然而，有两个异常现象值得说明：第一，联盟网络多元性与创新绩效间的相关系数为正，不仅与合作创新的相关方向相反，而且系数不显著，因此后续研究将不再进行假设的验证，假设不支持；第二，联盟合法性认知与创新绩效间不存在显著的相关关系，并且相关方向一正一负，但本研究将联盟合法性认知作为调节变量，而调节作用的检验并不需要调节变量与结果变量间的显著相关（罗胜强，2008；陈晓萍等，2008），因此这并不影响后续调节作用的检验。

表 5-12 **变量间的相关矩阵($n=145$)**

	1	2	3	4	5	6	7	8	9	10	11	12
1. 协调	1											
2. 沟通	0.646**	1										
3. 结合	0.602**	0.756**	1									
4. 联盟管理能力	0.888**	0.884**	0.868**	1								
5. 联盟网络多元性	-0.288**	-0.194*	-0.167*	-0.256**	1							
6. 善意信任	0.390**	0.407**	0.383**	0.446**	-0.244**	1						
7. 能力信任	0.314**	0.355**	0.322**	0.372**	-0.134	0.829**	1					
8. 联盟信任	0.367**	0.397**	0.368**	0.427**	-0.196*	0.954**	0.958**	1				
9. 外部知识获取	0.353**	0.182*	0.426	0.347**	-0.465**	0.225**	0.294*	0.492**	1			
10. 联盟合法性认知	0.300**	0.188*	0.146	0.253**	-0.736**	0.339**	0.190*	0.274**	0.339**	1		
11. 合作创新	0.637**	0.555**	0.590**	0.681**	-0.272**	0.337**	0.218**	0.289**	0.289**	0.281**	1	
12. 创新绩效	0.337**	0.284**	0.315**	0.358**	0.004	0.352**	0.294**	0.337**	0.337**	0.354**	0.295**	1

注：** 表示系数的显著性水平 $p<0.01$，* 表示系数的显著性水平<0.05(双尾检验)。

第六章　假设检验与分析讨论

在进行层次回归分析前，对研究变量进行共线性检验，结果显示所有控制变量与研究变量的 VIF 值皆在 10 以下，由此可见回归模型的共线性问题并不严重。

第一节　基本假设检验

一、联盟合法性认知影响企业创新的假设检验

由表 6-1 中的模型 2 可知，联盟合法性认知对合作创新的标准化回归系数为 0.266，且达到统计上的显著性水平，这说明企业的联盟合法性认知对其合作创新具有显著的正向影响，模型能够解释合作创新变化的 0.252。模型 4 显示，联盟合法性认知对创新绩效的标准化回归系数为 0.380，且达到统计上的显著性水平，这说明企业的联盟合法性认知对其创新绩效具有显著的正向影响，模型能够解释创新绩效变化的 0.368。综上检验，假设 1a、假设 1b 得到了验证。

二、联盟合法性认知影响外部知识获取的假设检验

由表 6-2 中的模型 2 可知，联盟合法性认知对外部知识获取的标准化回归系数为 0.361，且达到统计上的显著性水平，这说明企业的联盟合法性认知对其外部知识获取具有显著的正向影响，模型能够解释外部

知识获取变化的0.317。因此，假设2得到了验证。

表6-1 **联盟合法性认知影响企业创新的回归结果($n=145$)**

	合作创新		创新绩效	
	模型1	模型2	模型3	模型4
控制变量				
联盟经验	0.076	0.126	0.107	0.222
企业性质	0.047	-0.034	0.005	-0.152
企业规模	0.072	0.037**	0.282**	0.121
企业年龄	0.011	0.017*	0.005	0.069*
自变量				
联盟合法性认知		0.266**		0.380**
Adjusted R^2	0.198	0.252	0.338	0.368
F change	1.683	4.413**	1.342**	7.278**

注：表内回归系数皆为标准化回归系数。其中，***表示$p<0.001$，**表示$p<0.01$，*表示$p<0.05$，皆为双边检验。

表6-2 **联盟合法性认知影响外部知识获取的回归结果($n=145$)**

	模型1	模型2
控制变量		
联盟经验	0.096	0.230
企业性质	0.190	-0.161
企业规模	0.049	0.158**
企业年龄	0.075	0.050*
自变量		
联盟合法性认知		0.361**
Adjusted R^2	0.124	0.317
F change	1.082	3.194**

注：表内回归系数皆为标准化回归系数。其中，***表示$p<0.001$，**表示$p<0.01$，*表示$p<0.05$，皆为双边检验。

三、外部知识获取影响企业创新的假设检验

由表 6-3 中的模型 2 可知，外部知识获取对合作创新的标准化回归系数为 0.329，且达到统计上的显著性水平，这说明外部知识获取对其合作创新具有显著的正向影响，模型能够解释合作创新变化的 0.228。模型 4 显示，外部知识获取对创新绩效的标准化回归系数为 0.417，且达到统计上的显著性水平，这说明外部知识获取对其创新绩效具有显著的正向影响，模型能够解释创新绩效变化的 0.441。综上检验，假设 3a、假设 3b 得到了验证。

表 6-3　　**外部知识获取影响企业创新的回归结果（$n=145$）**

	合作创新		创新绩效	
	模型 1	模型 2	模型 3	模型 4
控制变量				
联盟经验	0.076	0.068	0.107	0.082
企业性质	0.047	0.047	0.005	0.047
企业规模	0.072	0.267**	0.282**	0.274**
企业年龄	0.011	0.027	0.005	0.024
自变量				
外部知识获取		0.329**		0.417**
Adjusted R^2	0.198	0.228	0.338	0.441
F change	1.683	6.547**	1.342**	5.354**

注：表内回归系数皆为标准化回归系数。其中，*** 表示 $p<0.001$，** 表示 $p<0.01$，* 表示 $p<0.05$，皆为双边检验。

四、联盟管理能力影响企业创新的假设检验

由表 6-4 中的模型 5 可知，联盟管理能力对合作创新的标准化回归

系数为 0.684，且达到统计上的显著性水平，这说明企业的联盟管理能力对其合作创新具有显著的高度的正向影响，模型能够解释合作创新 0.455 的变化。本书进一步考察企业联盟管理能力中 3 个维度对其合作创新的影响，从模型 2 至模型 4 可以看出，协调、沟通、结合三个维度对合作创新的标准化回归系数分别为 0.640、0.561、0.592，均超过了 0.5，并且显著性水平都在 0.001 以下，这说明 3 个维度对合作创新都有显著的高度正向影响。从解释力度上看，模型 2 对合作创新的解释达到了 0.397，这在一定程度上说明企业间的协调更有利于合作创新的开展。综合以上讨论，本书假设 5a 得到了验证。

表 6-4　　**联盟管理能力影响合作创新的回归结果（$n=145$）**

变量	模型 1	模型 2	模型 3	模型 4	模型 5
控制变量					
联盟经验	−0.076	−0.028	0.031	−0.011	0.015
企业性质	0.047	0.099	0.059	0.025	0.070
企业规模	0.072	0.071	0.103	0.090	0.090
企业年龄	0.011	0.037	0.002	−0.035	0.003
自变量					
协调		0.640***			
沟通			0.561***		
结合				0.592***	
联盟管理能力					0.684***
Adjusted R^2	−0.014	0.397	0.295	0.337	0.455
F change	0.513	96.456	62.288	74.996	121.611
Sig. F change	0.726	0.000	0.000	0.000	0.000

注：表内回归系数皆为标准化回归系数。其中，*** 表示 $p<0.001$，** 表示 $p<0.01$，* 表示 $p<0.05$，皆为双边检验。

由表 6-5 中的模型 5 可知，联盟管理能力对创新绩效的标准化回归系数为 0. 357，且达到统计上的显著性水平，这说明企业的联盟管理能力对其创新绩效具有显著的正向影响，模型能够解释创新绩效变化的 0. 168。为进一步考察企业联盟管理能力对其创新绩效的影响，分别对联盟管理能力 3 个维度进行了回归分析。从模型 2 至模型 4 可以看出，协调、沟通、结合三个维度对创新绩效的标准化回归系数分别为 0. 347、0. 277、0. 305，其中协调维度和结合维度的显著性水平都在 0. 001 以下、沟通维度的显著性水平也在 0. 01 以下，这说明三个维度对企业创新绩效都有显著的正向影响。从解释力度上看，模型 2 对创新绩效的解释达到了 0. 161，在 3 个维度中最具有解释力度，这在一定程度上说明企业间的协调更有利于创新绩效的提高。综上讨论，假设 5b 得到了验证。

表 6-5　　**联盟管理能力影响创新绩效的回归结果（$n=145$）**

变量	模型 1	模型 2	模型 3	模型 4	模型 5
控制变量					
联盟经验	−0. 107	−0. 082	−0. 055	−0. 074	−0. 060
企业性质	0. 005	0. 034	0. 011	−0. 006	0. 017
企业规模	−0. 282**	−0. 282**	−0. 266**	−0. 273**	−0. 272**
企业年龄	0. 005	0. 019	0. 001	−0. 019	0. 001
自变量					
协调		0. 347***			
沟通			0. 277**		
结合				0. 305***	
联盟管理能力					0. 357***
Adjusted R^2	0. 045	0. 161	0. 115	0. 133	0. 168
F change	2. 686	20. 417	12. 116	15. 217	21. 692
Sig. F change	0. 034	0. 000	0. 001	0. 000	0. 000

注：表内回归系数皆为标准化回归系数。其中，*** 表示 $p<0.001$，** 表示 $p<0.01$，* 表示 $p<0.05$，皆为双边检验。

五、联盟管理能力影响外部知识获取的假设检验

由表6-6中的模型5可知，联盟管理能力对外部知识获取的标准化回归系数为0.482，且达到统计上的显著性水平，这说明联盟管理能力对外部知识获取具有显著的高度的正向影响，模型能够解释外部知识获取变化的0.212。进一步考察联盟管理能力3个维度分别对外部知识获取的影响，从模型2至模型4可以看出，协调、沟通、结合3个维度对外部知识获取的标准化回归系数分别为0.325、0.358、0.393，显著性水平都在0.001以下，说明3个维度对外部知识获取都有显著的正向影响。综合以上检验，假设6得到了验证。

表6-6 **联盟管理能力影响外部知识获取的回归结果($n=145$)**

变量	模型1	模型2	模型3	模型4	模型5
控制变量					
联盟经验	-0.011	-0.031	0.026	-0.036	0.055
企业性质	-0.027	0.055	0.093	0.067	-0.016
企业规模	0.091	0.010	0.150	0.052	0.105
企业年龄	0.033	0.003	0.059	-0.036	0.023
自变量					
协调		0.325***			
沟通			0.358***		
结合				0.393***	
联盟管理能力					0.482***
Adjusted R^2	0.018	0.117	0.152	0.173	0.212
F change	0.336	6.516	6.549	7.961	8.329***

注：表内回归系数皆为标准化回归系数。其中，***表示$p<0.001$，**表示$p<0.01$，*表示$p<0.05$，皆为双边检验。

六、联盟网络多元性影响企业创新的假设检验

从表 6-7 中合作创新的模型 2 可以看出，联盟网络多元性对合作创新的影响都是负向的，其中联盟网络多元性对合作创新的标准化回归系数为-0.302。从统计上的显著性水平来看，联盟网络多元性对合作创新回归系数的显著性在 0.01 水平以下，因此联盟网络多元性对合作创新具有显著的负向影响，假设 9b 得到了验证。由表 6-7 中创新绩效的模型 4 可知，联盟网络多元性对创新绩效的标准化回归系数为-0.086，且未能达到统计上的显著性水平，这说明假设 10 未得到验证，即联盟网络多元性既不支持对创新绩效的正向影响假设，也不支持对创新绩效的负向影响假设，联盟网络多元性对创新绩效的影响需要进一步地实证研究。

表 6-7　**联盟网络多元性影响企业创新的回归结果（*n*=145）**

	合作创新		创新绩效	
	模型 1	模型 2	模型 3	模型 4
控制变量				
联盟经验	-0.105	0.013	-0.107	-0.082
企业性质	-0.132	0.087	0.005	0.017
企业规模	-0.037	-0.016	-0.282	-0.307
企业年龄	-0.066	-0.028	0.005	-0.006
自变量				
联盟网络多元性		-0.302**		-0.086
Adjusted R^2	0.002	0.054	0.045	0.044
F change	1.082	10.422**	2.686	0.838

注：表内回归系数皆为标准化回归系数。其中，*** 表示 $p<0.001$，** 表示 $p<0.01$，* 表示 $p<0.05$，皆为双边检验。

七、联盟网络多元性影响联盟信任的假设检验

由表 6-8 中的模型 2 可知，联盟网络多元性对联盟信任的标准化回归系数为-0.195，且达到了统计上的显著性水平($p<0.01$)，这说明联盟网络多元性对联盟信任具有显著的负向影响，模型能够解释联盟信任变化的 0.026。据此，假设 11b 得到了验证，而假设 11a 未得到数据支持。

表 6-8 **联盟网络多元性影响联盟信任的回归结果($n=145$)**

	模型 1	模型 2
控制变量		
联盟经验	-0.105	-0.040
企业性质	-0.132	-0.121
企业规模	-0.037	-0.086
企业年龄	-0.066	-0.103
自变量		
联盟网络多元性		-0.195**
Adjusted R^2	0.002	0.026
F change	1.082	3.972**

注：表内回归系数皆为标准化回归系数。其中，*** 表示 $p<0.001$，** 表示 $p<0.01$，* 表示 $p<0.05$，皆为双边检验。

第二节 外部知识获取与联盟信任的中介作用检验

一、外部知识获取在联盟合法性认知影响企业创新间的中介作用检验

前文基本假设检验结果表明，联盟合法性认知对外部知识获取、创

新绩效和合作创新存在显著的正向影响，外部知识获取对创新绩效、合作创新均具有显著的正向影响，其标准化回归系数分别为 0.417、0.329。表 6-9 中模型 3 的结果显示，在加入外部知识获取后，联盟合法性认知对合作创新的标准化回归系数为 0.168，较模型 2 其标准化系数减少了 0.098，显著性水平从 $p<0.01$ 变为 $p<0.05$，仅是显著性下降，是部分中介作用；模型 3 调整后的决定系数为 0.501，较模型 2 增加了 0.249；F 改变值为 8.336，且 $p<0.01$，表示回归模型整体解释变异量达到显著水平。综上，外部知识获取在联盟合法性认知对合作创新的影响中具有部分中介作用，假设 4a 得到验证。

表 6-9　**外部知识获取在联盟合法性认知与企业创新间的中介作用检验结果（$n=145$）**

	合作创新			创新绩效		
	模型 1	模型 2	模型 3	模型 4	模型 5	模型 6
控制变量						
联盟经验	0.076	0.126	0.143	0.107	0.222	0.244
企业性质	0.047	−0.034	−0.043	0.005	−0.152	−0.153
企业规模	0.072	0.037**	0.036**	0.282**	0.121	0.108**
企业年龄	0.011	0.017*	0.022**	0.005	0.069*	0.042**
研究变量						
联盟合法性认知		0.266**	0.168*		0.380**	0.342*
外部知识获取			0.297*			0.308*
Adjusted R^2	0.198	0.252	0.501	0.338	0.368	0.472
F change	1.683	4.413**	8.336**	1.342**	7.278**	11.025**

注：表内回归系数皆为标准化回归系数。其中，*** 表示 $p<0.001$，** 表示 $p<0.01$，* 表示 $p<0.05$，皆为双边检验。

模型 6 的结果显示，在加入外部知识获取后，联盟合法性认知对创新绩效的标准化回归系数为 0.342，较模型 5 其标准化系数减少了 0.038，显著性水平从 $p<0.01$ 变为 $p<0.05$，仅是显著性下降，是部分中介作用；模型 3 调整后的决定系数为 0.472，较模型 5 增加了 0.104，联盟合法性认知、外部知识获取两个预测变量共可解释创新绩效 13.4%的变异量；F 改变值为 11.025，且 $p<0.01$，表示回归模型整体解释变异量达到显著水平。综上，外部知识获取在联盟合法性认知对创新绩效的影响中具有部分中介作用，假设 4b 得到验证。

二、外部知识获取在联盟管理能力影响企业创新间的中介作用检验

前文基本假设检验结果表明，联盟管理能力对外部知识获取、创新绩效和合作创新存在显著的正向影响，外部知识获取对创新绩效、合作创新均具有显著的正向影响。表 6-10 中模型 3 的结果显示，在加入外部知识获取后，联盟管理能力对合作创新的标准化回归系数为 0.618，较之模型 2，自变量对因变量的影响没有显著下降，表明外部知识获取在联盟管理能力对合作创新的影响中不具有中介作用，假设 7a 不成立。

表 6-10 **外部知识获取在联盟管理能力与企业创新间的中介作用检验结果($n=145$)**

	合作创新			创新绩效		
	模型 1	模型 2	模型 3	模型 4	模型 5	模型 6
控制变量						
联盟经验	-0.076	0.015	0.010	-0.107	-0.060	-0.074
企业性质	0.047	0.070	0.065	0.005	0.017	0.011
企业规模	0.072	0.090	0.079	-0.282**	-0.272**	-0.276**
企业年龄	0.011	0.003	-0.006	0.005	0.001	-0.019
研究变量						
联盟管理能力		0.684***	0.618***		0.357***	0.264**

续表

	合作创新			创新绩效		
	模型 1	模型 2	模型 3	模型 4	模型 5	模型 6
外部知识获取			0.126			0.277**
Adjusted R^2	-0.014	0.455	0.457	0.045	0.168	0.241
F change	0.513	121.611***	-3.216***	2.686*	21.692***	1.038***

注：表内回归系数皆为标准化回归系数。其中，*** 表示 $p<0.001$，** 表示 $p<0.01$，* 表示 $p<0.05$，皆为双边检验。

模型 6 的结果显示，在加入外部知识获取后，联盟管理能力对创新绩效的标准化回归系数为 0.264，自变量对因变量的影响较之模型 5 有了显著下降(从 $p<0.001$ 变为 $p<0.01$)，外部知识获取仍对创新绩效有显著影响(标准化回归系数为 0.277，$p<0.01$)；模型 6 调整后的决定系数为 0.241，较模型 5 增加了 0.073，联盟管理能力、外部知识获取两个预测变量共可解释创新绩效 19.6%的变异量；F 改变值为 1.038，且 $P<0.001$，表示回归模型整体解释变异量达到显著水平。综上，外部知识获取在联盟管理能力对创新绩效的影响中具有部分中介作用，假设 7b 得到验证。

三、联盟信任在联盟网络多元性影响企业创新间的中介作用检验

前文已经检验了联盟网络多元性对合作创新具有显著的负向影响，而对创新绩效则不具有显著影响。第一，从表 6-10 中模型 4 可以发现其标准化回归系数为-0.302，且达到统计上的显著性水平。第二，模型 2 可以看出，联盟网络多元性对联盟信任的标准化系数为-0.189，且达到了统计上的显著性水平($p<0.05$)，因此自变量显著影响中介变量成立。第三，模型 5 的结果显示，在加入联盟信任后，联盟网络多元性对合作创新的标准化回归系数为-0.254，并且达到了统计上的显著性水平($p<0.01$)。然而，较模型 5 可以发现，联盟网络多元性的回归

系数(绝对值)却有显著的降低，其绝对值从 0.302 下降到 0.254，下降了 0.048。第四，模型 5 可以看出，联盟信任对合作创新的标准化回归系数为 0.255，并且达到了统计上的显著性水平($p<0.01$)。因此，虽然联盟信任在联盟网络多元性对合作创新的影响当中不具有完全中介的效果，但却具有部分中介的影响。这一点也可以从调整的 R^2 的变化中得到进一步验证，模型 4 调整的 R^2 为 0.050，模型 5 调整的 R^2 为 0.107，即在加入联盟信任后，调整的 R^2 增加了 0.057(0.107−0.05)，并且 F 值的改变量达到了统计上的显著性水平($p=0.002<0.01$)。综合以上分析可见，假设 12a 得以成立，即联盟信任在联盟网络多元性对合作创新的影响当中有部分中介作用。

表 6-11　**联盟信任在联盟网络多元性与合作创新间的中介作用检验结果($n=145$)**

	联盟信任		合作创新		
	模型 1	模型 2	模型 3	模型 4	模型 5
控制变量					
联盟经验	−0.105	−0.050	−0.076	0.013	0.025
企业性质	−0.132	−0.107	0.047	0.087	0.114
企业规模	−0.037	−0.092	0.072	−0.016	0.008
企业年龄	−0.066	−0.090	0.011	−0.028	−0.005
自变量					
联盟网络多元性		−0.189*		−0.302**	−0.254**
中介变量					
联盟信任					0.255**
Adjusted R^2	0.002	0.023	−0.014	0.050	0.107
F change	1.082	3.990*	0.513	10.434**	9.883**

注：表内回归系数皆为标准化回归系数。其中，*** 表示 $p<0.001$，** 表示 $p<0.01$，* 表示 $p<0.05$，皆为双边检验。

第三节　联盟合法性的调节作用检验

本书采用层次回归分析方法进行调节作用的检验。用回归的方法检验调节作用的一个重要步骤是把自变量和调节变量中的连续变量进行中心化处理，即对这个变量的样本值减去均值，使新得到的样本数据均值为0(Aiken & West，1991)。这主要是由于自变量和调节变量往往与它们的交互项高度相关，采用此种处理方法可减小回归方程当中变量间的多重共线性问题。本书将采用这一方法对自变量和调节变量进行中心化处理。

一、联盟合法性认知在联盟管理能力对外部知识获取间的调节作用检验

联盟合法性认知在联盟管理能力对外部知识获取的调节作用的结果见表6-12。前文已检验联盟管理能力对外部知识获取具有显著的正向影响，联盟合法性认知对外部知识获取具有显著的正向影响。对比模型3和模型2可以看出，当联盟管理能力×联盟合法性认知这一交互项进入方程后，联盟管理能力×联盟合法性认知的回归系数为0.185，并且达到了统计上的显著性水平($p<0.05$)。标准化决定系数达到0.341，较模型2有提升。综合以上分析可见，联盟合法性认知在联盟管理能力对外部知识获取的影响中有显著的正向调节作用，即外部知识获取和联盟管理能力之间的关系受到了联盟合法性认知的间接影响，假设8得到了支持。

构造回归方程进一步分析这种调节作用的方式与效用，方程中 Y 为因变量外部知识获取、X 为自变量联盟管理能力、M 为调节变量联盟合法性认知、b 为常数项：

$$Y = b + 0.328M + (0.268 + 0.185M)X$$

表 6-12　　**联盟合法性认知在联盟管理能力影响外部知识获取间的调节作用结果($n=145$)**

变量	模型 1	模型 2	模型 3
控制变量			
联盟经验	-0.011	0.072	0.092
企业性质	-0.027	0.000	0.031
企业规模	0.091	0.082	0.093
企业年龄	0.033	0.010	0.012
自变量			
联盟管理能力		0.274**	0.268**
调节变量			
联盟合法性认知		0.390***	0.328***
交互项			
联盟管理能力×联盟合法性认知			0.185*
Adjusted R^2	0.010	0.316	0.341
F change	0.366	11.732***	-0.464***

注：表内回归系数皆为标准化回归系数。其中，*** 表示 $p<0.001$，** 表示 $p<0.01$，* 表示 $p<0.05$，皆为双边检验。

由方程式可知，联盟合法性认知得分越高，联盟管理能力对外部知识获取的正效应越大。这在一定程度上意味着，当联盟合法性认知较高时，两者交互效应对于合作伙伴间的外部知识获取更有利，联盟管理能力的作用得到了强化；相反，越是不具备合法性的联盟，即 M 得分较低时，联盟管理能力越高，对伙伴间的外部知识获取作用越小。因此，联盟合法性认知与联盟管理能力共同对外部知识获取产生影响，这种影响是一种协同机制。

二、联盟合法性认知在联盟信任对合作创新间的调节作用检验

联盟合法性认知在联盟信任对合作创新的调节作用的分析结果见表

6-13。从模型 2 可以看出，第一，联盟信任对合作创新具有显著的正向影响，其标准化回归系数为 0. 239，并且达到了统计上的显著性水平($p<0.01$)，这表明自变量显著影响因变量。第二，考虑联盟合法性认知对合作创新的影响，其标准化回归系数为 0. 215，且具有统计上的显著意义($p<0.05$)。第三，对比模型 3 和模型 2 可以看出，当联盟信任×联盟合法性认知这一交互项进入方程后，联盟信任×联盟合法性认知的回归系数为-0. 220，并且达到了统计上的显著性水平($p<0.05$)。另外，ΔR^2值有显著意义的提高($p<0.05$)，R^2的变化约为 3. 4%。再加上模型 3 中联盟信任对合作创新的标准化回归系数较之模型 2 中有了显著提高，达 0. 058(0. 297-0. 239)。综合以上分析可见，联盟合法性认知在联盟信任对合作创新的影响中有显著的负向调节作用，即合作创新和联盟信任之间的关系受到了联盟合法性认知的影响，假设 13a 得到了支持。

表 6-13　**联盟合法性认知在联盟信任影响合作创新间的调节作用结果($n=145$)**

变量	模型 1	模型 2	模型 3
控制变量			
联盟经验	-0. 076	-0. 021	-0. 037
企业性质	0. 047	0. 099	0. 096
企业规模	0. 072	0. 048	0. 048
企业年龄	0. 011	0. 022	0. 032
自变量			
联盟信任		0. 239**	0. 297**
调节变量			
联盟合法性认知		0. 215*	0. 302**
交互项			
联盟信任×联盟合法性认知			-0. 220*

续表

变量	模型 1	模型 2	模型 3
Adjusted R^2	-0.014	0.100	0.129
ΔR^2	0.014	0.123	0.034
F change	0.513	9.839***	5.567*

注：表内回归系数皆为标准化回归系数。其中，*** 表示 $p<0.001$，** 表示 $p<0.01$，* 表示 $p<0.05$，皆为双边检验。

构造回归方程进一步分析这种调节作用的方式与效用，方程中 Y 为因变量合作创新、X 为自变量联盟信任、M 为调节变量联盟合法性认知、b 为常数项：

$$Y = b + 0.302M + (0.297 - 0.220M)X$$

由方程式可知，联盟合法性认知得分越低，联盟信任对合作创新的正效应越大。当 $M>1.35$ 时，联盟信任对合作创新的影响变成了负效应。这在一定程度上意味着，当联盟合法性认知较高时，两者交互效应对于合作伙伴间的合作创新越不利，联盟信任的作用得到了弱化；相反，越是不具备合法性的联盟，即 M 得分较低时，联盟信任越高，越有利于伙伴间的合作创新，联盟信任起到了关键的作用。因此，联盟合法性认知与联盟信任对于合作创新而言，是互补机制，而不是协同机制。

三、联盟合法性认知在联盟信任对创新绩效间的调节作用检验

进一步检验联盟合法性认知在联盟信任对创新绩效的调节作用，其分析结果见表 6-14。从模型 2 可以看出，联盟信任对创新绩效具有显著的正向影响，其标准化回归系数为 0.369，并且达到了统计上的显著性水平($p<0.001$)，这表明自变量显著影响因变量。再考虑联盟合法性认知对创新绩效的影响，并不具有统计上的显著意义。对比模型 3 和模型

2 可以看出，当联盟信任×联盟合法性认知这一交互项进入方程后，联盟信任×联盟合法性认知的回归系数未能达到统计上的显著性水平（$p>0.05$）。另外，ΔR^2值也没有显著意义的提高，R^2的变化约为 1.7%。以上分析表明，联盟合法性认知在联盟信任对创新绩效的影响当中没有调节作用，即创新绩效和联盟信任之间的关系未受到联盟合法性认知的影响，假设 14b 未能通过检验。

表 6-14　　**联盟合法性认知在联盟信任影响创新绩效间的调节作用结果（$n=145$）**

变量	模型 1	模型 2	模型 3
控制变量			
联盟经验	−0.107	−0.081	−0.093
企业性质	0.005	0.045	0.043
企业规模	−0.282**	−0.254**	−0.254**
企业年龄	0.005	0.031	0.039
自变量			
联盟信任		0.369***	0.410***
调节变量			
联盟合法性认知		−0.092	−0.030
交互项			
联盟信任×联盟合法性认知			−0.157
Adjusted R^2	0.045	0.160	0.171
ΔR^2	0.071	0.123	0.017
F change	2.686*	10.574***	2.968

注：表内回归系数皆为标准化回归系数。其中，*** 表示 $p<0.001$，** 表示 $p<0.01$，* 表示 $p<0.05$，皆为双边检验。

第四节　结果讨论

一、联盟合法性认知对企业创新的直接影响

已有许多研究表明，组织合法性对组织获取资源、控制反对力量、重塑规范与秩序、赢得组织成员承诺等具有积极作用(Kumar & Das，2007；Patriotta 等，2010；Peng & Beamish，2007；李燕萍等，2012；Dacin 等，2007)，是获得竞争优势的重要来源(杜运周等，2008；Dewaelheyns 等，2010；苏晓华，王平，2011)。本书则发现，企业对产业技术创新战略联盟的合法性认知具有创新改善功效，不仅有助于企业从产业技术创新战略联盟中实现外部知识获取，而且有利于企业提升创新绩效、促进更多的合作创新行为。一方面，当前我国产业技术创新战略联盟迅速兴起且成员规模越来越庞大、入盟门槛越来越低，联盟成员对联盟伙伴的机会主义、搭便车行为表现更为担忧(吴绍棠，李燕萍，2014)；另一方面，产业技术创新战略联盟行业地位弱、影响力不够、创新资源动员不足、创新合作与收益少的难题一直困扰着联盟发展。因此，联盟管理者不仅要强化产业技术创新战略联盟的政治与法律合法性，更应努力追求产业技术创新战略联盟的组织合法性，塑造产业技术创新战略联盟在成员单位中的正当地位，提升企业对联盟的合法性认知，使联盟成员能够消除疑虑、主动融入，诱发更多的知识转移与合作创新行为，进而改善并保障成员企业的创新表现。

一方面，许多研究发现联盟有着频繁的低成功率(Butler，2008；Gulati & Lawrence，2005)，如美国麦肯锡咨询公司发现，合作技术开发联盟的失败率是50%。此外，联盟研究者发现许多组织不能从联盟活动中获得潜在的收益，反之少数组织却能够在联盟活动中取得更大的持续的成功(Kale 等，2002；Schreiner 等，2009；Christoffersen，2013)。一段时间内，我国产业技术创新战略联盟迅速发展，但部分联盟发展举

步维艰、成员企业收益存在明显差异。另一方面，如前所述，组织合法性对于组织成员的行为与表现具有强大的解释力(高丙中，2000)，但对成员创新的影响路径却尚未厘清。本书则构建了联盟合法性对企业创新的影响机制，即企业对产业技术创新战略联盟的合法性认知不仅将直接影响外部知识获取、创新绩效与合作创新，而且将通过外部知识获取间接影响创新绩效与合作创新。这意味着，联盟合法性认知对企业创新的影响是双重的，这也在一定程度上回应了"为何不同组织从联盟活动中获取的收益有差异"的观点。在知识经济时代，企业应自发承认产业技术创新战略联盟的正当地位、认可产业技术创新战略联盟活动，方能通过产业技术创新战略联盟这种平台实现外部知识转移、转换、利用与创造(Duysters 等，2012)，进而改善企业创新表现，获得最大的联盟创新收益。

二、联盟合法性认知在联盟管理能力与企业创新中的间接影响

(一)联盟管理能力对企业创新的积极影响

实证研究表明，联盟管理能力对创新绩效具有显著的正向影响，协调、沟通、结合三个维度对企业创新绩效都有显著的正向影响。以往的研究学者探讨了联盟管理能力的绩效效应，并通过实证研究证实了联盟管理能力有助于提升企业的影响。如 Simonin(1997)对 151 家企业进行实证研究表明，优异的联盟管理能力既有利于企业达到预定的合作目标，又可帮助企业得到意外的收获，最终有助于提升企业的经营绩效；又如 Sluyts 等(2011)通过对 189 家企业联盟活动的实证研究表明，联盟管理能力对企业的联盟绩效具有显著的正向影响。然而，学术界却缺乏对联盟管理能力与企业创新绩效的研究。在联盟中，互补资源是联盟成员彼此具有的独特性资源，而联盟管理能力通过弥补各自资源和能力上的弱点，使联盟成员之间的合作更具有价值；相反，如果不能有效整合联盟成员的互补资源，那么就不利于产生资源协调效应，也无助于实现

联盟目标(Dyer & Singh，1998)。另外，企业内部如能同时存在多元的管理方法及与合作伙伴联盟的管理能力，将有助于不同技术与专业领域意见的相互结合与创造，进而有效提升企业的创新绩效。

本研究发现，企业的联盟管理能力对其合作创新具有显著的高度正向影响，进一步地企业联盟管理能力中三个维度对其合作创新都有显著的正向影响。创新是企业成长的重要动力，在技术复杂化和产品更新节律不断加快的背景下，合作创新将成为大多数企业普遍采取的创新模式。产业技术创新战略联盟是一种新型的产学研合作创新模式，组织可通过联盟网络积极利用外部创新源，进而实现合作创新。具有较高联盟管理能力的企业，可通过汇集各自的特质和互补资源，使合作伙伴间能够加强他们共同的竞争优势，推动合作，而不是竞争行为，并促进联盟运行(Harrigan，1988；Kogut，1988；Deeds & Hill，1996；Dyer & Singh，1998)。另外，拥有实施复杂协调机制的技能能够使企业根据伙伴的组织边界和对伙伴责任的考虑而能更好实现协作。正如Schreiner等(2009)所指出的，在联盟运作阶段，联盟伙伴间为从事合作创新活动而共同投入一定的创新资源，难免会出现意外情况甚至发生冲突与矛盾，而当企业具有较高的联盟管理能力时，就可以与联盟伙伴进行良好的沟通与协调，这将有助于解决联盟运作过程中可能遇到的冲突与障碍。因此，联盟管理能力有助于成员企业的合作创新。

(二)外部知识获取的部分中介角色

联盟管理能力能够协调和管理联盟伙伴间的相互依赖关系，包括建立任务要求的共识、理解盟友之间相互依赖的本质、任务执行过程的规范性(Gulati等，2005)；联盟管理能力通过开诚布公地沟通，以一种及时、准确、完整的方式向盟友传达有关自身的相关信息，不仅能减少盟友对企业动机、能力和运作方式的不确定性，还能减轻它们对未来行动投资的担忧(Schreiner等，2009)；联盟管理能力可用恰当的手段实现匹配，使之能从联盟伙伴中获取互相依赖的知识或技能并用于创新

(Schreiner 等，2009)。本书则进一步发现，外部知识获取在联盟管理能力对成员企业创新绩效的影响中具有部分中介的影响。中介模型分析结果表明：一方面，联盟管理能力对创新绩效有直接的正向效应，即联盟管理能力越高的企业，其创新绩效也就会高一些；另一方面，联盟管理能力通过外部知识获取对成员企业的创新绩效有间接正效应，即联盟管理能力高的企业，越能从联盟中获取外部知识，进而改善企业的创新绩效表现。这意味着，企业的联盟管理能力对创新绩效的影响是多重的，或许企业联盟管理能力对创新绩效的直接提升有限，通过联盟管理能力获取更多外部知识，也将显著提升创新绩效。

(二)联盟合法性认知正强化联盟管理能力对外部知识获取的影响

本研究发现，联盟合法性认知在联盟管理能力对外部知识获取的影响中有显著的调节作用(如图 6-1 所示)，企业若具有高的联盟合法性认知，外部知识获取受联盟管理能力的影响较大；企业若具有低的联盟合法性认知，外部知识获取受联盟管理能力的影响较小。已有许多研究表明，组织合法性对组织获取资源、控制反对力量、重塑规范与秩序、赢得组织成员承诺等具有积极作用(Aldrich & Fiol，1994；Zucker，1987；Zimmerman & Zeitz，2002)，是获得竞争优势的重要来源。本研究则发现，企业对产业技术创新战略联盟的合法性认知具有创新知识汲取功效，有助于强化企业通过联盟管理能力从产业技术创新战略联盟中实现外部知识获取。这种正强化作用对我国产业技术创新战略联盟的建设与企业的参与有着积极影响。联盟管理者不仅要强化产业技术创新战略联盟的政治与法律合法性，更应努力追求产业技术创新战略联盟的组织合法性，塑造产业技术创新战略联盟在成员单位中的正当地位，提升企业对联盟的合法性认知，使联盟成员能够消除疑虑、主动融入，增强联盟管理能力对联盟中外部知识的获取，进而为改善并保障成员企业的创新表现奠定基础。

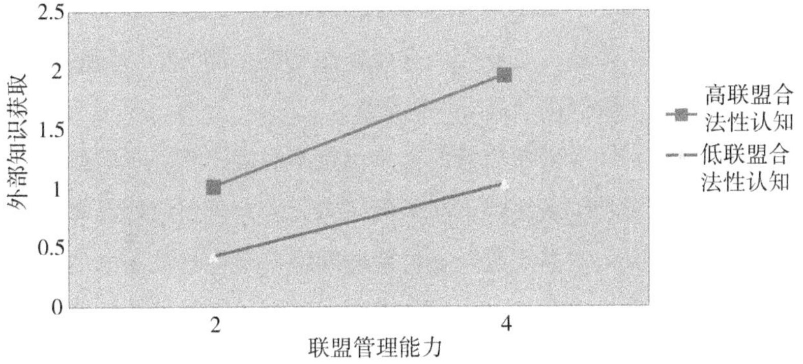

图 6-1 联盟合法性认知的调节作用图

三、联盟合法性认知在联盟网络多元性与企业创新中的间接影响

(一)企业的联盟网络并非"多多益善"

如今，在政府相关部门的直接推动下，我国的产业技术创新战略联盟迅速兴起且成员规模越来越庞大、覆盖地域越来越宽广、入盟门槛越来越低，进而使参与联盟的企业编织着宽而广、多而杂的联盟网络。然而，本研究结果表明，企业的联盟网络多元性对联盟信任、合作创新均具有显著的负向影响，即联盟网络多元性不利于增进成员间的信任及合作创新。这意味着，联盟伙伴数量越多、联盟伙伴的差异性越大、空间距离越远、自身产业链越长，越会增加企业联盟网络中联盟关系的管理成本、知识或信息的传递成本，且这种成本要大于其本身所带来的收益与好处，从而不利于成员间信任的发展与合作创新。在组织间战略互动中，企业的联盟网络多元性拉大了企业与联盟伙伴间的社会距离，社会距离大意味着参与者之间越不亲近(Buchan 等，2006；Charness 等，2007)，社会距离越大，参与者对其他成员利益的关心就会越弱，成员对关系的认同度就会越低，相应的奉献精神会被削弱，随之双方的合作也会变得越来越困难(李英蕾，夏纪军，2009)。并且，在日益扩大且多样化的联盟网络中，联盟成员对联盟伙伴的机会主义、“搭便车”行为表现更为担忧。因此，企业应当有选择性地加入那些小而精的产业技术创新战略联盟，联盟网络并非“多多益善”。

联盟网络多元性对创新绩效的影响仍然不明确，既不正向影响创新绩效，也不负向影响创新绩效，联盟网络多元性对创新绩效的影响需要进一步地实证研究。本书既没有支持联盟网络多元性有助于成员企业创新绩效的观点，也没有支持联盟网络多元性不利于成员企业创新绩效的观点。其中可能的原因在于：(1)产业技术创新战略联盟中的成员包括了企业组织、学术组织、研究机构、非营利机构等，较之以往的战略联盟更具有多元性与异质性。但也正因为这些成员性质的差异，各自联盟的目标也不一样，使联盟伙伴间难以形成共同利益，也难以促进彼此间的相互学习。最终，两种效应使联盟网络多元性对创新绩效的影响不明显。(2)联盟网络多元性一方面使联盟中具有更多的不同知识、不同技术与不同信息，而另一方面却增加了成员企业从中获益的成本，不仅需要更多的时间、精力去挑选联盟伙伴，而且还需要应付合作过程中的摩擦与矛盾，因而最终难以明确其对企业创新绩效的影响效果。(3)本书所关注的联盟虽都是产业技术创新战略联盟，并且处于高新技术企业，然而这些产业技术创新战略联盟成立时间不长，再加之创新绩效的显现有一个滞后期，所以联盟网络多元性对成员企业创新绩效的影响尚未建立起直接影响机制。

(二)联盟信任的中介角色：合作创新的社会化保护机制

合作创新行为的发生主要来自各种不同来源知识的合并，而大量的研究表明，成员间信任度越高，越是愿意参与社会交换以及合作互动(Fukuyama，1995)。随着联盟网络多元性的提升，联盟企业将面临着广泛的知识获取机会(McEvily & Zaheer，1999)，也意味着联盟伙伴具有更多独特的知识，联盟成员也越能够通过彼此间的创新合作来产生更多的新颖知识(Cohen & Levinthal, 1990)。因此，尽管企业的联盟网络多元性对合作创新存在负面效果，但如何利用联盟网络多元性的正面效果，仍然非常重要。本研究发现，联盟信任在企业的联盟网络多元性对合作创新的影响当中有部分中介作用。这表明：一方面，企业的联盟网络多元性对合作创新有直接的负效应，即联盟网络越是多元，合作创新越不活跃；另一方面，企业的联盟网络多元性通过联盟信任对合作创新产生间接作用。尽管仅存在部分中介效应，但联盟信任却降低了联盟网络多元性对合作创新的负向影响，并且企业与联盟伙伴间的信任水平与关系资本将提升合作创新意愿(Dyer & Nobeoka, 2000; Yli-Renko 等, 2001)。这也印证了 Gulati(1995)和刘学等(2006)所提出的观点，即信任在联盟网络内部建立起了一种社会化保护机制，这种机制可以提高联盟的治理效率，降低网络中不良特质的负面影响。

(三)联盟合法性认知：联盟信任的替代机制与合作创新的保护机制

研究发现，对联盟的合法性认知在联盟信任对合作创新的影响中有显著的调节作用，即联盟信任与合作创新之间的关系受到了联盟合法性地位的影响。从图 6-2 可以看出，企业若拥有高的联盟合法性认知，合作创新受联盟信任的影响非常小，即无论高联盟信任还是低联盟信任，创新合作都非常活跃，联盟信任的作用不再显现或得到弱化；企业若拥

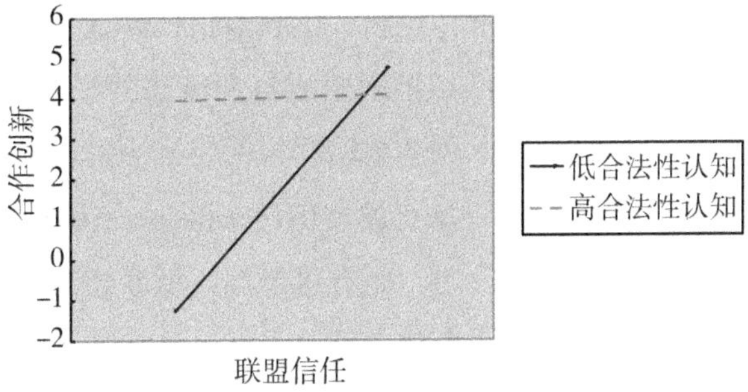

图 6-2 联盟合法性认知的调节作用示意图

有低的联盟合法性认知，合作创新受联盟信任的影响则非常大，即联盟信任越低，创新合作将越不活跃；联盟信任越高，创新合作就会越活跃，联盟信任对创新合作的作用就会非常明显、非常关键。基于以上讨论，可以建立一个合作创新的二维矩阵(如图 6-3 所示)。二维矩阵表明，一方面，联盟信任与合法性认知只要有一方得分较高，那么合作创新就会越频繁、越活跃；另一方面，只要合法性认知得分高，无论是在低信任程度还是高信任程度的联盟网络中，合作创新都会非常明显。这意味着合法性认知是联盟成员间合作创新的保护机制，亦是联盟成员合作创新过程中联盟信任的替代机制。

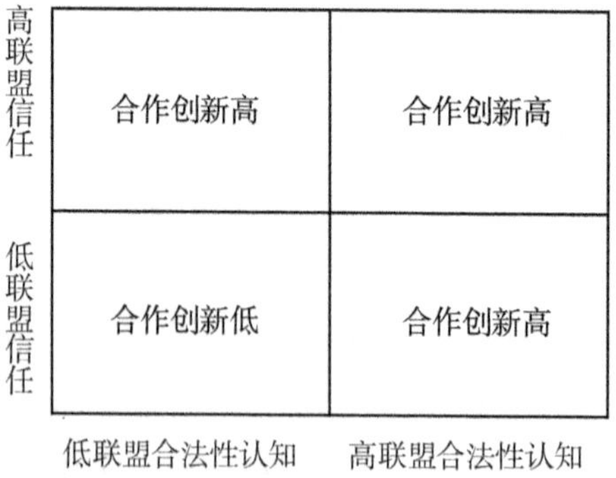

图 6-3 合作创新的二维矩阵图

至此，可以得出一个更为系统完整的作用机制：企业的联盟网络多元性负向影响了联盟信任与合作创新，但联盟信任降低了联盟网络多元性对合作创新的不利影响；但如果联盟成员拥有高的联盟合法性认知，那么处于某一特定的产业技术创新战略联盟网络当中的成员，则将会被认为更具有价值、更可预测以及更加可信(Suchman，1995)，企业与之合作创新的行为就越频繁；反之，则有可能陷入低联盟合法性认知、低联盟信任的困境，最终阻碍了合作创新。因此，产业技术创新战略联盟在具备合法性基础且联盟成员有高度认知的情况下，可以构建更加多元化网络，从而不仅可以扩大联盟自身的影响力与代表性，而且可以提高联盟网络中多元、异质性知识的存量与流量；否则，应尽量避免多元化网络的扩展，从而保护联盟网络中的信任水平以及成员间的合作创新。总之，对产业技术创新战略联盟而言，不断提升自身的合法性水平及联盟成员认知，都是有益的。

第七章　研究结论与展望

第一节　主要研究结论

一、产业技术创新战略联盟合法性的获得

基于利益关系者理论与组织合法性理论，通过访谈、直接观察、参与性观察、文件整理、档案记录、实物证据等方式收集数据，采用访谈记录、文本编码、主题分析、时间维度的构建、网络分析等案例分析方法，对国家半导体照明工程研发及产业联盟八年发展历程进行了纵向案例研究，探讨了联盟合法性获得的一般过程与内在机制。研究结果发现：(1)联盟发展需要联盟服务回应不同类型利益关系者诉求，其服务逻辑将从决定性利益关系者为主体导向向多元利益关系者导向转变，从而获得多元利益关系者的承认与支持，进而联盟凭借间接联系与结构洞优势实现多元网络互动，促使联盟生态系统呈现出生成、扩展与共生的演化过程。(2)联盟合法性的获得正是联盟服务逐步确立多元利益关系者导向，以及在此基础上联盟生态系统实现集体规则构建与共生以顺应社会系统规范的共同作用结果。(3)联盟合法性可操作化为代表性、组织认同与资源动员能力三个维度，并据此可分为初步合法性、有限合法性与充分合法性三种类型。(4)在中国文化背景下，在新兴产业的发展过程中，民族使命感所代表的爱国精神有助于不同动机与不同目的的各

种组织联合起来，使联盟组织更具有合法性。(5)联盟领导者的积极作为与超凡魅力有助于联盟合法性的获得，个人力量型样式与联盟合法性样式间可相互转换与交互强化。(6)专职化的联盟秘书处有助于联盟服务的供给与创新，进而有利于联盟合法性的获得。

二、联盟合法性认知对企业创新的直接影响

本书研究验证了企业的联盟合法性认知对创新绩效与合作创新存在正向影响作用，并发现了外部知识获取在联盟合法性认知与创新绩效、合作创新间起着部分中介作用，从而揭示了联盟合法性认知对企业创新的影响机制，厘清了合法性认知对企业创新的影响机制，深化了组织间创新合作观点的完整性。同时，以往研究关注组织合法性对自身组织行为与绩效的影响，忽视了合法性对组织成员的影响。本书将合法性概念应用于产业技术创新战略联盟，关注企业的联盟合法性认知对其创新的影响与关系，繁衍了现有关组织合法性的理论研究成果，加深了对产学研合作创新的理解。产业技术创新战略联盟应努力追求组织合法性以强化联盟的创新贡献，成员企业应提高对产业技术创新战略联盟的合法性认知且充分获取外部知识，方能获得最大的联盟创新收益。

三、联盟合法性认知对企业创新的间接影响

(一)联盟管理能力、外部知识获取与企业创新

在联盟管理能力对企业创新的影响上，本书取得了以下研究结论：(1)联盟管理能力对创新绩效具有显著的正向影响，协调、沟通、结合三个维度对企业创新绩效都有显著正向影响。以往的研究学者探讨了联盟管理能力的绩效效应，并通过实证研究证实了联盟管理能力有助于提升企业的绩效，但学术界却缺乏对联盟管理能力与企业创新绩效的研究。企业内部如果能同时存在多元的管理方法及与合作伙伴联盟的管理能力，将有助于不同技术与专业领域意见的相互结合与创造，进而有效

提升企业的创新绩效。(2)企业联盟管理能力对其合作创新具有显著正向影响，进一步地企业联盟管理能力的三个维度对其合作创新都有显著的正向影响。产业技术创新战略联盟是一种新型的产学研合作创新模式，组织可通过联盟网络积极利用外部创新源，进而实现合作创新。(3)联盟管理能力对外部知识获取具有显著的正向影响，其三个维度——协调、沟通、结合对外部知识获取也有显著的正向影响。(4)外部知识获取在联盟管理能力对合作创新的影响中不具有中介作用，但在联盟管理能力对创新绩效的影响中具有部分中介作用。

(二)联盟网络多元性、联盟信任与企业创新

本书研究表明，联盟网络多元性对联盟信任有显著的负向影响。这说明，在日益扩大且多样化的联盟网络中，由于彼此间的不熟悉以及相互了解成本的升高，联盟成员对联盟伙伴的机会主义、“搭便车”行为表现更为担忧，而且使联盟伙伴的选择变得异常困难。这也意味着，在小而精的联盟网络当中，联盟伙伴间更容易发展联盟信任关系；相反，在多元的联盟网络当中，联盟信任较难形成与发展。

本书研究发现：(1)联盟网络多元性对创新绩效的影响仍然不明确，既不正向影响创新绩效，也不负向影响创新绩效。本研究既没有支持联盟网络多元性有助于成员企业创新绩效的观点，也没有支持联盟网络多元性不利于成员企业创新绩效的观点。(2)联盟网络多元性对合作创新具有显著的负向影响作用，即联盟网络多元性不利于成员企业合作创新。这表明，在由异质组织所组成的产业技术创新战略联盟当中，联盟成员间的性质差异越大、联盟成员间的空间距离越远、联盟成员的产业链越长、联盟网络中伙伴数量越多，均会影响到联盟网络当中知识或信息的传递成本和管理成本，从而不利于合作创新。

在验证联盟信任在联盟网络多元性对企业创新的中介影响上，本书取得了以下研究结论：联盟信任在联盟网络多元性对合作创新的影响当中具有部分中介的效果。这表明，一方面，联盟网络多元性对成员企业

的合作创新有直接的负效应，即联盟网络越是多元，企业合作创新越不活跃；另一方面，联盟网络多元性通过联盟信任对企业合作创新有间接负效应，即联盟网络越是多元，联盟伙伴间会越不信任，而联盟信任的高低会影响企业的合作创新，使企业的合作创新也会比较少。可见，联盟信任降低了联盟网络多元性对合作创新的负向影响。联盟信任在联盟网络内部建立起了一种社会化保护机制，这种机制降低了联盟网络中不良特质的负面影响，提高了联盟的治理效率。

（三）联盟合法性认知的调节角色

本研究验证了联盟合法性认知在联盟管理能力对外部知识获取的调节作用，这种作用是正向的，即联盟合法性认知强化了联盟管理能力对外部知识获取的影响效应。这在一定程度上意味着，当联盟合法性认知较高时，其与联盟管理能力的交互效应对外部知识获取更有利，联盟管理能力的作用得到了强化；相反，当联盟合法性认知较低时，联盟管理能力与外部知识获取的影响关系较弱。此时，可以认为，联盟合法性认知与联盟管理能力共同对外部知识获取产生影响，这种影响是一种协同机制。

联盟合法性认知在联盟信任对合作创新的影响中有显著的调节作用，即联盟信任与合作创新之间的关系受到了联盟合法性认知的影响。当联盟合法性认知较高时，合作创新受联盟信任的影响非常小，即无论高联盟信任还是低联盟信任，伙伴间合作创新都非常活跃，这意味着联盟合法性认知是合作创新的保护机制。当联盟合法性认知较低时，合作创新受联盟信任的影响非常大，即联盟信任越低，合作创新将越不活跃；联盟信任越高，合作创新就会越活跃，这意味此时伙伴间的合作创新行为非常依赖于联盟信任关系。产业技术创新战略联盟在具备成员对其合法性认知的基础上，可以构建更加多元化网络，从而可以扩大联盟自身的影响力与代表性，还可以提高联盟网络中多元、异质性知识的存量与流量；但如果联盟尚不具备成员对其合法性认知，则尽量避免多元化网络的扩展，从而保护联盟网络中的信任关系及伙伴间合作创新。

联盟合法性认知在联盟信任对创新绩效的影响当中没有调节作用，即联盟信任和创新绩效之间的关系未受到联盟合法性认知的影响。这表明，企业对联盟是否具备合法性认知，并不会影响联盟信任对创新绩效的正向影响，无论是高联盟合法性认知，还是低联盟合法性认知，只要联盟成员单位间具有高度信任关系，就可以提升企业创新绩效。企业的创新绩效并不受联盟整体环境的影响，却与联盟伙伴间的信任关系紧密相关。

第二节 研究创新

以往的文献在组织合法性、联盟管理能力、联盟网络多元性、组织创新等方面做了较多研究，取得了很大的进展，形成了较为丰富的研究结论。本书在此基础上，通过探索式案例研究与实证研究，在以下四个方面对现有的研究有所贡献：

第一，提出了联盟合法性的三个维度、三种类型，构建了联盟合法性获得的演化模型，深化了组织合法性的理论研究。一些学者提出对组织合法性的研究应该着重解决概念的可操作性问题(李燕萍，吴绍棠，杨婷，2012)，Peng 和 Beamish(2007)指出合法性如果带有可操作性，就可能有更多的解释力。为此，本研究将联盟合法性发展为代表性、组织认同与资源动员能力三个维度，在一定程度上解决了组织合法性缺乏操作化的问题。本书在已有分类基础上，既把握合法性的基础与结果，又关注联盟合法性整体的本质意义，基于三个操作化维度区分为初步合法性、有限合法性与充分合法性三种类型。尽管一些学者指出了组织合法性的影响因素或基础(高丙中，2000；郁建兴等，2004；Tornikoski & Newbert，2007)，但却未能考察组织合法性获得的过程。本书构建了联盟合法性获得的演化模型，揭示了联盟服务与联盟生态系统的共同演化作用联盟合法性获得的机制与一般过程，增进了对联盟合法性获得过程与内在构建机构的理解，深化了组织合法性的理论研究。

第二，揭示了联盟管理能力对企业创新的影响机理与过程，深化了联盟管理能力的理论研究。纵观学术界关于联盟管理能力的研究（Anand & Khanna，2000；Kale 等，2002；Kale & Singh，2007；Schreiner 等，2009），可以发现，虽然这是一个较为新兴的概念，近年学术文献增长较快，说明指向联盟管理的联盟管理能力受到了学术界高度重视。然而，现有文献关于联盟管理能力的研究，主要是基于同质性战略联盟视角，而产业技术创新战略联盟同时面临同类与非同类的联盟伙伴，联盟管理能力将如何影响企业的创新行为与创新绩效？这些都是非常有价值的研究议题。基于动态能力理论，揭示了联盟管理能力对企业创新绩效、合作创新的影响机理与过程，并发现外部知识获取在其中的中介作用，在一定程度上丰富与深化了联盟管理能力影响创新的理论研究。

第三，发现了联盟网络多元性对企业创新的影响机制，深化了创新理论中组织间合作观点的完整性。虽然现有许多研究文献关注了信任对联盟绩效、创新的影响，却没有更多关注在不同网络特质下信任对成员企业的影响，也缺乏在不同情境下的细化研究。另外，社会网络理论学者认为，组织所镶嵌的联盟特性会影响组织的行为与绩效。过去网络理论学者在探讨联盟网络时，大多仅论及组织镶嵌在联盟网络结构特性所带来的知识利益与限制（Beckmann & Haunschild，2002；Goerzen & Beamish，2005），但这样的知识利益与限制对于组织创新的整体影响路径则尚未厘清（翁瑞宏等，2007）。本书揭示了联盟网络多元性通过联盟信任的中介影响合作创新的作用路径，在一定程度上突破了过去社会网络理论在解释联盟创新上的限制、深化了创新理论中组织间创新合作观点的完整性。

第四，厘清了联盟合法性认知对企业创新的影响机制，繁衍了现有关组织合法性的研究。以往研究关注组织合法性对自身组织行为的影响（Zimmerman & Zeitz，2002；Shepherd & Zacharkis，2003；Boltanski &

Thevenot，2006；Tornikoski & Newbert，2007；Dewaelheyns 等，2010）。本书将组织合法性构念应用于产业技术创新战略联盟中成员企业创新的研究，并厘清了企业的联盟合法性认知对其创新的影响机制，一种为直接影响路径，即对合作创新与创新绩效有直接作用，且将通过外部知识获取对合作创新与创新绩效产生部分中介作用；另一种为间接影响路径，即将显著调节联盟管理能力对外部知识获取、联盟信任对合作创新的影响，这在一定程度上繁衍了现有关组织合法性的理论研究。

第三节　管理启示

基于研究发现，本书从政府、联盟、成员企业三个层面提出以下管理建议，对政府推进产业技术创新战略联盟的发展、对产业技术创新战略联盟自身的建设和企业参与联盟的决策与行动提供参考和支撑。

一、政府层面的政策建议

(一)为产业技术创新战略联盟提供合法性地位

本书研究发现，联盟合法性对成员企业的合作创新有一种保护与促进作用。因此，政府相关部门应注意到产业技术创新战略联盟的这种合法性需求，可以考虑适当放宽对此类社会团体的登记制度，改善此类联盟的法律地位。如可在《武汉东湖国家自主创新示范区条例》中增加有关联盟合法地位的内容。

(二)成立产业技术创新战略联盟管理部门

本书研究发现，政府在产业技术创新战略联盟合法性的获得过程中具有重要作用，不仅是联盟服务的重要来源，而且政府行为强化了联盟行为的合法性。因此，为保障产业技术创新战略联盟的发展，需要协调好与科技、发改、工信、财政、经济、教育、国资委等相关部门的管理职能，建议各级政府发起成立产业技术创新战略联盟管理部门，设立专职管理岗位，定期召开联席工作会议，加强对产业技术创新战略联盟的宏观管理和组织协调。产业技术创新战略联盟管理部门除了加强对产业技术创新战略联盟的宏观管理，还需要亲自参与有代表性联盟的建设过程，出席各种组织协调会议，增进联盟成员间的信任与合作。

（三）加大对产业技术创新战略联盟的支持力度

本书研究表明，企业可以通过产业技术创新战略联盟提升创新绩效与合作创新行为。因此，相关政府部门应当加大对产业技术创新战略联盟的支持力度。

（1）转变创新支持方式。建议政府从支持单个组织创新转向支持产业创新，利用政府的创新资金引导企业出资组建产业技术创新战略联盟，通过合作创新提高创新的质量与效果。

（2）设立专项研发基金。建议设立支持产业技术创新战略联盟发展的专项研发基金，采取项目资助和补贴等形式，引导现有产业技术创新战略联盟投入技术研发。

（3）支持承担科技项目。支持产业技术创新战略联盟作为项目主持单位，牵头申报、承担和组织实施国家重大科技项目和重大科技基础设施建设专项。

（4）支持创新平台建设。支持产业技术创新战略联盟建设国家工程中心、国家工程实验室等共性技术创新平台，完善联盟成员协同研发、技术对接、测试验证等公共技术平台建设。

（5）支持参与国际竞争。支持产业技术创新战略联盟参与国际市场竞争，承接国际科技交流合作项目和海外重大示范工程，举办和参加具有行业影响力的国际展会，提高联盟的国际化合作水平。

（6）开展创新产品认定。建议具有自主创新成果的联盟成员单位产品进入政府自主创新产品目录，加强政府对联盟自主创新产品的采购力度。

(7)加大政府采购。建议通过采用首购、订购、首台(套)重大技术装备试验和示范项目、推广应用等方式，加大对联盟共同研发的自主创新产品的政府采购力度，扩大相关技术或产品的示范应用。

(8)金融与税收优惠。鼓励金融机构为联盟成员企业提供信贷支持，解决政府认定的产业技术创新战略联盟及其成员单位在融资、贷款贴息、担保等方面的需求。减免政府认定的非营利性产业技术创新战略联盟的税费，避免企业合作创新中面临的损失。

(四)设立产业技术创新战略联盟专职化建设基金

本书研究发现，联盟专职化建设有助于联盟合法性的获得。建立科学合理的运行经费来源及其成本分摊机制，是联盟秘书处专职化建设的基本保障。作为产业技术创新战略联盟，在其初期阶段秘书处的经费来源主要包括少量的成员单位会费、项目管理费、政府补助、社会捐赠等，但远不能支撑联盟专职化建设，无法保障专职化建设人员的福利待遇，导致人员流动性很大。因此，建议相关政府部门设立产业技术创新战略联盟专职化建设的专项基金，支持联盟专职化建设。

(五)加强联盟领导团队建设

本书研究发现，加强联盟领导团队以及联盟专职人员的培训，提升他们的领导、组织水平对于联盟合法性的获得，具有重要的意义。建议加强培训与继续教育资源的统筹，集中对产业技术创新战略联盟领导团队与专职人员进行联盟理论与联盟实践的培训和交流，以理论指导实践，将成功经验在联盟间传递，实现共同发展。支持将产业技术创新战略联盟联席会发展为联盟领导团队建设的平台、载体与品牌。例如，2010年年初成立的中关村产业技术创新战略联盟联席会，其所开展的联盟负责人早餐会、交流活动、跨联盟的互动，是一个非常有价值的培训与交流载体，建议政府依托这些平台加强联盟领导团队与联盟专职人员的培训。

二、联盟层面的管理启示

(一)应当不断提升联盟合法性的水平

本书研究表明，联盟合法性不仅对于成员企业的合作创新起着一种保护机制的作用，而且能够降低联盟网络多元性对合作创新的负向影响，因此产业技术创新战略联盟应当不断地追求联盟合法性。

(二)发展联盟网络多元性应视联盟合法性的高低而论

本书研究表明，具备合法性的联盟，可以构建规模更大的多元化网络；反之产业技术创新战略联盟则应尽量避免盲目的规模化发展与多元化网络的扩展，走小而精的发展道路。

(三)以战略目标引领产业技术创新战略联盟建设

本书研究发现，民族使命感在联盟合法性获得的过程中有重要的促进作用。因此，联盟应当通过不断的实践与磨合，找到结盟的真正结合点，避免与成员单位利益相冲突；建立共同愿景，以战略目标引领联盟建设，避免应景之作所导致的无战略目标行动。有了愿景与战略目标，才能牢牢把握联盟的发展方向，才能凝聚各方优势力量，才需要联合在一起共同研发、共同推进标准建设、共同开拓市场。

(四)提升联盟服务质量

本书研究发现，联盟服务是联盟存在与发展的基础，也是联盟合法性获得的重要因素。因此，对于产业技术创新战略联盟来说，联盟服务的供给与创新首先需要回应核心利益者的诉求，进而发展与联盟外的社会联系，以此驱动与创新联盟服务。联盟服务的品质与功能是赢得成员单位尊重、参与和支持的基础。在联盟服务供给过程中，需要各利益者积极参与，形成一个良性互动的多元网络，进而创造更大的网络价值，也有利于自身的发展与影响力的提升。

(五)加强秘书处专职化建设

本书研究发现，专职化的联盟机构有助于联盟合法性的获得。因此，联盟应当继续完善修订联盟秘书处的各类制度和管理办法，优化秘书处的组织结构，不断加强联盟秘书处的执行力。第一，秘书处建立相应的绩效考核制度，奖优罚劣，调动秘书处人员的工作积极性。第二，定期召开例会，通报目前的运行和工作情况，使各项工作能够相互协调、相互沟通。第三，建立相应的文件管理制度，建立相应的文档存储区，对日常文件进行分类管理。第四，建立相关的财务管理制度，秘书处各项费用向联盟成员公开透明，接受联盟成员监督。

三、成员企业层面的管理建议

(一)积极参与和回应联盟的服务

本书研究发现，成员企业的参与和回应是联盟服务供给的重要来源。因此，对于联盟中的成员单位而言，要积极参与和回应联盟的服务，支持与扩展联盟网络，才能从中获得利益。另外，战略性新兴产业大多具有跨行业、部门和领域、产业链长、参与者的特点，因此需要做好上下游各方面的协调工作，此时多元网络互动尤为重要。

(二)提升联盟管理能力

本书研究发现，联盟管理能力不仅可以从联盟网络中获取知识，而且可以有效提升企业创新绩效与合作创新行为。可以说，联盟管理能力已成为企业竞争优势的重要来源。因此，企业在参与联盟时，应当注重提升自身的联盟管理能力，提高与联盟伙伴在沟通、协调与结合时的品质及效果，从而实现竞争优势的达成。

(三)增进与联盟伙伴的信任

本书研究发现，联盟信任在联盟网络多元性、联盟管理能力与企业创新间有着重要的中介作用。因此，成员企业需要增进与联盟伙伴的信任关系。所谓“路遥知马力，日久见人心”，长期持久的网络互动，势必会增进联盟伙伴间的相互了解与熟悉，这将会缩短社会距离，促进关系纽带的形成，提高联盟伙伴间的信任水平，从而促进企业创新绩效与合作创新行为。

第四节 研究不足与展望

一、研究不足

(一)研究方法的局限

本书虽采取了多元的研究方法，但对于案例研究与实证研究仍然只采用了最为合适的研究方法，却并没有采取混合的研究方法。例如，实证研究采用了横断面的研究设计，各项构念的因果关系仅能凭过去学者以及本研究的推论厘清，这样的因果关系在缺乏纵断面的研究结果支持下仍有其实证上的缺陷；又如案例研究仅进行了纵向研究，但仍然缺乏某一时间点的横截面的详尽分析与推断，所获得的探索性研究结论仍然要保持谨慎。

(二)数据收集的局限

对于实证研究，采用了自我报告方式收集研究样本，每家联盟成员企业(不向高校、研究机构、中介组织等成员单位施测)的调查对象仅有1人，问卷调查的结果仍较容易受到个人主观意见的干扰而造成偏差。并且，本研究努力以企业高层主管(分管联盟工作)或企业联盟管理者为问卷施测对象，但并无法百分之百确认填答者确实为高层主管或联盟管理者本人，所以也有可能发生非本人填答问卷的状况，而造成研究数据收集上的偏误。

(三)创新测量的局限

本研究采用一些主观的自我报告方式获得成员企业创新结果与行为，包括创新绩效、合作创新行为的数据，显然与成员企业实际的创新存在差距，这使得成员企业主观创新结果与行为的解释力不足。

(四)样本规模的局限

过去以高层管理者或联盟管理者为研究对象的战略联盟研究往往有问卷回收率不高的问题，Norman(2004)研究的有效问卷回收率为13.6%、Muthusamy 和 White(2005)为 23.6%，再加之作者各方面条件与能力的限制，未能实现大规模的实证检验。

二、研究展望

作为探索式的案例研究，本研究发展的理论命题及构建的理论框架还有待在未来开展更为充分的实证研究，进一步证实、修改与完善研究结论的一般性意义。此外，本研究仅采用网络理论、动态能力理论分别解释了联盟合法性认知对企业创新的影响，未来研究者亦可采用其他的理论观点来探讨，如社会资本理论、社会交换理论，以更完整地了解整个影响路径。再者，影响联盟中成员企业创新的因素很多，本研究只探讨了部分因素对企业创新的影响，未来研究可以对其他影响因素进行综合研究。此外，现有研究发现组织合法性具有多种类型，本研究也区分了联盟合法性的三种类型，而实证研究中只是作为整体概念进行探讨，未来的研究可以尝试分联盟合法性类型进行细化研究。

参考文献

1. Africa Arino, Peter Smith Ring. The Role of Fairness in Alliance Formation [J]. Strategic Management Journal, 2010, 31(10).
2. Ahuja G. Collaboration Networks, Structural Holes and Innovation: A Longitudinal Study [J]. Administrative Science Quarterly, 2000, 45(3).
3. Ahuja G. The Duality of Collaboration: Inducements and Opportunities in the Formation of Interfirrm Linkages [J]. Strategic Management Journal, 2000, 21.
4. Aldrich H E and Fiol C M. Fools Rush in? The Institutional Context of Industry Creation [J]. Academy of Management Review, 1994, 19.
5. Almeida P A. Phene. Subsidiaries and Knowledge Creation: The Influence of the MNC and Host Country on Innovation [J]. Strategic Management Journal, 2004, 25(8-9).
6. Anand B N, Khanna T. Do Firms Learn to Create Value? The case of Alliances [J]. Strategic Management Journal, March Special Issue 2000, 21.
7. Anderson E. Two Firms, One Frontier: on Assessing Joint Venture Performance [J]. Sloan Management Review, 1990, 31.
8. Argyres N S, Mayer K J. Contract Design as a Firm Capability: An Integration of Learning and Transaction Cost Perspectives [J]. Academy of Management Review, 2007, 32(4).

9. Arino A, De la Torre J. Learning from Failure: Towards an Evolutionary Model of Collaborative Ventures [J]. Organization Science, 1998, 9(3).

10. Armstrong J S, Overton T S. Estimating Non-response Bias in Mail Surveys [J]. Journal of Marketing Research, 1977, 14.

11. Ashforth B E and F A. Mael. Organizational Identity and Strategy as a Context for the Individual [A]. In: J A C Baum and J E Dutton (eds) Advances in Strategic Management[M]. 1996, 13. Greenwich, CT: JAI Press.

12. Ashforth B E, Gibbs B W. The Double-edge of Organizational Legitimation [J]. Organization Science, 1990, 1.

13. Barker J R. Tightening the Iron Cage: Concretive Control in Self-managing Teams [J]. Administrative Science Quarterly, 1993, 38.

14. Barney J B. Firm Resources and Sustained Competitive Advantage [J]. Journal of Management, 1991, 17.

15. Barney J B. Firm Resources and Sustained Competitive Advantage [J]. Journal of Management, 1991, 17(1).

16. Baron R M, Kenny D A. The Moderator—Mediator Variable Distinction in Social Psychological Research: Conceptual, Strategic and Statistical Considerations [J]. Journal of Personality and Social Psychology, 1986, 51(6).

17. Baum J A C, Calabrese T, Silverman B S. Don't Go It Alone: Alliance Network Composition and Startups' Performance in Canadian Biotechnology [J]. Strategic Management Journal, 2000, 21.

18. Baum J A C, Oliver C. Institutional Linkages and Organizational Mortality [J]. Administrative Science Quarterly, 1991, 36.

19. Beckman C M, Haunschild P R, Phillips D J. Friends or Strangers? Firm-specific Uncertainty, Market Uncertainty, and Network Partner Selection [J]. Organization Science, 2004, 15(3).

20. Beckmann C P. Haunschild, Network Learning: The Effect of Parnter's Heterogeneity of Experience on Corporate Acquisitions [J]. Administrative Science Quarterly, 2002, 47(1).

21. Bell G. Research Notes and Commentaries Clusters, Networks and Firm Innovativeness[J]. Strategic Management Journal, 2005, 26.

22. Bernard Garrette, Xavier Castaner, Pierre Dussauge. Horizontal Alliances as an Alternative to Autonomous Production: Product Expansion Mode Choice in the Worldwide Aircraft Industry 1945—2000 [J]. Strategic Management Journal, 2009, 30.

23. Bianchi C. An Institutional Perspective on Retail Internationalization Success[D]. Doctoral dissertation, Queen's University, Kingston, 2002.

24. Birnbirg J G. Control in Inter-firm Cooperative Relationships[J]. Journal of Management Studies, 1998, 35(4).

25. Bleeke J, Ernst D. Collaborating to Compete: Using Strategic Alliances and Acquisitions in the Global Marketplace [M]. New York: John Wiley, 1993.

26. Boltanski L, Thévenot L. On Justification: Economies of Worth [M]. Princeton, N J: Princeton University Press, 2006.

27. Borys B, Jemison D B. Hybrid Arrangements as Strategic Alliances: Theoretical Issues in Organizational Combinations [J]. Academy of Management Review, 1989, 14.

28. Boyd J. Actional Legitimation: No Crisis Necessary[J]. Journal of Public Relations Research, 2000, 12.

29. Bronder C, Pritzl R. Developing Strategic Alliances: A Conceptual Framework for Successful Co-operation [J]. European Management Journal, 1992, 10(4).

30. Brown A D. Narcissism, Identity and Legitimacy [J]. Academy of Management Review, 1997, 22.

31. Buchan N R, E J Johnson T A Croson. Let's Get Personal: An International Examination of the Influence of Communication, Culture and Social Distance on Other Regarding Preferences [J]. Journal of Economic Behavior and Organization, 2006, 60.

32. Burt R S. Structural Holes: The Social Structure of Competition [M]. Cambridge, MA: Harvard University Press, 1992.

33. Butler C. Problems in Global Strategic Alliance Management for European Manufacturing Firms [J]. Management Decision, 2008, 46(2).

34. Camagni R. Innovation Networks: Spatial Perspectives [A]. In: Camagni R. Innovation Networks: Spatial Perspectives [M]. New York: Belhaven Press, 1991.

35. Carroll G R, Hannan M T. Density Dependence in the Evolution of Populations of Newspaper Organizations [J]. American Sociological Review, 1989, 54.

36. Chakraverthy, Gargiulo. Maintaining Leadership Legitimacy in the Transition to New Organizational Forms [J]. Journal of Management Studies, 1998, 35 (4).

37. Charness G, E Haruvy D Sonsino. Social Distance and Reciprocity: An Internet Experiment [J]. Journal of Economic Behavior and Organization, 2007, 63.

38. Child J, Faulkner D. Strategies of Cooperation: Managing Alliances, Networks, and Joint Ventures [M]. Oxford, England: Oxford University Press, 1998.

39. Clegg S, R C Rhodes, M Kornberger. Desperately Seeking Legitimacy: Organizational Identity and Emerging Industries [J]. Organization Studies, 2007, 28.

40. Cohen W M, D A Levinthal. Absorptive Capacity: A New Perspective on Learning and Innovation [J]. Administrative Science Quarterly, 1990,

35(1).

41. Collis D J, Cynthis M. Competing on Resource Strategy in the 1990s[J]. Harvard Business Review, 1995, 7(8).

42. Contractor F J, Lorange P. Why Should Firms Cooperate? The Strategy and Economics Basis for Cooperative Ventures. In: Cooperative Strategies in International Business, Contractor F J, Lorange P (eds.). Lexington Books[A]. Lexington, MA, 1988.

43. Corley K G, D A Gioia. Identity Ambiguity and Change in the Wake of a Corporate Spin-off[J]. Administrative Science Quarterly, 2004, 49.

44. Cornelissen J P, S A Haslam, J M T Balmer. Social Identity, Organizational Identity and Corporate Identity: Towards an Integrated Understanding of Processes, Patternings and Products [J]. British Journal of Management, 2007, 18.

45. Cuili Qian, Qing Cao, Riki Takeuchi. Top Management Team Functional Diversity and Organizational Innovation in China: The Moderating Effects of Environment[J]. Strategic Management Journal, 2013, 34(1).

46. Dacin, Oliver, Roy. The Legitimacy of Strategic Alliances: An Institutional Perspective[J]. Strategic Management Journal, 2007(28).

47. Damanpour F, Organizational Innovation: A Meta-Analysis of Effects of Determinants and Moderators [J]. Academy of Management Journal, 1991, 34(3).

48. Das T K. A Resource-based Theory of Strategic Alliances[J]. Journal of Management, 2000, 26(1).

49. Das T K, Teng B S. Instabilities of Strategic Alliances: An Internal Tensions Perspective[J]. Organization Science, 2000, 11(1).

50. David J. Campbell. Legitimacy Theory or Managerial Reality Construction? Corporate Social Disclosure in Marks and Spencer Plc Corporate Reports, 1969—1997[J]. Accounting Forum, 2000, 24(1).

51. David J Teece, Gary Pisano, Amy Shuen. Dynamic Capabilities and Strategic Management[J]. Strategic Management Journal, 1997(18).

52. Deeds D L, Hill C W L. Strategic Alliances and the Rate of New Product Development: An Empirical Study of Entrepreneurial Biotechnology Firms[J]. Journal of Business Venturing, 1996, 11 (1).

53. Deeds D L, Hill C W L. An Examination of Opportunistic Action within Research Alliances: Evidence from the Biotechnology Industry [J]. Journal of Business Venturing, 1999, 12(2).

54. Deepak Somaya, Youngjun Kim, Nicholas S. Vonortas. Exclusivity in Licensing Alliances: Using Hostages to Support Technology Commercialization[J]. Strategic Management Journal, 2011, 32(2).

55. Deephouse D L. Does Isomorphism Legitimate? [J]. Academy of Management Journal, 1996, 39.

56. Deephouse D L, Carter S M. An Examination of DIfferences between Organizational Legitimacy and Organizational Reputation[J]. Journal of Management Studies, 2005, 42.

57. Dewaelheyns, Eeckloo, Hulle. Legitimacy, Trustee Incentives, and Board Processes: the Case of Public and Private Non-profit Nursing Homes[J]. International Journal of Health Planning and Management, 2010.

58. DiMaggio P J, Powell W W. The Iron Cage Revisited: Institutional Isomorphism and Collective Rationality in Organizational Fields [J]. American Sociological Review, 1983, 48.

59. Douma M U, Bilderbeek J, Idenburd P J, Looise J K. Strategic Alliances: Managing the Dynamics of Fit[J]. Long Range Planning, 2000, 33(4).

60. Dowling J, Pfeffer J. Organizational Legitimacy: Social Values and Organizational Behavior[J]. Pacific Sociological Review, 1975, 18.

61. Doz Y L. The Evolution of Cooperation in Strategic Alliances: Initial Conditions or Learning Processes? [J]. Strategic Management Journal, 1996, 17(7).

62. Droege S B, Anderson J R, Bowler M. Trust and Organizational Information Flow[J]. Journal of Business and Management, 2003, 9 (1).

63. Drucker P F. The Network Society[J]. Wall Street Journal, 1995, 29 (3).

64. Dutton J E, Dukerich J M, Harquail C V. Organizational Images and Member Identification[J]. Administrative Science Quarterly, 1994, 39.

65. Dyer J H, Kale P, Singh H. When to Ally, When to Acquire[J]. Harvard Business Review, 2004, 82(7).

66. Dyer J H, Nobeoka K. Creating and Managing a High Performance Knowledge-Sharing Network: the Toyota Case[J]. Strategic Management Journal, 2000, 21(3).

67. Dyer J H, Kale P, Singh H. How to Make Strategic Alliances Work[J]. MIT Sloan Management Review, 2001, 42.

68. Dyer J H, Singh H. The Relational View: Cooperative Strategy and Sources of Interorganizational Competitive Advantage[J]. Academy of Management Review, 1998, 23(4).

69. Dyer J H. Specialized Supplier Networks as a Source of Competitive Advantage: Evidence from the Auto Industry[J]. Strategic Management Journal, 1996, 17(4).

70. Edward Levitas, M Ann Mcfadyen. Managing Liquidity in Research-Intensive Firms: Signaling and Cash Flow Effects of Patents and Alliance Activities[J]. Strategic Management Journal, 2009, 30.

71. Eisenhardt K M, Schoonhoven C B. Resource-Based View of Strategic Alliance Formation: Strategic and Social Effects in Entrepreneurial

Firms[J]. Organization Science 1996, 7.

72. Eisenhardt K M. Building Theories from Case Study Research [J]. Academy of Management Review, 1989, 14(4).

73. Elsbach K D, Kramer R D. Members' Responses to Organizational Identity Threats: Encountering and Countering the Business Week Rankings[J]. Administrative Science Quarterly 1996, 41.

74. Elsbach K B. Managing Organizational Legitimacy in the California Cattle Industry: The Construction and Effectiveness of Verbal Accounts [J]. Administrative Science Quarterly, 1994, 39.

75. Elsbach K B, Sutton R I. Acquiring Organizational Legitimacy Through Illegitimate Actions: A Marriage of Institutional and Impression Management Theories[J]. Academy of Management Journal, 1992, 35.

76. Escribano A, A Fosfuri, J Trib. Managing External Knowledge Flows: The Moderating Role of Absorptive Capacity [J]. Research Policy, 2009, 38(1).

77. Forrest J E. Japanese/U. S. Technological Competitiveness and Strategic Alliances in the Biotechnology Industry[J]. R&D Management, 1996, 26(2).

78. Fox-Wolfgramm S J, K B Boal, J G Hunt. Organizational Adaptation to Institutional Change: a Comparative Study of First-order Change in Prospector and Defender Banks[J]. Administrative Science Quarterly, 1998, 43.

79. Freeman C, Soete L. Developing Science, Technology and Innovation Indicators: What We Can Learn from the Past[J]. Research Policy, 2009, 38(4).

80. Ganesan S. Determinants of Long-Term Orientation in Buyer-Seller Relationships[J]. Journal of Marketing, 1994, 58(2).

81. Garcia-Canal E, Duarte C L, Criado J R, Llaneza A V. Accelerating

International Expansion through Global Alliances: A Typology of Cooperative Strategies[J]. Journal of World Business, 2002, 37.

82. Gassmann O, Von Zedtwitz M. New Concepts and Trends in International R&D Organization[J]. Research Policy, 1999, 28 (2-3).

83. Gautam Ahuja, Francisco Polidoro Jr, Will Mitchell. Structural Homophily or Social Asymmetry? The Formation of Alliances by Poorly Embedded Firms[J]. Strategic Management Journal, 2009, 30.

84. Geert Duysters, Koen H. Heimeriks, Boris Lokshin, Elise Meijer, Anna Sabidussi. Do Firms Learn to Manage Alliance Portfolio Diversity? The Diversity-Performance Relationship and the Moderating Effects of Experience and Capability[J]. European Management Review, 2012, 9 (3).

85. Gemunden H G, T Ritter P Heydebreck. Network Configuration and Innovation Success: An Empirical Analysis in German High-Tech Industries[J]. International Journal of Research in Marketing, 1996, 13(5).

86. George G, Zahra S A, Wood D. The Effects of Business-University Alliance on Innovative Output and Financial Performance: A Study of Publicly Traded Biotechnology Companies [J]. Journal of Business Venturing, 2002, 17 (3).

87. Gerardo Patriotta, Jean-Pascal Gond, Friederike Schultz. Maintaining Legitimacy: Controversies, Orders of Worth and Public Justifications [J]. Journal of Management Studies, 2010, 48(8).

88. Geringer J M. Strategic Determinants of Partner Selection Criteria in International Joint Ventures [J]. Journal of International Business Studies, 1991, 22(1).

89. Gioia D A. From Individual to Organizational Identity[A]. In: D Whetten and P Godfrey (eds). Identity in Organizations: Building Theory Through

Conversations[M]. Thousand Oaks, CA: Sage, 1998.

90. Gioia D A, Schultz M, Corley K. Organizational Identity, Image and Adaptive Instability[J]. Academy of Management Review, 2000a, 25.

91. Glawer B, Strauss A. The Discovery of Grounded Theory: Strategies of Qualitative Research[M]. Chicago: Aldine, 1967.

92. Goerzen A, Beamish P W. The Effect of Alliance Network Diversity on Multinational Enterprise Performance[J]. Strategic Management Journal, 2005, 26(4).

93. Golant B D, Sillince J A A. The Constitution of Organizational Legitimacy: A Narrative Perspective[J]. Organization Studies, 2007, 28.

94. Gonzalez J A, DeNisi A S. Cross-level Effects of Demography and Diversity Climate on Organizational Attachment and Firm Effectiveness [J]. Journal of Organizational Behavior, 2009, 30.

95. Gottschlag O, Zollo M. Interest Alignment and Competitive Advantage[J]. Academy of Management Review, 2007, 32(2).

96. Granovetter M. Networks and Organizations: Structure, Form, and Action[M]. Boston: Harvard Business School Press, 1992.

97. Grant R M, C Baden-Fuller. A Knowledge-Based Theory of Inter-Firm Collaboration [J]. Academy of Management Journal (Best Papers Proceedings), 1995(1).

98. Grimes M. Organizing Consent: The Role of Procedural Fairness in Political Trust and Compliance [J]. European Journal of Political Research, 2006, 45.

99. Gulati R, Gargiulo M. Where Do Interorganizational Networks Come From? [J]. American Sociological Review, 1999, 104(1).

100. Gulati R, Lawrence P R, Puranam P. Adaptation in Vertical Relationships: Beyond Incentive Conflict[J]. Strategic Management Journal,

2005, 26(5).

101. Gulati R, Singh H. The Architecture of Cooperation: Managing Coordination Costs and Appropriation Concerns in Strategic Alliances [J]. Administrative Science Quarterly, 1998, 43(4).

102. Gulati R, Sytch M, Mehrotra P. Breaking Up Is Never Easy: Planning for Exit in a Strategic Alliance [J]. California Management Review, 2008, 50(4).

103. Gulati R. Does Familiarity Breed Trust? The Implications of Repeated Ties for Contractual Choice in Alliances [J]. Academy of Management Journal, 1995, 38(1).

104. Gulati R. Alliances and Networks [J]. Strategic Management Journal, April Special Issue, 1998, 19.

105. Hagedoorn J. Understanding the Rationale of Strategic Technology Partnering: Interorganizational Modes of Cooperation and Sectoral Differences [J]. Strategic Management Journal, 1993, 14(5).

106. Hagedoorn J, Schakenraad J. The Effect of Strategic Technology Alliances on Company Performance [J]. Strategic Management Journal, 1994, 15 (4).

107. Hagedoorn J, Duysters G. External Sources of Innovative Capabilities: The Preferences for Strategic Alliances or Mergers and Acquisitions [J]. Journal of Management Studies, 2002, 39(2).

108. Hagedoorn J, Link A N, Vonortas N S. Research Partnerships [J]. Research Policy, 2000, 29.

109. Hagedoorn J, Schakenraad J. Leading Companies and Networks of Strategic Alliances in Information Technologies [J]. Research Policy, 1992, 21 (2).

110. Hamel G. Competition for Competence and Inter-partner Learning within International Strategic Alliances [J]. Strategic Management Journal,

Summer Special Issue, 1991, 12.

111. Hamel G, C K. Prahalad, H Thomas, D O'Neal. Strategic Flexibility: Managing in a Turbulent Environment[M]. New York, John Wiley, 1999.

112. Hardy C, N Phillips B T Lawrence. Resource, Knowledge and Influence: The Organizational Effects of Inter-organizational Collaboration [J]. Journal of Management Studies, 2003, 40(2).

113. Harrigan K R. Joint Ventures and Competitive Strategy [J]. Strategic Management Journal, 1988, 9(2).

114. Hart P, C Saunders. Power and Trust: Critical Factors in the Adoption and Use of Electronic Data Interchange [J]. Organization Science, 1997, 8(1).

115. Henderson R, Cockburn I. Scale, Scope and Spillovers: The Determinants of Research Productivity in Drug Discovery[J]. RAND Journal of Economics, 1996, 27.

116. Hennart J F, Zeng M. Structural Determinants of Joint Venture Performance[J]. European Management Review 2005, 2(2).

117. Hill C L. Cooperation, Opportunism, and the Invisible Hand: Implications for Transaction Cost Theory[J]. Academy of Management Review, 1990, 15(3).

118. Hill C W L. Strategies for Exploiting Technological Innovations: When and When Not to License[J]. Organization Science, 1992, 3.

119. Hirsch P M, Andrews J A Y. Administrators' Response to Performance and Value Challenges: Stance, Symbols, and Behavior. In: Sergiovanni T J and Corbally J E(eds). Leadership and Organizational Culture[A]. Urbana, IL: University of Illinois Press, 1984.

120. Hitt M A, Dacin T M, Levitas E, Arregle J-L, Borza A. Partner Selection in Emerging and Developed Market Contexts: Resource-Based

and Organizational Learning Perspectives[J]. Academy of Management Journal, 2000, 43(3).

121. Ho Yung-Ching, Tsai Tsui-Hsu. The Impact of Dynamic Capabilities with Market Orientation and Resource-based Approaches on NPD Project Performance[J]. Journal of American Academy of Business, 2006, 8(1).

122. Hoang H, Rothaermel F T. The Effects of General and Partner-Specific Experience on Joint R&D Project Performance[J]. Academy of Management Journal, 2005, 48(2).

123. Hoffmann W H. Strategies for Managing a Portfolio of Alliances[J]. Strategic Management Journal, 2007, 28(8).

124. Hsu G, Hannan M T. Identities, Genres, and Organizational Forms[J]. Organization Science, 2005, 16.

125. Human S E, Provan K G. Legitimacy Building in the Evolution of Small-Firm Multilateral Networks: A Comparative Study of Success and Demise[J]. Administrative Science Quarterly, 2000, 45.

126. Inkpen A C, Tsang E W K. Social Capital, Network, and Knowledge Transfer[J]. Academic Management Review, 2005, 30.

127. Inkpen A C, Currall S C. The Co-evolution of Trust, Control, and Learning in Joint Ventures[J]. Organization Science, 2004, 15(5).

128. Inkpen A C. Learning Through Joint Ventures: A Framework of Knowledge Acquisition[J]. Journal of Management Studies, 2000, 37(7).

129. Ireland R D, Hitt M A, Vaidyanath D. Alliance Management as a Source of Competitive Advantage[J]. Journal of Management, 2002, 28(3).

130. J Adetunji Adegbesan, Matthew J Higgins. The Intra-Alliance Division of Value Created through Collaboration[J]. Strategic Management

Journal, 2011, 32(2).

131. Jeannettea Colyvas, Stefan Jonsson. Ubiquity and Legitimacy: Disentangling Diffusion and Institutionalization [J]. Sociological Theory, 2011, 29(1).

132. Jeppe Christoffersen. A Review of Antecedents of International Strategic Alliance Performance: Synthesized Evidence and New Directions for Core Constructs [J]. International Journal of Management Reviews, 2013, 15(1).

133. Jifeng Yu, Brett Anitra Gilbert, Benjamin M. Oviatt. Effects of Alliances, Time, and Network Cohesion on the Initiation of Foreign Sales by New Ventures[J]. Strategic Management Journal, 2011, 32(4).

134. Johnson J L, Sohi R S, Grewal R. The Role of Relational Knowledge Stores in Interfirm Partnering. Journal of Marketing, 2004, 68(July).

135. Jun Xia. Mutual Dependence, Partner Substitutability, and Repeated Partnership: The Survival of Cross-Border Alliances [J]. Strategic Management Journal, 2011, 32(3).

136. Jungwon Min, Hitoshi Mitsuhashi. Dynamics of Unclosed Triangles in Alliance Networks: Disappearance of Brokerage Positions and Performance Consequences[J]. Journal of Management Studies, 2012, 49(6).

137. Kale P, Dyer J H, Singh H. Alliance Capability, Stock Market Response, and Long-Term Alliance Success: The Role of the Alliance Function[J]. Strategic Management Journal, 2002, 23(8).

138. Kale P, Singh H, Perlmutter H. Learning and Protection of Proprietary Assets in Strategic Alliances: Building Relational Capital[J]. Strategic Management Journal, March Special Issue, 2000, 21.

139. Kale P, Singh H. Building Firm Capabilities Through Learning: The

Role of the Alliance Learning Process in Alliance Capability and Firm-Level Alliance Success[J]. Strategic Management Journal, 2007, 28(10).

140. Kale P, Dyer J H, Singh H. Value Creation and Success in Strategic Alliances: Alliancing Skills and the Role of Alliance Structure and Systems[J]. European Management Journal, 2001, 19(5).

141. Kale P, Singh H, Perlmutter H. Learning and Protection of Proprietary Assets in Strategic Alliances: Building Relational Capital[J]. Strategic Management Journal, 2000, 21(3).

142. Kasper-Fuehrer E C, N M Ashkanasy. Communicating Trustworthiness and Building Trust in Interorganizational Virtual Organizations[J]. Journal of Management, 2001, 27.

143. Katz J S, Martin B R. What is Research Collaboration? [J]. Research Policy, 1997, 26(1).

144. Knoke D. The Political Economies of Associations. In: Braungart R G and Braungart M M (eds). Research in Political Sociology, Vol. 1 Greenwich[A]. CT: JAI Press, 1985.

145. Koen H Heimeriks, Geert Duysters. Alliance Capability as a Mediator between Experience and Alliance Performance: An Empirical Investigation into the Alliance Capability Development Process[J]. Journal of Management Studies, 2007, 44(1).

146. Kogut B. Joint-venture Formation and the Option to Expand and Acquire [J]. Management Science, 1991, 37.

147. Kogut B, Zander U. Knowledge of the Firm, Combinative Capabilities, and the Replication of Technology[J]. Organization Science, 1992, 3(3).

148. Kogut B, Zander U. What Firms Do? Coordination, Identity, and Learning[J]. Organization Science, 1996, 7(5).

149. Koka B R, Prescott J E. Strategic Alliances as Social Capital: A Multidimensional View[J]. Strategic Management Journal, 2002, 23(9).

150. Kotabe M, Martin X, Domato H. Gaining from Vertical Partnerships: Knowledge Transfer, Relationship Duration, and Supplier Performance in the U. S. and Japanese Automotive Industries [J]. Strategic Management Journal, 2003, 24(4).

151. Krishnan R, Martin X, Noordenhaven N G. When Does Trust Matter to Alliance Performance[J]. Academy of Management Journal, 2006, 49(5).

152. Kumar, Das. Interpartner Legitimacy in the Alliance Development Process[J]. Journal of Management Studies, 2007, 40(12).

153. Kumar R, Nti K O. Differential Learning and Interaction in Alliance Dynamics: A Process and Outcome Discrepancy Model[J]. Orgazization Science, 1998, 9(3).

154. Kumar N, Scheer L K, Steenkamp J E M. The Effect of Perceived Interdependence of Dealer Attitudes [J]. Journal of Marketing Research, 1995, 32(3).

155. Lavie D. Alliance Portfolios and Firm Performance: A Study of Value Creation and Appropriation in the U. S. Software Industry[J]. Strategic Management Journal, 2007, 28(12).

156. Leonard-Barton D. Wellsprings of Knowledge [M]. Boston: Harvard Business School Press, 1995.

157. Lin Z, Yang H, Demirkan I. The Performance Consequences of Ambidexterity in Strategic Alliance Formations: Empirical Investigation and Computational Theorizing[J]. Management Science, 2007, 53(10).

158. Lorange P, Roos J. Strategic Alliances: Formation Implementation, and

Evolution[M]. Oxford, England: Blackwell, 1992.

159. Luo Y. Joint Venture Success in China: How Should We Select a Good Partner? [J]. Journal of World Business, 1998, 33(2).

160. Lynn L H, Reddy N M, Aram J D. Linking Technology and Institutions: the Innovation Community Framework [J]. Research Policy, 1996, 25(1).

161. Madhok A, Tallman S B. Resources, Transactions and Rents: Managing Value through Interfirm Collaborative Relationships [J]. Organization Science, 1998, 9(3).

162. Maltz A D. Building Successful Relationships[J]. Transportation and Distribution, 1995, 36.

163. Mary Echirhart. Maintaining Legitimacy and Reputation Through Impression Management[J]. New Directions for Philanthropic Fundraising, 1996, 12.

164. Mary M Crossan, Marina Apaydin. A Multi-Dimensional Framework of Organizational Innovation: A Systematic Review of the Literature. Journal of Management Studies, 2010, 47(6).

165. Mayer K J, Argyres N S. Learning to Contract: Evidence from the Personal Computer Industry[J]. Organization Science, 2004, 15(4).

166. Mayer R C, Davis J H, Schoorman F D. An Integrative Model of Organization Trust[J]. Academy of Management Review, 1995, 20(3).

167. McEvily B, Zaheer A. Bridging Ties: A Source of Firm Heterogeneity in Competitive Capabilities[J]. Strategic Management Journal, 1999, 20(12).

168. McGrath R G, M H Tsai S. Venkataraman, I C. MacMillan. Innovation, Competitive Advantage and Rent: A Model and test[J]. Management Science, 1996, 423(3).

169. Meunier-FitzHugh K L, Poercy N F. Exploring Collabration between Sales and Marketing[J]. European Journal of Marketing, 2007, 41.

170. Meyer J W, Rowan B. Institutionalized Organizations: Formal Structure as Myth and Ceremony[J]. American Journal of Sociology, 1977, 83.

171. Miller-Millesen J L. Understanding the Behavior of Nonprofit Boards of Directors: A Theory-based Approach [J]. Nonprof Volunt Sec Q, 2003, 32.

172. Modhok A. Revisiting Multinational Firms' Tolerance for Joint Ventures: A Trust-based Approach[J]. Journal of International Business Studies, 1995, 26(1).

173. Mohr J, Spekman R. Characteristics of Partnership Success: Partnership Attributes, Communication Behavior, and Conflict Resolution Techniques[J]. Strategic Management Journal, 1994, 5(2).

174. Moorman C, Zaltman G, Deshpande R. Relationships between Providers and Users of Market Research: The Dynamics of Trust within and Between Organizations[J]. Journal of Marketing Research, 1992, 29(3).

175. Morgan R M, Hunt S D. The Commitment-Trust Theory of Relationship Marketing[J]. Journal of Marketing, 1994, 58(3): 20-38.

176. Moulaert F, Sekia F. Territorial Innovation Models: a Critical Survey [J]. Regional Studies, 2003, 37(3).

177. Mowery D C, Oxley J E, Silverman B. Strategic Alliances and Interfirm Knowledge Transfer[J]. Strategic Management Journal, Winter Special Issue, 1996, 17.

178. Nag R, Corley K G, Gioia D A. The Intersection of Organizational Identity, Knowledge, and Practice: Attempting Strategic Change Via Knowledge Grafting[J]. Academy of Management Journal, 2007, 50.

179. Nahapiet J, Ghoshal S. Social Capital, Intellectual Capital, and the

Organizational Advantage[J]. Academy of Management Review, 1998, 23 (2).

180. Nickerson J A, Zenger T R. A Knowledge-Based Theory of the Firm-the Problem-Solving Perspective. Organization Science, 2004, 15(6).

181. Niederkofler M. The Evolution of Strategic Alliances: Opportunities for Managerial Influence [J]. Journal of Business Venturing, 1991, 6 (4).

182. Nonaka I, Toyama R. The Knowledge-Creating Theory Revisited: Knowledge Creation as a Synthesizing Process[J]. Knowledge Management Research & Practice, 2003, 1(1).

183. Oliver C. Sustainable Competitive Advantage: Combining Institutional and Resource-based Views [J]. Strategic Management Journal 1997, 18(9).

184. Owen-Smith J, Powell W W. Knowledge Network as Channels and Conduit: The Effects of Spillovers in the Boston Ventures[M]. Oxford, England: Oxford University Press, 1998.

185. Owen-Smith J, Powell W W. Knowledge Network as Channels and Conduit: The Effects of Spillovers in the Boston Biotechnology Community [J]. Organization Science, 2004, 15(1).

186. Oxley J E. Appropriability Hazards and Governance in Strategic Alliances: A Transaction Cost Approach. Journal of Law[J]. Economics and Organization, 1997, 13(2).

187. Park S H, Ungson G R. The Effects of National Culture, Organizational Complementarily, and Economic Motivation on Joint Venture Dissolution [J]. Academy of Management Journal, 1997, 40(2).

188. Park S O, Ungson G R. Interfirm Rivalry and Managerial Complexity: A Conceptual Framework of Alliance Failure [J]. Organization Science, 2001, 12(1).

189. Parkhe A. Strategic Alliance Structuring: A Game Theoretic and Transaction Cost Examination of Interfirm Cooperation [J]. Academy of Management Journal, 1993, 36(4).

190. Pavlou P A, Sawy O A. From IT Leveraging Competence to Competitive Advantage in Turbulent Environments: The Case of New Product Development[J]. Information Systems Research, 2006, 17(3).

191. Pedersen J S, F Dobbin. In Search of Identity and Legitimation: Bridging Organizational Culture and Neoinstitutionalism[J]. American Behavioral Scientist, 2006, 49.

192. Pelton L E, Strutton D, Lumpkin J R. Marketing Channel: A Relationship Management Approach [M]. Irwin/McGraw-Hill Companies, 2001.

193. Peng, Beamish. Evolving FDI Legitimacy and Strategic Choice of Japanese Subsidiaries in China [J]. Management and Organization Review, 2007, 3(3).

194. Pennings J M, Harianto F. Technological Networking and Innovation Implementation[J]. Organization Science, 1992, 3.

195. Peteraf M A. The Cornerstones of Competitive Advantage: A Resource-based View[J]. Strategic Management Journal, 1993, 14(3).

196. Pettigrew A M. Longitudinal Field Research on Change: Theory, & Practice[J]. Organization Science, 1990, 1.

197. Pfeffer J, Salancik G R. The External Control of Organizations: A Resource Dependence Perspective [M]. New York: Harper, Row, 1978.

198. Phillips N, Malhotra N. Taking Social Construction Seriously: Extending the Discursive Approach in Institutional Theory. In: Greenwood R Oliver C, Sahlin K, Suddaby R (eds). Handbook of Organizational Institutionalism[A]. London: Sage, 2008.

199. Phillips N, Lawrence T B, Hardy C. Discourse and Institutions[J]. Academy of Management Review, 2004, 29.

200. Pisano G. Using Equity Participation to Support Exchange: Evidence from the Biotechnology Industry[J]. Journal of Law. Economics and Organization, 1989, 5(1).

201. Pisano G P. The R&D Boundaries of The Firm: An Empirical Analysis[J]. Administrative Science Quarterly, 1990, 35.

202. Podsakoff P M, Organ D W. Self-reports in Organizational Research: Problems and Prospects[J]. Journal of Management, 1986, 12.

203. Powell W W, Koput K W, Smith-Doerr L. Interorganizational Collaboration and the Locus of Innovation: Networks of Learning in Biotechnology[J]. Administrative Science Quarterly, 1996, 41.

204. Rajshree Agarwal, Rachel Croson, Joseph T Mahoney. The Role of Incentives and Communication in Strategic Alliances: An Experimental Investigation[J]. Strategic Management Journal, 2010, 31.

205. Ranjay Gulati, Dovev Lavie, Harbir Singh. The Nature of Partnering Experience and the Gains from Alliances[J]. Strategic Management Journal, 2009, 30.

206. Ravasi D, M Schultz. Organizational Responses to Identity Threats: Exploring the Role of Organizational Culture[J]. Academy of Management Journal, 2006, 49.

207. Reuer J J, Arino A. Strategic Alliance Contracts: Dimensions and Determinants of Contractual Complexity[J]. Strategic Management Journal, 2007, 28(3).

208. Reuer J J, Ragozzino R. Agency Hazards and Alliance Portfolios[J]. Strategic Management Journal, 2006, 27(1).

209. Reuer J J, Zollo M, Singh H. Post-formation Dynamics in Strategic Alliances[J]. Strategic Management Journal, 2002, 23(2).

210. Rhodes C, Brown A D. Narrative, Organizations and Research [J]. International Journal of Management Review, 2005, 7.

211. Richard J. Arend. Reputation for Cooperation: Contingent Benefits in Alliance Activity[J]. Strategic Management Journal, 2009, 30.

212. Richards M, Yang Y. Determinants of Foreign Ownership in International R&D Joint Ventures: Transaction Costs and National Culture [J]. Journal of International Management, 2007, 13(2).

213. Ring P S, Van de Ven A H. Structuring Cooperative Relationships between Organizations[J]. Strategic Management Journal, 1992, 13 (7).

214. Ring P S, Van de Ven A H. Developmental Processes of Cooperative Interorganizational Relationships[J]. Academy of Management Review, 1994, 19(1).

215. Rocha-Goncalves F, Goncalves V C. The Role of the Alliance Management Capability. Service Industries Journal, 2011, 31(12).

216. Rodan S, Charles G. More than Network Structure: How Knowledge Heterogeneity Influences Managerial Performance and Innovativeness [J]. Strategic Management Journal, 2004, 25.

217. Rothaermel F T, Deeds D L. Exploration and Exploitation Alliances in Biotechnology: A System of New Product Development[J]. Strategic Management Journal, 2004, 25.

218. Rousseau D M, Sitkin S B, Burt R S, Camerer C. Not So Different after All: A Cross-discipline View of Trust [J]. Academy of Management Review, 1998, 23(3).

219. Rowlands C, Morgan A, Hawksworth G. Winning Strategies for Effective Collaboration in the Pharmaceutical Industry[J]. Journal of Medical Marketing, 2006, 6(2).

220. Ruckman K. Technology Sourcing Acquisitions: What They Mean for

Innovation Potential[J]. Journal of Strategy and Management, 2009, 2(1).

221. Ruef M, Scott W R. A Multidimensional Model of Organizational Legitimacy: Hospital Survival in Changing Institutional Environments [J]. Administrative Science Quarterly, 1998, 43.

222. Ruihua Joy Jiang, Qingjiu Tom Tao, Michael D. Santoro. Alliance Portfolio Diversity and Firm Performance [J]. Strategic Management Journal, 2010, 31.

223. S K Muthusamy, M A White. Learning and Knowledge Transfer in Strategic Alliances: A Social Exchange View[J]. Organization Studies 2005, 26(3).

224. Sabel C F. Studied Trust, Building New Forms of Co-Operation in a Volatile Economy [A]. In: Pyke F, Sengenberger W (ed.). In Industrial Districts and Local Economic Regeneration, 1992.

225. Sakakibara M. Formation of R&D Consortia: Industry and Company Effects[J]. Strategic Management Journal, 2002, 23(11).

226. Sampson R C. Experience Effects and Collaborative Returns in R, D Alliances[J]. Strategic Management Journal, 2005, 26(11).

227. Santoro M D, McGill J P. The Effect of Uncertainty, Asset Co-specialization on Governance in Biotechnology Alliances[J]. Strategic Management Journal, 2005, 26(13).

228. Schilke O, Goerzen A. Alliance Management Capability: An Investigation of the Construct and Its Measurement[J]. Journal of Management, 2010, 36(5).

229. Schreiner Kale, Corsten. What Really Is Alliance Management Capability and How Does It Impact Alliance Outcomes And Success? [J]. Strategic Management Journal, 2009, 30.

230. Scott W R. Institutions and Organizations[M]. Thousands Oaks, CA:

Sage, 1995.

231. Shah, Swaminathan. Factors Influencing Partner Selection in Strategic Alliances: The Moderating Role of Alliance Context [J]. Strategic Management Journal, 2008, 29.

232. Sharfman M P, Gray B, Yan A. The Context of Interorganizational Collaboration in the Garment Industry: An Institutional Perspective[J]. Journal of Applied Behavioral Science, 1991, 27.

233. Simonin B L. The Importance of Collaborative Know-how: An Empirical Test of the Learning Organization [J]. Academy of Management Journal, 1997, 40(5).

234. Singh K, Mitchell W. Growth Dynamics: The Bidirectional Relationship between Interfirm Collaboration and Business Sales in Entrant and Incumbent Alliances[J]. Strategic Management Journal, 2005, 26.

235. Sluyts K, et al, Building Capabilities to Manage Strategic Alliances [J]. Industrial Marketing Management, 2011, 40(6).

236. Spekman R E, Forbes T M, Isabella L A. Alliance Management: A View from the Past and a Look to the Future [J]. Journal of Management Studies, 1998, 35(6).

237. Stan X L, Rowley T. Inertia and Evaluation Mechanisms in Interorganizational Partner Selection: Syndicate Formation Among U. S. Investment Banks [J]. Academy of Management Journal, 2002, 45 (6).

238. Stank T P, Keller S B, Daugherty P J. Supply Chain Collaboration and Logistical Service Performance [J]. Journal of Business Logistics, 2001, 4 (2).

239. Stone, Brush. Planning in Ambiguous Contexts: The Dilemma of Meeting Needs for Commitment and Demands for Legitimacy [J]. Strategic Management Journal, 1996, 17.

240. Stuart T E. Interorganizational Alliances and the Performance of Firms: A Study of Growth and Innovation Rates in a High-technology Industry [J]. Strategic Management Journal, 2000, 21(8).

241. Stuart T E. Network Positions and Propensities to Collaborate: Investigation of Strategic Alliance Formation in a High-technology Industry [J]. Administrative Science Quarterly, 1998, 43.

242. Suchman M C. Managing Legitimacy: Strategic and Institutional Approaches[J]. Academy of Management Review, 1995, 20.

243. Suddaby R, Greenwood R. Rhetorical Strategies of Legitimacy [J]. Administrative Science Quarterly, 2005, 50.

244. Sundbo, Gallouj. Innovation in Services. SI4S Project Synthesis, Work package 3/4, 1998, 8.

245. Tanriverdi H. Performance Effects of Information Technology Synergies in Multibusiness Firms[J]. MIS Quarterly, 2006, 30(1).

246. Teece D J. Explicating Dynamic Capabilities: The Nature and Micro Foundations of (Sustainable) Enterprise Performance [J]. Strategic management Journal, 2007, 28(13).

247. Teece D J, Pisano G, Shuen A. Dynamic Capabilities and Strategic Management[J]. Strategic Management Journal, 1997, 18(7).

248. Tornikoski, Erno T, Newbert, Scott L. Exploring the Determinants of Organizational Emergence: A Legitimacy Perspective[J]. Journal of Business Venturing, 2007, 22(2).

249. Tsui A S. Taking Stock and Looking Ahead: MOR and Chinese Management Research [J]. Management and Organization Review, 2007, 3(3).

250. Tsui A S, Nifadlkar S S, Qu A Y. Cross-national, Cross-cultural Organizational Behavior Research: Advances, Gaps and Recommendations[J]. Journal of Management, 2007, 33(3).

251. Tuart T E. Interorganizational Alliances and the Performance of Firms: A Study of Growth and Innovation Rates in a High Technology Industry [J]. Strategic Management Journal, 2000, 21.

252. Uzzi B, J J Gillespie. Knowledge Spillover Incorporate Financing Networks: Embeddedness and the Firm's Debt Performance [J]. Strategic Management Journal, 2002, 23.

253. Uzzi B. Social Structure and Competition in Interfirm Networks: The Paradox of Embeddedness [J]. Adninistrative Science Quarterly, 1997, 42.

254. Van de Ven A H, Polley D. Learning While Innovating[J]. Organization Science, 1992, 3(2).

255. Volberda H W. Toward the Flexible Form: How to Remain Vital in Hypercompetitive Environments [J]. Organization Science, 1996, 7(4).

256. Weber M. Economy and Society. Edited by Guenther Roth and Claus Wittich[M]. Berkeley and Los Angeles: University of California Press, 1978.

257. Weick K E. The Generative Properties of Richness [J]. Academy of Management Journal, 2007, 50(1).

258. Wernerfelt B. A Resource-based View of the Firm[J]. Strategic Management Journal, 1984, 5(2).

259. Westphal J D, Gulati R, Shortell S M. Customization or Conformity? An Institutional and Network Perspective on the Content and Consequences of TQM Adoption[J]. Administrative Science Quarterly, 1997, 42.

260. Whetten D A. Construction Cross-context Scholarly Conversation. In: A S Tsui and C M Lau (eds.)[A]. The Management of Enterprises in the People's Republic of China. Boston: Kluwer, 2002.

261. Wiklund, Shepherd. The Effectiveness of Alliances and Acquisitions:

The Role of Resource Combination Activities [J]. Entrepreneurship Theory and Practice, 2009, 33(1).

262. Wolfe R A. Organizational Innovation: Review, Critique, Suggested Research Directions [J]. Journal of Management Studies, 1994, 31 (32).

263. Wuyts S, Geyskens I. The Formation of Buyer-supplier Relationships: Detailed Contract Drafting and Close Partner Selection [J]. Journal of Marketing, 2005, 69(4).

264. Yli-Renko H, Autio E, Sapienza H J. Social Capital, Knowledge Acquisition, and Knowledge Exploitation in Young Technology-based Firms [J]. Strategic Management Journal, June-July Special Issue 2001, 22.

265. Zaheer A, McEvily B, Perrone V. Does Trust Matter? Exploring the Effects of Interorganizational and Interpersonal Trust on Performance [J]. Organization Science, 1998, 8(1).

266. Zaheer A, S Zaheer. Catching the Wave: Alertness, Responsiveness, and Market Influence in Global Electronic Networks [J]. Management Science, 1997, 43(11).

267. Zahra S A, Sapienza H J, Davidsson P. Entrepreneurship and Dynamic Capabilities: A Review, Model and Research Agenda [J]. Journal of Management Studies, 2006, 43(4).

268. Zhiang Lin, Haibin Yang, Bindu Arya. Alliance Partners and Firm Performance: Resource Complementarity and Status Association [J]. Strategic Management Journal, 2009, 30.

269. Zilber T B. Institutionalization as Interplay between Actions, Meanings and Actors: the Case of a Rape Crisis Center in Israel [J]. Academy of Management Journal, 2002, 45.

270. Zilber T B. The Work of the Symbolic in Institutional Processes:

Translations of Rationalized Myths in Israeli Hi Tech[J]. Academy of Management Journal, 2006, 49.

271. Zimmerman M A, Zeitz G J. Beyond Survival: Achieving New Venture Growth by Building Legitimacy[J]. Academy of Management Review, 2002, 27.

272. Zollo M, Reuer J J, Singh H. Inter-organizational Routines and Performance in Strategic Alliances[J]. Organization Science, 2002, 13(6).

273. Zollo M, Winter S G. Deliberate Leaning and the Evolution of Dynamic Capabilities[J]. Organization Science, 2002, 13(3).

274. Zucker L G. Institutional Theories of Organization[J]. Annual Review of Sociology, 1987, 13.

275. Zukin S, Dimaggio P J. Structures of Capital: The Social Organization of the Economy[M]. Cambridge University Press: New York, 1990.

276. 陈继勇，雷欣，黄开琢．知识溢出、自主创新能力与外商直接投资[J]．管理世界，2010(7).

277. 杜运周，任兵，陈忠卫，等．先动性、合法化与中小企业成长——一个中介模型及其启示[J]．管理世界，2008(12).

278. 高丙中．社会团体的合法性问题[J]．中国社会科学，2000(02).

279. 李飞，陈浩，曹鸿星，马宝龙．中国百货商店如何进行服务创新——基于北京当代商城的案例研究[J]．管理世界，2010(2).

280. 李国武．产业集群中的行业协会：何以存在和如何形成？[J]．社会科学战线，2007(02).

281. 李健．中国特色产学研合作体系的形成与发展[N]．光明日报，2009-12-18(3).

282. 李新春．战略联盟、网络与信任[M]．北京：经济科学出版社，2006.

283. 李新男．创新"产学研结合"组织模式构建产业技术创新战略联盟[J]．中国软科学，2007(5).

284. 李燕萍，吴绍棠，杨婷．组织合法性的整合框架与维护策略研究——兼论中国红十字会信任危机的补救[J]．武汉理工大学学报(社会科学版)，2012(3)．

285. 李英蕾，夏纪军．社会距离对自愿合作的影响：文献综述[J]．世界经济文汇，2009(2)．

286. 刘学，项晓峰，林耕，李明亮．研发联盟中的初始信任与控制战略：基于中国制药产业的研究[J]．管理世界，2006(11)．

287. 刘元芳，陈衍泰，余建星．中国企业技术联盟中创新网络与创新绩效的关系分析——来自江浙沪闽企业的实证研究[J]．科学学与科学技术管理，2006(8)．

288. 路风，慕玲．本土创新、能力发展和竞争优势——中国激光视盘播放机工业的发展及其对政府作用的政策含义[J]．管理世界，2003(12)．

289. [美]罗伯特·K. 殷．案例研究：设计与方法(中文第2版)[M]．周海涛，李永贤，李虔译，重庆：重庆大学出版社，2010.

290. 罗珉，刘永俊．企业动态能力的理论架构与构成要素[J]．中国工业经济，2009(1)．

291. 毛蕴诗，汪建成．基于产品升级的自主创新路径研究[J]．管理世界，2006(5)．

292. 潘镇，李晏墅．联盟中的信任——一项中国情景下的实证研究[J]．中国工业经济，2008(4)．

293. 苏力，等．规制与发展——第三部门的法律环境[M]．杭州：浙江人民出版社，1999.

294. 苏晓华，王平．创业导向及合法性对新创企业绩效影响研究——基于产业生命周期的调节作用[J]．科学学与科学技术管理，2011(2)．

295. 王珺，岳芳敏．技术服务组织与集群企业技术创新能力的形成——以南海西樵纺织产业集群为例[J]．管理世界，2009(6)．

296. 吴结兵，郭斌．企业适应性行为、网络化与产业集群的共同演化[J]．管理世界，2010(2)．
297. 武考克．社会资本与经济发展：一种理论综合与政策构架[A]．李惠斌，杨雪冬．社会资本与社会发展[C]．北京：社会科学文献出版社，2000.
298. 邢子政，黄瑞华，汪忠．联盟合作中的知识流失风险与知识保护：信任的调节作用研究[J]．南开管理评论，2008(05)．
299. 熊会兵，肖文韬，邓新明．企业政治战略与经济绩效：基于合法性视角[J]．中国工业经济，2010(10)．
300. 徐二明，左娟．合法性对电信运营企业可持续发展战略及绩效的影响研究[J]．中国工业经济，2010(10)．
301. 姚先国，郁建兴．社会资本：市民社会理论的再出发[A]．新经济条件下的生存环境与中华文化[C]．杭州：浙江大学出版社，2002.
302. 郁建兴等．在政府与企业之间——以温州商会为研究对象[M]．杭州：浙江人民出版社，2004.
303. 韵江，刘立．创新变迁与能力演化：企业自主创新战略——以中国路明集团为案例[J]．管理世界，2006(12)．
304. 赵永亮，张捷．商会服务功能研究——公共品还是俱乐部品供给[J]．管理世界，2009(12)．
305. 郑伯埙，黄敏萍．实地研究中的案例研究[A]．陈晓萍，徐淑英，樊景立．组织与管理研究的实证方法[C]．北京：北京大学出版社，2008.
306. 郑景丽，龙勇，吴海春．战略联盟中联盟能力对效率边界影响的实证研究[J]．兰州大学学报(社会科学版)，2011(4)．
307. 郑景丽，龙勇．不同动机下联盟能力、治理机制与联盟绩效关系的比较[J]．经济管理，2012(1)．
308. 周杰，张卫国．国外联盟能力研究述评与展望[J]．外国经济与管理，2012(9).

309. 周延风，罗文恩，黄光. 非营利组织多重参与者导向：前因变量与绩效影响[J]. 管理世界，2008(8).

310. 陈世杰，李文瑞，洪广朋，等. 网际网络之运用与沟通对技术移转及联盟绩效影响之研究[J]. Chiao Da Management Review，2006，26(2).

311. 方世杰，林丽娟，邱志芳. 参与研发联盟厂商之知识创造与技术移转绩效——社会资本与经济性互动之观点[J]. 管理评论，2003，22(3).

312. 翁瑞宏，邱柏松，蔡文正，黄靖媛. 以知识基础观点探讨联盟网络多元性对医院组织创新之影响[J]. 管理学报，2007，24(5).

313. 张美玲，孙瑞英，王国梁. 策略联盟理论基础再探讨——以台湾电子厂商为例. 管理评论，2002，21(2).

后　　记

本书是在本人博士学位论文基础上修改完成的，特别是新增了国家自然科学基金青年科学基金项目“产学研联盟中企业联盟管理能力的形成及对创新的影响机理研究”（项目批准号：71402125）的部分研究成果。本书主要探讨了产学研联盟的一种新兴重要形式——产业技术创新战略联盟合法性获得的一般过程与演化逻辑，重点研究了企业层面的联盟合法性认知对其创新的直接与间接影响机制，是对近些年研究工作的一次整理与交代。

本书的完成，得到了我的恩师李燕萍教授的悉心指导，她的培育教导是我人生中最为宝贵的财富，亦是引领我人生前行的基石。感谢李健教授的关爱指导，正是他的极力引荐与热心铺路，我才能在产业技术创新战略联盟潜心学习、专心研究。

本书是在“巨人肩膀”上的微小前行。感谢本书引用和参考的所有文献的专家作者；感谢国家半导体照明工程研发及产业联盟的吴玲秘书长、阮军副秘书长及其他工作人员在本书数据收集过程中给予的大力支持与热忱帮助；感谢为本研究提供调查的所有单位及热心人士。

感谢国家自然科学基金青年科学基金的资助，感谢武汉大学出版社对本书出版的大力支持。

受本人水平与能力所限，书中肯定存在疏漏、不足与错误，欢迎专家学者批评指正。“雄关漫道真如铁，而今迈步从头越。”谨以此书献给所有关心和爱护我的人。

吴绍棠

2019 年 8 月